ÉTUDES SUR LES ANTIQUITÉS
JURIDIQUES D'ATHENES

ÉTUDES SUR LES ANTIQUITÉS JURIDIQUES D'ATHENES

Exupère Caillemer

Parts I - X

ARNO PRESS
A New York Times Company
New York • 1979

**Publisher's Note: This book has been reproduced
from the best available copy.**

Editorial Supervision: MARIE STARECK

––––––––

Reprint Edition 1979 by Arno Press Inc.

**Reprinted from a copy in The Law Library of The
University of California, Berkeley**

MORALS AND LAW IN ANCIENT GREECE
ISBN for complete set: 0-405-11529-6
See last pages of this volume for titles.

Manufactured in the United States of America

––––––––

Library of Congress Cataloging in Publication Data

Caillemer, Exupère, 1837-1913.
    Études sur les antiquités juridiques d'Athènes.

    (Morals and law in ancient Greece)
    Reprint in 1 vol. of the 10 pamphlets published
1865-72 by A. Durand, Paris.
    CONTENTS: 1. étude. Des institutions commer-
ciales d'Athènes au siècle de Démosthène.--2. étude.
Lettres de change et contrats d'assurance.--3.
étude. Le crédit foncier à Athènes.--4. étude.
Les papyrus grecs du Louvre et de la Bibliothèque
impériale. [etc.]
    1. Law, Greek--Collected works. I. Title.
II. Series.
Law   340.5'38   78-15859
ISBN 0-405-11532-6

ÉTUDES

SUR LES

ANTIQUITÉS JURIDIQUES

D'ATHÈNES

PAR

Exupère CAILLEMER,

Professeur à la Faculté de droit de Grenoble.

~~~~~~~~~

PREMIÈRE ÉTUDE.

DES INSTITUTIONS COMMERCIALES D'ATHÈNES

AU SIÈCLE DE DÉMOSTHÈNE.

~~~~~~~~~

PARIS
A. DURAND, LIBRAIRE
Rue des Grès, 7.

GRENOBLE
PRUDHOMME, IMPRIMEUR
Rue Lafayette, 14.

1865

Extrait du Bulletin de l'Académie Delphinale.

DES

INSTITUTIONS COMMERCIALES

D'ATHÈNES

AU SIÈCLE DE DEMOSTHÈNE (1).

~~~~~~~~~

MESSIEURS,

Lorsque des hommes éminents par leur science, ou par les hautes fonctions qu'ils occupent dans l'ordre social, sont appelés à l'honneur de siéger parmi vous, leurs premières paroles à leur entrée dans l'Académie sont des paroles de reconnaissance. Votre Compagnie, en les accueillant dans son sein, en les associant à ses labeurs et à ses travaux, les élève encore et augmente l'éclat qui s'attache à leur nom. C'est donc avec justice que leurs remercîments s'adressent à vous.

Mais quel doit être alors l'embarras de ceux qui, à peine entrés dans la vie militante, n'avaient aucun titre pour briguer vos suffrages, et dont les travaux obscurs et inconnus ne pouvaient espérer de captiver votre attention? — Je le sens trop pour ma part en ce moment, et vous me pardonnerez, si je renonce à le traduire fidèlement devant vous. Étranger à votre province, à peine fixé parmi vous, absorbé par des études qui n'ont au dehors de nos Écoles qu'un faible retentissement, je ne devais entrevoir que dans un avenir lointain l'honneur de m'asseoir à vos côtés. Votre indulgence a abrégé pour moi la durée de l'épreuve et m'a épargné les difficultés d'un long stage. — Permettez-moi de vous en remercier comme d'un acte de généreuse bienveillance dont, mieux que personne, je sens aujourd'hui tout le prix.

Grâce à Dieu, Messieurs, aucune pensée de deuil ni de mort ne s'attachera à mon entrée au milieu de vous. Les liens qui

---

(1) Discours de réception lu à l'Académie delphinale le 22 juillet 1864.

vous unissaient à mon honorable prédécesseur [1] ne sont pas entièrement rompus, et vous pouvez encore attendre de lui de savantes communications. Désormais, simple membre correspondant de votre Académie, il prendra à vos travaux une part moins active ; mais son concours ne peut vous faire défaut, et vos Mémoires s'enrichiront sans doute des recherches que de nouveaux loisirs lui permettront d'entreprendre. Son œuvre n'est donc point accomplie, et je n'ai point à vous en présenter l'histoire ni les résultats.—Votre Compagnie, en imposant aux membres nouvellement élus la pieuse mission de retracer l'image de ceux dont ils occupent ici la place, n'a eu en vue que ceux de vos collègues que vous ne deviez jamais revoir parmi vous, et dont la carrière, plus ou moins laborieusement remplie, était terminée pour toujours.

Je ne ferai donc point l'éloge de mon prédécesseur, et, à défaut de ce sujet indiqué de plein droit à la plupart d'entre vous, je dois, pour me conformer aux prescriptions de vos Statuts, rechercher parmi les objets habituels de mes méditations une question qui puisse vous offrir quelque intérêt. — Un de nos honorables collègues vous entretenait naguère des institutions judiciaires d'Athènes [2]. Permettez-moi de vous présenter un rapide aperçu de ses institutions commerciales [3].

---

[1] M. l'abbé V. Bourdillon, ancien directeur du Prytanée du Bois-Rolland, à Grenoble.

[2] M. Roux: *Les Guêpes d'Aristophane devant l'histoire ; Usages et abus de la justice à Athènes.*

[3] Bibliographie : Berghaus: *Geschichte der Schifffahrtskunde der vornehmsten Völker des Alterthums*, 1792.—Benedikt: *Geschichte der Schifffahrt und des Handels der Alten*, 1806. — De Pastoret: *Histoire de la législation*, Paris, 1817-1837. — Meier et Schömann: *Der Attische process*, Halle, 1824. — Schömann : *Antiquitates juris publici Græcorum.* Greifswald, 1838. — Hullmann : *Geschichte des Handels*, Bonn, 1839.—Baumstark *in* Pauly : *Real-Encyclopädie der classischen Alterthumswissenschaft*, Stuttgart, 1839-1852. — Wachsmuth : *Hellenische Alterthumskunde*, Halle, 1844-1846. — Böckh : *Die Staatshaushaltung der Athener*, Berlin, 1851 et seq. — Schómann : *Griechische Alterthümer*, Berlin, 1855-1857.— V. Duruy, *Histoire de la Grèce ancienne*, Paris, 1861. — Indépendamment de ces ouvrages généraux, nous citerons dans le cours de notre travail plusieurs dissertations spéciales. — Les citations d'auteurs grecs sont faites: pour Démosthène, d'après l'édition Reiske (R.) ; pour les orateurs et les historiens, soit d'après la collection Didot (D.), soit d'après la collection Tauchnitz (T.) ; et, pour les grammairiens Pollux et Harpocration, d'après les éditions de M. Imm. Bekker.

Peut-être cette étude ne manque-t-elle pas d'à-propos. Nous vivons dans un siècle qui ne doit envier à aucun autre sa gloire ni sa grandeur. Les admirables découvertes que la science réalise chaque jour ont prodigieusement développé les rapports entre les nations ; les entraves qui s'opposaient aux transactions disparaissent peu à peu ; les théories économiques font sans cesse des conquêtes, et les plus grands peuples les introduisent dans leurs codes ; nous venons nous-mêmes de proclamer le principe de la liberté commerciale. — Le chemin parcouru semble donc immense, et l'on serait peut-être tenté de s'arrêter. Mais l'humanité est essentiellement perfectible, et la voix du progrès, conforme à la raison, lui prescrit de continuer sa marche. — Il est bon toutefois de jeter un regard en arrière pour découvrir les obstacles qui se sont opposés à de plus promptes conquêtes, pour rechercher les causes qui ont fait parfois rétrograder l'humanité, pour profiter, en un mot, de l'expérience que nous ont léguée nos prédécesseurs. Or, de tous les peuples de l'antiquité, aucun ne peut offrir des enseignements plus instructifs que ceux d'Athènes, et voilà la raison de mes préférences.

J'étais de plus sollicité par une autre considération. Mon honorable prédécesseur vous faisait hommage, il y a peu de temps, d'un *Traité d'économie domestique et rurale*, emprunté par lui à l'un des écrivains les plus élégants de la Grèce ancienne, et que l'on ne saurait trop vulgariser parmi les habitants de vos riches vallées. « Les principes qu'il renferme trouvent leur application dans notre société actuelle, comme si son auteur vivait parmi nous, et qu'il se fût imposé la tâche d'étudier les besoins les plus pressants de nos populations (¹).» Ses préceptes, que M. Bourdillon a su rendre attrayants pour tous les lecteurs et accessibles à toutes les intelligences, n'ont point, en effet, subi l'influence du temps ni des années.—Notre confrère croyait avec raison que l'antiquité doit être consultée et que notre civilisation moderne ne peut que gagner en lui faisant des emprunts. J'imite son exemple, Messieurs, et je ne fais que suivre et continuer les traditions qu'il a laissées parmi vous.

(¹) *Économie domestique et rurale*, par Xénophon, traduction nouvelle d'après le texte grec par V. B. — Grenoble, Prudhomme, 1863, in-12, p. vi.

Athènes, par la nature même du pays où elle était placée, semblait admirablement prédestinée aux opérations de commerce. Le territoire de l'Attique formait, en effet, une longue et étroite péninsule, baignée par les flots de la mer Eubée et du golfe Saronique. Sans parler d'Éleusis, de Sunium, de Panorme et de tant d'autres, la capitale pouvait à elle seule disposer de trois ports qui conviaient les navigateurs, encore timides et inhabiles, à chercher le repos dans leurs murs, en même temps qu'ils offraient aux navires l'abri le plus sûr et des refuges contre la tempête. — Occupant presque le centre des régions dans lesquelles se limitait autrefois le commerce de la Méditerranée, Athènes était appelée à devenir l'entrepôt général du monde ancien.

Aussi voyons-nous les produits les plus divers et d'origine la plus variée réunis sur ses quais : ici, les salaisons du Pont-Euxin près des vins des Cyclades ; plus loin, les bois de la Macédoine et les blés d'Égypte, que se disputaient les représentants des peuples consommateurs. — L'Attique fournissait elle-même un notable contingent : sur ses marchés, aux étoffes précieuses de l'Asie-Mineure et aux esclaves Thessaliens, elle joignait l'excédant des denrées que produisaient ses campagnes, les riches métaux qu'elle extrayait de ses mines, les marbres de ses montagnes, et surtout ces objets manufacturés que l'habileté de ses ouvriers et de ses artistes savait former des plus simples matériaux.

Le caractère athénien favorisait encore ces heureuses dispositions. L'exquise urbanité des habitants réservait aux étrangers un accueil empressé ([1]) que le contraste rendait plus flatteur lorsqu'on se rappelait la *xénélasie* de Sparte et la honteuse réputation de Corinthe.

Aussi, soit à Phalère, à Munychie et au Pirée, soit dans l'intérieur même de la ville, lorsque la guerre ne portait point au loin ses ravages, navires et commerçants, vendeurs et acheteurs, venaient en foule réclamer l'hospitalité d'Athènes.

Ces avantages n'étaient pas, toutefois, entièrement gratuits, et les législateurs athéniens avaient cru devoir mettre un prix à leurs faveurs. On retrouve, même sous des formes polies et

---

([1]) « Ἀθηναῖοι... φιλοξενοῦντες διατελοῦσιν » (Strabon, *Geograph.*, l. X, c. 3, § 18, D. 404).

bienveillantes, cette haine que tous les peuples anciens ressentent pour les étrangers, cette fierté qui ne veut point reconnaître un égal dans l'habitant d'un autre pays, et qui lui impose des différences de condition que de généreux publicistes n'ont pu encore proscrire de nos Codes modernes (¹).

Le territoire de l'Attique était, en principe, librement ouvert à tous les étrangers ; mais ils ne pouvaient y fixer leur domicile que lorsque l'Aréopage, après une enquête minutieuse, leur en avait accordé l'autorisation. On consultait leurs précédents, les services qu'ils avaient pu rendre ou qu'ils rendraient à la république, l'éclat qu'ils devaient jeter sur elle. Alors seulement, et en parfaite connaissance de cause, une décision favorable était rendue et inscrite sur le registre destiné à recevoir les noms de ceux qui entraient ainsi dans la catégorie des métèques (²).

Cette autorisation, si consciencieusement octroyée, ne conférait pas encore aux métèques tous les avantages qui appartenaient aux citoyens originaires du pays. Non-seulement au point de vue des droits politiques, mais même au point de vue des droits civils, des différences notables subsistaient entre ces deux classes de personnes, jusqu'au jour où le peuple les faisait disparaître par la concession du droit de cité. — Ils participaient aux charges qui pesaient sur les citoyens, à ces prestations dites volontaires qui, dans les temps de crise, devaient combler les vides du trésor public, à l'obligation du service militaire, à cette répartition en symmories chargées de fournir à l'État les ressources dont il avait besoin. — Mais leur part était plus lourde ; les honneurs étaient exclusivement réservés aux Athéniens, qui seuls pouvaient servir dans les corps d'élite, et, de plus, ils étaient soumis à certains impôts auxquels échappait le reste des citoyens.

Le plus important de tous était le Μετοίκιον. Chaque étranger établi à Athènes, ou même dans tout le territoire de l'Attique, était tenu d'acquitter une contribution personnelle que l'on désignait sous ce nom. — Elle s'élevait chaque année à

(¹) H. M. de Bruyn de Neve Moll : *De peregrinorum apud Athenienses conditione.* Dordrecht, 1839, p. 5-9. — Cf. M. Fustel de Coulanges : *La cité antique,* Paris, 1864 , p. 246-251.

(²) Samuel Petit : *Leges atticæ* ; édit. Wesseling, Leyde, 1742, p. 246 et suiv.

douze drachmes pour les hommes; quant aux femmes, on les avait traitées avec plus d'indulgence, en réduisant pour elles la taxe de moitié, et en les affranchissant même complétement lorsqu'un de leurs fils avait été soumis à la capitation fixée pour les chefs de famille. — Lorsque le débiteur se libérait de cette somme entre les mains du percepteur, il devait y ajouter trois oboles qui semblent avoir été destinées à la rémunération personnelle de ce fonctionnaire ([1]).

Le recouvrement de cet impôt, assez onéreux pour les contribuables, et qui constituait un des revenus les plus importants de la république, était assuré par des moyens très-énergiques. Le métèque qui ne se conformait pas à cette obligation pouvait être vendu comme esclave ([2]). — Cette humiliation fut un jour infligée à l'un des plus éminents disciples de Platon, au philosophe Xénocrate. Cet homme, que se contemporains nous représentent comme un modèle d'austérité et de vertu, qui avait plus d'une fois noblement repoussé les avantages honorifiques et pécuniaires qu'on lui offrait, plus soucieux de la science que de ses intérêts, se trouva une certaine année dans l'impossibilité d'acquitter l'impôt. La loi était impérieuse, et l'on ne crut pas les circonstances assez urgentes pour y déroger. — Heureusement pour le pauvre philosophe, au moment où les enchères s'engageaient, un illustre orateur traversa le marché aux esclaves et reconnut celui que l'on allait vendre. Démétrius de Phalère s'empressa de soustraire Xénocrate au sort qui le menaçait; il l'acheta pour lui rendre immédiatement la liberté et versa dans les caisses du trésor les douze drachmes qui formaient sa créance ([3]).

Cette terrible menace de l'esclavage, que l'on espérait toujours conjurer, n'effrayait point les anciens. Le nombre des étrangers domiciliés dans l'Attique s'élevait à plus de dix mille, et le μετοίχιον enrichissait chaque année le trésor public de plus de vingt talents. Xénophon excitait ses concitoyens à redoubler encore d'efforts pour attirer à Athènes ceux qui n'avaient point de patrie ou qui étaient disposés à quitter facilement la

---

([1]) Pollux: *Onomasticon*, III, 55.— Harpocration, v° Μετοίχιον.

([2]) Démosthène: *C. Aristogitonem*, I, § 57, R. 787.

([3]) Diogène Laërce: *Vitæ philosophorum*, lib. IV, c. 2, § 14, D., p. 96.

leur, et il espérait par là augmenter cette source féconde de richesses pour l'État (¹).

Après avoir ainsi brièvement esquissé la condition des étrangers chez les Athéniens, je dois dire quelques mots des marchandises qui provenaient, soit des nations voisines, soit du sol même de l'Attique. — Les économistes qui rédigeaient à Athènes les lois de douane ne paraissent pas avoir toujours obéi à des principes bien arrêtés. Leurs dispositions sur les droits d'importation peuvent trouver leur explication, tantôt dans le système de prohibition absolue fondée sur la haine que l'on a vouée au pays producteur, tantôt dans un système de réciprocité qui trouve son point de départ dans des traités internationaux, tantôt dans un système de liberté illimitée réclamée par les besoins d'Athènes qui sont urgents et qu'il faut satisfaire. Le plus souvent la loi n'a en vue qu'un intérêt purement fiscal ; elle est stimulée par le désir de remplir les caisses du trésor et d'exploiter à son profit les facilités que la ville offre aux négociants étrangers. Dans quelques cas exceptionnels, elle encourage et favorise l'importation par des primes spéciales. — Le seul système que nous n'ayons point rencontré, c'est le système protecteur que la France a longtemps pratiqué, qui émancipe successivement et sans crise le monde commercial, qui abaisse peu à peu le niveau de ses barrières et facilite l'avénement du principe de libre circulation.

La règle générale soumettait toutes les marchandises qui entraient dans l'Attique, soit par terre, soit par mer, au paiement d'un droit d'importation fixé le plus souvent à deux pour cent de la valeur des objets imposés. C'est là le droit du cinquantième (πεντηκοστή) dont les orateurs font quelquefois mention (²) et que l'on désignait sous le nom d'εἰσαγώγιον. — La prohibition aveugle et absolue existait pour les produits de la Béotie et de la Mégaride : dans le premier cas, c'était un souvenir des rivalités d'Athènes et de Thèbes ; dans le second, les Athéniens adoptaient de confiance les haines de Périclès contre Mégare, et soutenaient des guerres sanglantes pour le maintien

---

(¹) *De vectigalibus*, II, 1, T. VI, p. 42.

(²) Andocide : *De mysteriis*, § 133, D., p. 70. — Démosthène : *C. Neeram*, § 27, R., 1353. — Lycurgue : *C. Leocratem*, § 58, D., p. 11. — Pollux : *Onomasticon*, IX. 30.

d'une défense qu'ils n'auraient pu légitimement expliquer[1].— Le système de réciprocité était appliqué avec quelques peuples de l'Asie-Mineure et du Bosphore, notamment avec ces princes de la Tauride qui exemptaient de l'impôt les navires athéniens entrés dans leurs ports, et leur concédaient le privilége de recevoir avant tous autres les chargements de blé qu'ils demandaient à ce pays [2]. — Les vins de Lesbos jouissaient d'une franchise absolue [3], et, quant aux céréales que l'Attique ne produisait pas en quantité suffisante pour les besoins de ses habitants, des récompenses pécuniaires étaient offertes à ceux qui se livraient à leur importation [4]. Toutes les fois même qu'une cargaison de cette nature se trouvait sur un navire athénien, l'armateur qui l'eût conduite dans un port étranger était exposé à des peines sévères et à la confiscation, et, pour encourager les dénonciateurs, la loi leur proposait comme perspective le partage des objets confisqués [5].

A coté des droits d'importation se placent naturellement les droits d'exportation, désignés sous le nom de ἐξαγώγιον et fixés comme les premiers à deux pour cent de la valeur des objets exportés. — Mais les sommes que la république en retirait devaient être beaucoup moins considérables, car ici le système prohibitif dominait presque exclusivement. Les Athéniens, plus préoccupés des jouissances de l'esprit que des nécessités physiques, préféraient aux paisibles travaux de l'agriculture les vives émotions des querelles politiques ou judiciaires, et, si les nations voisines n'étaient venues à leur secours, en leur fournissant les moyens de vivre matériellement, une disette continuelle eût fait sentir ses ravages dans le pays. — Athènes l'avait compris, et, pour échapper en partie à ce danger qui sans cesse planait sur elle, elle conservait avec un soin jaloux

---

[1] **Aristophane**: *Acharnenses*, v. 718 et s. — Thucydide: *De bello Peloponnesiaco*, I, c. 67 et 139. — Plutarque : *Périclès*, c. 29. — Cf. Ch. Tissot, *Des Proxénies grecques*, 1863, p. 78.

[2] Démosthène: *C. Leptinem*, § 29 et s., R., 466 et s.

[3] Athénée: *Deipnosophistœ*, I, sect. 51, T. 1, p. 51.

[4] Cependant, même dans ce cas, les commerçants paraissent avoir été soumis au droit du cinquantième. Demosthène parle d'un individu qui avait pris à ferme le cinquantième perçu sur le blé : « ἐωνημένος τὴν πεντηκοστὴν τοῦ σίτου ». *C. Neeram*, § 27, R. 1353.

[5] **Démosthène** : *C. Phormionem*, § 37, R. 918.

les produits de son territoire et n'autorisait leur sortie de l'Attique que dans des cas exceptionnels.

Si nous devons en croire le témoignage de Plutarque[1], toutes les denrées devaient nécessairement être consommées dans le pays, et le respect de cette prescription avait été placé sous la responsabilité personnelle de l'archonte, exposé à une amende de cent drachmes dans le cas où sa vigilance aurait été mise en défaut.— On avait fait exception, toutefois, pour les produits de l'olivier, très-abondant dans l'Attique et dont la culture et la conservation étaient assurées par un ensemble de dispositions que j'appellerais presque le Code forestier des Athéniens. C'était, il est vrai, l'arbre favori de la déesse qui présidait aux destinées d'Athènes, et voilà ce qui justifie la protection bizarre et rigoureuse dont il était l'objet (²). Mais les quantités d'huile qu'on en retirait étaient hors de toute proportion avec les besoins du pays, et l'on avait dû en permettre l'exportation.
— Il semble que la même tolérance aurait dû se manifester pour la sortie des figues, si l'on en juge par le grand nombre d'infractions qui se commettaient chaque année et qui devaient résulter d'un excès de production. Ces tentatives furent même si fréquentes, que les sycophantes, les dénonciateurs d'Athènes, leur sont redevables de leur nom (³). Mais ici la prohibition avait été sévèrement maintenue.

D'autres défenses se justifiaient par le désir qu'avaient les Athéniens de conserver leur supériorité maritime et de se réserver tous les éléments nécessaires à la bonne organisation de leurs flottes ; on ne pouvait donc exporter ni les bois de construction, ni les essences destinées à leur conservation, ni les cordages, ni les outres dans lesquelles on renfermait les eaux potables. — Cependant, quelques écrivains considérables, se fondant sur un passage de Théophraste, ont soutenu que l'exportation des bois de construction n'était pas absolument interdite, qu'elle obligeait seulement à payer des sommes considérables : « L'homme vaniteux, dit le moraliste grec, affirme

---

(¹) *V. Solonis,* C. 24.

(²) V. Lysias : *Pro sacra olea excisa,* VII op. (D., p. 123), et Démosthène, *C. Macartatum,* § 71, R. 1074.

(³) Plutarque, *V. Solonis,* C. 24. — Cf. Athénée, *Deipnosophistæ,* III, sect. 6, T. I, 140.

qu'on lui a permis d'exporter des bois sans payer de tribut, mais que, pour ménager les susceptibilités du peuple, il n'a point voulu user de ce privilége ([1]). » C'est donc qu'un obstacle invincible ne s'opposait pas à la sortie de ces objets ([2]). — Je crois que cette interprétation repose sur une erreur qui a déjà été relevée par le plus éminent des annotateurs de Théophraste, par Coray ([3]). L'auteur n'a pas en vue une immunité accordée par les Athéniens à celui qui exporte les bois de l'Attique ; il veut parler d'une faveur qui a été conférée à un Athénien par Antipater, roi de Macédoine, relativement à des bois macédoniens. Ainsi entendu, le texte des Caractères est en harmonie parfaite avec les documents que les anciens auteurs nous ont conservés. Nous savons, en effet, que le territoire de l'Attique ne renfermait qu'un petit nombre d'arbres, et que, chaque année, les Athéniens faisaient en Macédoine des achats considérables ([4]). Nous n'ignorons pas non plus que, parfois, les rois de Macédoine, lorsqu'ils voulaient accorder à un navigateur un témoignage de sympathie, l'exemptaient des droits perçus dans leurs ports ([5]). C'est une immunité de ce genre que le héros de Théophraste prétendait avoir obtenue.

Faut-il généraliser encore cette prohibition, l'étendre à des choses qui ne concernaient point directement la subsistance des Athéniens et la conservation de la république ? Je ne saurais le croire, pour ma part. Les étrangers recherchaient avec avidité les marbres du Pentélique et du mont Hymette, les livres dans lesquels étaient reproduits les chefs-d'œuvre de la littérature grecque, et ces objets manufacturés destinés aux usages quotidiens de la vie que le goût exquis des Athéniens savait transformer en objets d'art ([6]). Les meubles, les armes, les vêtements, les bijoux, les poteries d'Athènes inspiraient aux anciens une admiration qu'un auteur allemand compare à celle qu'excitent, de nos jours, les produits de l'industrie pa-

---

([1]) *Characteres*, C. 23.
([2]) Barthélemy : *Voyage du jeune Anacharsis*, ch. 55, éd. 1830, III, p. 314.
([3]) V. aussi de Pastoret : *Histoire de la législation*, t. VII, 1824, p. 241.
([4]) Thucydide : *De bello Peloponnesiaco*, IV, C. 108.
([5]) Andocide : *De reditu*, § 11, D. 75.
([6]) Xénophon : *Anabasis*, VII, 5, § 14 (T. 3, 232) ; *De vectigalibus*, I, § 4 (T. 6, 41).

risienne (¹). — N'était-il pas légitime d'utiliser cette heureuse
aptitude des ouvriers athéniens et de la faire tourner au profit
général des particuliers et de l'État, que l'on enrichissait en cé-
dant aux sollicitations des acheteurs ?

Indépendamment des droits d'importation et d'exportation,
quelques taxes se rattachent encore au commerce extérieur
d'Athènes. — Lorsque les Athéniens se furent rendus maîtres
de Byzance, la possession de cette place leur assurant la sou-
veraineté de l'Hellespont, ils soumirent tous les vaisseaux marchands qui traversaient cette petite mer au paiement d'un droit
du dixième fixé sur la valeur de la cargaison (²). — C'était dépasser la mesure. Les droits de péage, contraires au principe de
la liberté des eaux, sont le plus souvent fort mal accueillis. Aussi,
lorsqu'ils acquièrent un caractère de gravité telle que la fortune
de l'armateur se trouve compromise, les nations intéressées fi-
nissent par protester et par demander à la force des armes la
cessation d'un impôt tyrannique.

La république percevait de plus, pour le séjour des navires
dans ses ports ou des marchandises dans ses entrepôts, un
droit qui devait encore, comme les précédents, être calculé sur
la valeur de la cargaison ou des marchandises. Désigné sous le
nom d'ἐλλιμένιον, il était fixé le plus habituellement à un pour
cent : ἑκατοστὴ (³).

Presque tous ces impôts étaient affermés, soit pour le tout,
soit pour partie seulement (⁴), tantôt à des compagnies, tantôt
à de riches individus, qui s'engageaient à remettre à l'État
une somme fixe et déterminée et qui percevaient les taxes à
leurs risques et périls. Ces contrats paraissent avoir été rési-
liés lorsqu'un événement de force majeure, comme la guerre,
venait modifier les conditions du traité et aggraver les obligations des preneurs (⁵). — Les prix de ces baux devaient nécessairement varier avec les circonstances ; mais, presque toujours,
ils atteignaient un chiffre fort élevé qu'un passage d'Ando-

(¹) Wolf : *Ad Demosth. Leptin.*, p. 252. — Cf. Schömann : *Antiquitates
juris publici Græcorum*; Greifswald, 1838, p. 353.

(²) Démosthène: *C. Leptinem*, § 60, R. 475. — Ulpien : *Scholia ad Demosthenem*, h. l. (D., p. 649).

(³) Xénophon : *De republica Atheniensium*, I, 19.

(⁴) Démosthène: *C. Neeram*, § 27, R. 1353.

(⁵) Démosthène: *C. Neeram*, § 27, R. 1353.

cide fixe à trente-six talents annuels pour le seul droit de
πεντηκοστή (¹), et les fermiers réalisaient encore d'énormes bénéfices (²). Il est vrai qu'une considération très-médiocre s'attachait à ceux-ci, sans doute à cause de l'avarice qui devait les
pousser à exagérer les impôts, à cause aussi de la rigueur qu'ils
déployaient contre les commerçants et des vexations auxquelles
ils les soumettaient (³). — Les mêmes causes doivent toujours
amener les mêmes résultats, et si, malgré les services qu'ils
rendaient à l'Etat, les τελώναι n'étaient pas plus estimés que les
traitants du XVIIIᵉ siècle, c'est que les deux institutions offraient
les mêmes dangers et laissaient les contribuables à la merci
d'un honteux égoïsme individuel.

Aussi arrivait-il fréquemment que le débiteur de ces droits de
douane avait recours à des manœuvres dolosives pour se soustraire au paiement des sommes qu'il eût dû remettre aux
agents du fermier. — Mais la loi ne se montrait point indul-
gente pour ces contraventions, encore bien qu'en apparence
l'intérêt du τελώνης fût seul en jeu. C'est qu'en effet, si la république eût facilement toléré ces fraudes, les adjudicataires,
mal protégés par le législateur, eussent été moins nombreux
et moins confiants, et une diminution sensible n'eût point
tardé à se produire dans le prix des fermes. — Il était donc
permis à tout citoyen d'accuser ceux qui ne respectaient pas
les prescriptions douanières, et cette accusation était formée
au moyen d'une procédure spéciale connue sous le nom de
φάσις.

Voici quelle était, à grands traits, la marche suivie dans
cette espèce d'action publique. L'accusateur adressait aux inspecteurs du commerce, aux ἐπιμεληταὶ ἐμπορίου (⁴), une dénonciation écrite, signée par lui, et contenant le nom de l'accusé,
l'indication du fait incriminé et la désignation de la peine requise (⁵). — Les inspecteurs du commerce, après avoir procédé à l'instruction de l'affaire, la portaient devant le tribunal

---

(¹) *De mysteriis*, § 134, D. 70.
(²) Andocide, *loc. cit.* — Cf. Harpocration, vᵒ Επωνία.
(³) Pollux: *Onomasticon*, VI, 128; VIII, 132; IX, 29 et 32. — Aristophane :
Equites, v. 248.
(⁴) Démosthène: *C. Lacritum*, § 51, R. 941.
(⁵) Pollux : *Onomasticon*, VIII, 47.

des Nautodices, chargé de statuer sur les actions commerciales, ἐμπορικαὶ δίκαι ([1]), et sur lequel nous donnerons bientôt quelques détails. — Le tribunal examinait les faits, et prononçait la condamnation ou l'acquittement de l'accusé. — Y avait-il condamnation? l'accusateur gagnait, comme indemnité, la moitié des sommes qu'il faisait rentrer dans le trésor public et partageait avec l'État les marchandises qui étaient confisquées par suite d'une contravention aux règles sur l'importation ou l'exportation ([2]). — Si, au contraire, il y avait acquittement, l'accusateur, qui n'avait point obtenu le cinquième des suffrages, était obligé de payer une amende de mille drachmes, à laquelle, d'ailleurs, il n'eût pu se soustraire en se retirant au cours de l'instance et en se désistant de son action ([3]). — Les peines que l'on prononçait contre les accusateurs téméraires avaient pour but de réprimer le zèle excessif de ceux qui se seraient volontiers laissé séduire par la perspective des récompenses accordées au vainqueur, sans se préoccuper des graves inconvénients que peut avoir, au point de vue commercial, une poursuite intempestive, alors surtout qu'elle s'attaque à l'honorabilité de l'accusé.

Si je ne craignais, Messieurs, d'abuser trop longtemps de la bienveillante attention que vous m'accordez, j'essaierais de jeter maintenant un coup d'œil rapide sur les conventions ordinaires des marchands qui fréquentaient les ports d'Athènes. Peut-être oublieriez-vous en m'écoutant qu'il s'agit des mœurs d'un autre âge, et que plus de vingt siècles ont passé depuis les faits dont j'esquisse l'histoire. On se croirait transporté dans une de nos grandes villes maritimes; car ce sont toujours les mêmes contrats, les mêmes fraudes, les mêmes dangers que l'on rencontre. — Ici, l'on tire des lettres de change sur les négociants étrangers, et des cautions interviennent pour augmenter le crédit qui s'attache à la signature du tireur ([4]); — là, un contrat de prêt à la grosse se forme entre un

---

([1]) Lysias: *De pecuniis publicis*, § 5 (D. 175).
([2]) Démosthène: *C. Theocrinem*, § 13, R. 1325.
([3]) Démosthène: *C. Theocrinem*, § 6, R. 1323.
([4]) V. ma *Note sur la question de savoir si les Athéniens ont connu la lettre de change et le contrat d'assurance*. Une analyse de cette courte dissertation, lue à la Sorbonne le 31 mars 1864, lors de la réunion des délégués des sociétés savantes, a été insérée dans la *Revue des sociétés savantes*,

riche banquier et l'armateur d'un navire, et, si des intérêts
énormes sont mis à la charge de l'emprunteur, celui-ci est en
même temps protégé contre les dangers de la navigation par
une sorte d'assurance imparfaite ; — plus loin, des spéculateurs
exploitent habilement les nouvelles récemment arrivées, afin
de provoquer sur le marché la hausse ou la baisse des marchandises (¹) ; — ailleurs, un trapézite dirige contre un capitaine
l'accusation de baraterie, parce qu'il a fait périr frauduleusement le vaisseau qui lui était confié, afin de se soustraire à l'o-
bligation de rembourser le *nauticum fœnus* (²). — Puis des négociants colportent frauduleusement des bruits mensongers
qui vont brusquement modifier le cours des céréales et permettre à leurs auteurs de réaliser de honteux bénéfices (³). —
Des sociétés se forment pour la perception des impôts, ou pour
l'exploitation d'une certaine industrie. — Tandis que les uns
arrivent à la fortune, des revers inattendus ébranlent le crédit
des autres et amènent des liquidations ou des faillites (⁴). —
Partout, vendeurs et acheteurs se surveillent à l'envi, sachant
que la prudence est mère de la sûreté, ou, mieux encore, parce
que, comme le dit Théophraste, l'esprit de défiance nous fait
croire que chacun veut nous tromper (⁵). — La réputation
proverbiale des Grecs justifie ces précautions excessives que
raille le moraliste et que Plaute rappellera plus tard dans une
de ses comédies.

> ..... Quæque volumus uti, Græca mercamur fide.
> Quum a pistore panem petimus, vinum ex œnopolio,
> Si æs habent, dant mercem (⁶).

La plupart de ces transactions s'accomplissaient dans un

3ᵉ série, t. III, 1864, p. 412. — Cf. toutefois M. Egger : *Mémoires d'histoire
ancienne et de philologie*. Paris, 1863, p. 130 et suiv.

(¹) Lysias : *Adversus frumentarios*, § 14, D. 196.

(²) V. M. Cucheval : *Étude sur les tribunaux athéniens et les plaidoyers
civils de Démosthène*, Paris, 1863, p. 193.

(³) Lysias : *Adversus frumentarios*, § 14, D. 196.

(⁴) V. *Essai sur les Trapézites ou banquiers d'Athènes*, par M. de Koutorga.
(*Séances et travaux de l'Académie des sciences morales et politiques*, t. 50,
p. 227-240.)

(⁵) *Characteres*, c. XVIII.

(⁶) *Asinaria*, v. 47-49. — V. cependant M. Le Gentil, *Essai historique sur
les preuves* ; Paris, 1863, p. 127. — Ce magistrat prend au sérieux la
πίστις ἀττική.

vaste emplacement, connu sous le nom d'*Emporium*, situé au
Pirée, et qui était le lieu de réunion habituel des grands négociants d'Athènes. C'était là qu'ils venaient se communiquer
les nouvelles des régions lointaines apportées par les navires récemment arrivés (¹), et les déclarations de guerre malheureusement si fréquentes chez les peuples de la Grèce antique. Là
s'échangeaient les offres et les demandes et s'établissait la mer-
curiale des marchandises. C'était, si j'ose le dire, la Bourse ou
le Palais du commerce des Athéniens. — Pour faciliter autant
que possible les achats et les ventes, pour épargner de nombreux déplacements occasionnés par la nécessité de se rendre
sur des quais éloignés, on déposait, dans une portion réservée
de cet *Emporium*, les échantillons des objets sur lesquels les
contrats devaient se former. Les acheteurs accompagnaient les
vendeurs dans cette sorte de magasin, désigné sous le nom de
Δεῖγμα, par allusion aux choses qu'il renfermait (²). Ils véri-
fiaient par eux-mêmes la qualité des denrées qu'ils se pro-
posaient d'acquérir, et qui, jusqu'au marché conclu, restaient
dans les docks et dans les entrepôts du port.

On comprend aisément que l'intérêt de la République prescrivait d'exercer une surveillance assez active sur un point
aussi fréquenté. Dix magistrats spéciaux, tirés au sort parmi
les tribus d'Athènes et investis d'attributions administratives et
judiciaires, étaient chargés de maintenir l'ordre sur l'*Emporium* et d'y faire respecter les lois. C'étaient les inspecteurs du
commerce, les Ἐπιμεληταί ἐμπορίου (³). Ils étaient aidés dans
leurs fonctions par dix métronomes et par cinq sitophylaques. —
Les premiers, correspondant de tous points à nos vérificateurs
des poids et mesures, étaient chargés de conserver le dépôt des
types établis par la loi ou par l'usage, et de comparer avec eux
les instruments que les marchands employaient pour la réalisation de leurs contrats (⁴). — Les seconds veillaient principa-

---

(¹) Athènes avait conservé ces traditions au temps de saint Paul : « *Athenienses autem omnes, et advenæ hospites, ad nihil aliud vacabant, nisi aut
dicere, aut audire aliquid novi.* » (*Actus apostolorum*, C. XVII, v. 21.)

(²) Harpocration, vᵒ δεῖγμα. — Pollux : *Onomasticon*, IX, 34.

(³) Voir M. A. Baumstark : *De curatoribus emporii et nautodicis* ; Fribourg,
1827.

(⁴) Harpocration, vᵒ μετρονόμοι.

lement sur le commerce des blés ([1]). Nous avons déjà reconnu
qu'Athènes était obligée de compter sur l'étranger pour l'ap-
provisionnement de son marché de céréales; elle était donc à
la merci des spéculateurs, et elle avait eu si souvent à endurer
les pénibles conséquences de la disette, qu'elle avait sévi avec
une rigueur excessive contre l'accaparement des grains. La
peine de mort était prononcée par la loi contre tout Athénien qui
achetait plus de cinquante phormes de blé ([2]). Aux sitophylaques
avait été réservée la pénible mission de faire respecter cette
disposition, et, pour que leur attention ne sommeillât jamais, la
peine de mort était également réservée à celui d'entre eux qui
viendrait à faillir dans sa diligence et son activité ([3]).

Toutes ces prescriptions du législateur devaient donner naissance à des infractions nombreuses qui lésaient tantôt un intérêt public, tantôt un intérêt privé. — Dans le premier cas, on
observait les principes du droit criminel Athénien, en tenant
compte de la nature de la contravention et des peines qu'elle pouvait entraîner. — Dans le second cas, si des intérêts particuliers se
trouvaient seuls en jeu, les Thesmothètes, dans l'hégémonie
desquels rentraient les actions commerciales, saisissaient le
tribunal des Nautodices ([4]).

Nos juridictions consulaires peuvent, en effet, se prévaloir
de cette antique origine. — L'esprit pratique des Athéniens avait
compris que, pour la solution des difficultés qui s'élèvent entre
les commerçants, l'habitude des affaires et l'initiation aux
usages qui suppléent fréquemment au silence de la loi, étaient
des conditions essentielles à la bonne administration de la justice. — On avait donc formé un tribunal de juges spéciaux,
dont nous ne saurions fixer le nombre, choisis parmi les commerçants et dont les fonctions duraient pendant une année.

Ce tribunal, qui siégeait au Pirée, au milieu même du plus

([1]) Harpocration, vº σιτοφύλακες.

([2]) Lysias: *Adversus frumentarios*, §§ 5, 6 et 18; D. 195 et 197.

([3]) Lysias : *Adversus frumentarios*, § 16, D. 197. — Le phorme devait être
une mesure à peu près égale au médimne. (V. Wachsmuth : *Hellenische
Alterthumskunde*, t. II, p. 60, § 93, 45, b.) — Le médimne valant environ 60
litres, le maximum pour chaque citoyen avait donc été fixé approximative-
ment à 30 hectolitres. — Cf. A. Böckh : *Metrologische Untersuchungen über
Gewichte, Münzfusse und Maasse des Alterthums*; Berlin, 1838.

([4]) Lysias: *De pecuniis publicis*, § 5, D. 175.

grand mouvement commercial d'Athènes, ne tenait ses séances que pendant une portion de l'année. — Les navigateurs anciens n'osaient, pendant l'hiver, s'abandonner à la merci des flots. Tous leurs voyages s'accomplissaient, en général, depuis le mois de Munychion jusqu'au mois de Boedromion, et, comme ce court espace de temps suffisait à peine aux exigences de longues traversées, la loi n'avait point permis qu'on le restreignît encore en forçant les commerçants à séjourner dans les ports pour surveiller devant les tribunaux la défense de leur fortune et de leur honneur. C'était seulement quand les navires étaient de retour que les Nautodices venaient occuper leurs siéges et mettaient à profit le repos forcé donné per la rigueur des saisons.

Quelques auteurs ont même pensé que ce tribunal ne siégeait que le vingt-sixième jour de chaque mois, et qu'il abandonnait le jugement des affaires urgentes, qui survenaient dans l'intervalle de chaque séance, à d'autres juges désignés sous le nom d'ἐπαγωγοι. — Il me semble difficile d'admettre que les choses aient pu se passer ainsi. Les raisons qui avaient fait établir les Nautodices n'auraient trouvé leur satisfaction que dans un fort petit nombre d'hypothèses, surtout si l'on songe à l'étendue des discours prononcés dans les circonstances même les moins importantes. La juridiction des ἐπαγωγοι eût été la règle, et ce n'est que dans des circonstances fort exceptionnelles que les Nautodices auraient été appelés à statuer.

A la différence de presque tous les tribunaux athéniens, les Nautodices étaient chargés d'instruire eux-mêmes les procès qui leur étaient soumis (1). — Agir autrement, c'eût été oublier en effet les motifs et les avantages de leur institution. Des hommes entièrement étrangers aux relations commerciales, mêlés chaque jour aux affaires publiques comme tous les magistrats d'Athènes, auraient-ils pu atteindre le but que se proposait le législateur en instituant ce tribunal? L'instruction eût été par trop imparfaite pour pouvoir éclairer ses jugements, et mieux valait, certes, lui confier à lui-même le soin de préparer ses sentences.

Les besoins du commerce exigeaient que la procédure fût prompte et rapide. Au temps de Démosthène, les procès com-

---

(1) Schömann : *Antiquitates...*, p. 284, § 59.

merciaux se jugeaient dans le mois de l'introduction de l'instance (¹), et de là leur vint probablement le nom de δίκαι ἔμμηνοι
que leur donnent Pollux et Harpocration (²). — Toutefois, il
n'en fut pas toujours ainsi : Isocrate se plaignait des lenteurs
que rencontrait l'expédition des affaires (³); Xénophon lui-
même ne trouvait pas sans doute que les choses fussent arrivées à leur plus haut degré de perfection, lorsqu'il proposait
de décerner des récompenses aux juges du commerce qui sta-
tueraient avec le plus de rapidité et de justesse sur les procès
portés devant leur tribunal (⁴).

Les décisions des Nautodices étaient rendues en dernier res-
sort et ne pouvaient point être frappées d'appel. Le défendeur
qui succombait devait immédiatement exécuter le jugement ou
se résigner à rester en prison jusqu'au jour où il donnerait satisfaction à son adversaire. A Athènes, comme de nos jours, la
contrainte par corps était le droit commun en matière commerciale. Quant au demandeur qui se désistait de son action
après l'avoir intentée, ou qui échouait sans obtenir le cinquième des suffrages, on le condamnait à payer une amende
de mille drachmes.

Je ne vous ai parlé jusqu'ici, Messieurs, que du commerce
extérieur d'Athènes. Que de points me resteraient encore à
examiner pour compléter mon étude! Permettez-moi de les réserver pour des communications ultérieures que je serai heureux de vous soumettre. J'ai l'honneur de prendre pour la première fois la parole au milieu de vous, et je ne veux point abuser de cette bienveillante attention ni de cette sympathique indulgence que vous me témoignez aujourd'hui. — Pour les mé-
riter plus sérieusement à l'avenir, je n'épargnerai ni mon
temps ni mes peines. Le but que vous vous proposez d'atteindre
est, en effet, vraiment digne de généreux efforts : provoquer et
encourager le travail individuel, le féconder par l'association,
le rectifier par un contrôle amical, l'honorer par la publicité
de vos Mémoires, tel est le noble programme que vous vous

(¹) *De Halonneso*, § 12, R. 79.
(²) *Onomasticon*, VIII, 101.—Harpocration, vᵒ ἔμμηνοι δίκαι.
(³) *Trapeziticus*, § 2 et suiv. D. 251.
(⁴) *De vectigalibus*, III, § 3.

êtes tracé et qui vous réunit tous dans cette Académie. Puissé-je,
pour ma faible part, contribuer à l'œuvre commune et acquitter ainsi la dette de reconnaissance que je viens de contracter
envers vous !

3. — Grenoble, impr. de Prudhomme,

ÉTUDES

SUR LES

ANTIQUITÉS JURIDIQUES

D'ATHÈNES

PAR

Exupère CAILLEMER

PROFESSEUR A LA FACULTÉ DE DROIT DE GRENOBLE

DEUXIEME ETUDE

LETTRES DE CHANGE ET CONTRATS D'ASSURANCE

PARIS	GRENOBLE
Auguste DURAND, Libraire-Éditeur	Alexandre RAVANAT, Libraire
Rue des Grès, 7	Place de la Halle, 4

1865

*Extrait des Mémoires de l'Académie impériale des Sciences,
Arts et Belles-Lettres de Caen.*

NOTE

SUR LA QUESTION DE SAVOIR

SI LES ATHENIENS ONT CONNU LA LETTRE DE CHANGE

ET LE CONTRAT D'ASSURANCE [1]

MESSIEURS,

Je me propose d'appeler votre attention sur un texte de l'orateur athénien Isocrate, intéressant au point de vue de l'histoire du contrat de change et du contrat d'assurance.

I.

Dans un mémoire présenté à l'Académie des sciences morales et politiques le 25 septembre 1859,

---

[1] Ce Mémoire a été présenté au Comité des Sociétés savantes à la Sorbonne, le 31 mars 1864. — Pour concilier les exigences du sujet avec l'obligation imposée aux lecteurs, le 15 mai 1863, par M. Rouland, alors ministre de l'Instruction publique, de ne point dépasser le délai de vingt minutes, j'avais dû écarter du texte de mon travail et rejeter dans de simples notes tout ce qui n'était que le développement ou le complément de ma pensée. — En offrant plus tard ces pages à l'Académie des belles-lettres de Caen, je n'ai que très-peu modifié la forme qu'elles avaient primitivement reçue.

M. de Koutorga, professeur d'histoire à l'Université de Saint-Pétersbourg, écrivait : « Les Trapézites..... eurent les premiers l'idée des lettres de change, κολλυβιστικὰ σύμβολα (1). »

Cette assertion a donné lieu à de courtes réflexions de M. Egger, présentées, le 13 juin 1860, à la Société des Antiquaires de France et reproduites par l'auteur dans ses *Mémoires d'histoire ancienne et de philologie* (2).

L'éminent professeur de la Faculté des lettres de Paris établit d'abord que les mots κολλυβιστικὰ σύμβολα n'ont jamais été employés par les écrivains anciens dans le sens qu'on veut leur prêter; que le mot κολλυβιστικός lui-même, quoique fort bien dérivé du mot κολλυβιστής, et mentionné dans nos lexiques modernes, manque d'autorité et n'appartient pas à la langue grecque.

Il ajoute, en second lieu, que si l'on croit reconnaître chez les Romains des traces d'un procédé analogue au contrat de change, on n'a cependant encore jamais signalé, dans les auteurs grecs ni même latins, une assertion directe et claire relative à cette opération commerciale.

Le crédit qui entoure si justement les travaux de M. Egger doit causer quelque appréhension, lorsqu'on vient essayer de combattre ses conclusions. — Cependant le savant écrivain, lui-même, ne considère pas la question comme épuisée, puisqu'il fait appel à de nouvelles recherches dont il espère encore un heu-

---

(1) *Séances et travaux de l'Académie*, t. L, p. 231.
(2) Paris, Auguste Durand, 1863, p. 130-132.

reux résultat. — Je viens aujourd'hui vous soumettre humblement le produit de celles que j'ai entreprises.

II.

Déjà, en 1861, à une époque où je ne connaissais ni la dissertation de M. de Koutorga sur les Trapézites d'Athènes, ni la note de M. Egger, j'émettais une opinion qui se rapproche beaucoup de celle du professeur russe et je la fondais sur un passage du *Trapézitique :* « Nous lisons dans Isocrate, disais-je, les détails d'un *agissement* (1) bien voisin du contrat de change, cette grande institution dont on a coutume de reporter l'honneur aux Juifs et aux Italiens du moyen-âge » (2).

De nouvelles réflexions, loin d'ébranler ma croyance, l'ont au contraire affermie et précisée. Elles m'ont prouvé, de plus en plus, que ce contrat, qui a dû se présenter à l'esprit aussitôt que les nécessités du commerce ont exigé l'envoi de fonds d'un lieu dans un autre, n'était pas inconnu d'une population aussi industrieuse et aussi intelligente que celle d'Athènes.

Un éminent écrivain, profondément versé dans la connaissance des antiquités juridiques de la Grèce, M. Georges-Frédéric Schömann, a pu écrire sans exa-

---

(1) Je demande pardon aux lecteurs pour ce mot auquel nos dictionnaires n'ont point encore accordé le droit de bourgeoisie (Voir le *Dictionnaire de la langue française* par M. Littré, t. I, p. 79), mais qui est maintenant fréquemment employé dans la langue du Droit, et qui permet d'échapper à la confusion résultant des acceptions trop nombreuses du mot *acte.*

(2) *Des Intérêts.* Paris, Durand, 1861, p. 39.

gération : « Eratque Athenis quasi communis quidam
multarum gentium mercatus, quo conflueret quod
ubique terrarum boni gigneretur, rursusque inde in
diversissima loca dimanaret (1). »

Des relations commerciales aussi étendues autori-
seraient, par elles seules, à admettre chez les Athéniens l'existence des lettres de change. Mais, nous
possédons de plus un texte précieux qui doit, à mon
avis, faire cesser toutes les incertitudes.

III.

Je mets d'abord sous vos yeux le passage d'Isocrate,
que je vais traduire littéralement.—C'est un jeune
étranger, originaire du Pont, qui porte la parole
devant un tribunal athénien. Le ministère des avocats
n'étant pas en général admis à Athènes, les plaideurs
prononçaient eux-mêmes les discours que les orateurs ou *logographes* avaient composés pour eux (2).

'Εγὼ γάρ, ὦ ἄνδρες δικασταί, μέλλοντος Στρατοκλέους
εἰσπλεῖν εἰς τὸν Πόντον, βουλόμενος ἐκεῖθεν ὡς πλεῖστ'ἐκκο-
μίσασθαι τῶν χρημάτων, ἐδεήθην Στρατοκλέους τὸ μὲν αὑτοῦ
χρυσίον ἐμοὶ καταλιπεῖν, ἐν δὲ τῷ Πόντῳ παρὰ τοῦ πατρὸς

(1) *Antiquitates juris publici Græcorum.* Greifswald, 1838,
p. 353. — Voir aussi mon *Etude sur les institutions commerciales
d'Athènes au siècle de Démosthène.* Paris, Durand, 1865, p. 15-16.

(2) V. M. Egger : *Si les Athéniens ont connu la profession
d'avocat* (*Mémoires de Littérature ancienne.* Paris, 1862, p. 355-
520). — M. Albert Desjardins : *Essai sur les plaidoyers de Démosthène.* Paris, 1862, p. 11-29.

τοὐμοῦ κομίσασθαι, νομίζων μεγάλα κερδαίνειν, εἰ κατὰ πλοῦν
μὴ κινδυνεύοι τὰ χρήματα, ἄλλως τε καὶ Λακεδαιμονίων
ἀρχόντων κατ' ἐκεῖνον τὸν χρόνον τῆς θαλάττης (1).

« Stratoclès devait s'embarquer pour le Pont, et
« moi je voulais faire venir de ce pays le plus d'ar-
« gent possible. Je priai donc Stratoclès de me laisser
« tout l'or dont il était porteur ; à son arrivée dans
« le Pont, il se ferait payer par mon père sur les
« sommes que celui-ci avait pour moi. Je regardais,
« en effet, comme un grand avantage de ne point
« exposer mes écus aux périls du voyage, alors
« surtout qu'à cette époque les Lacédémoniens
« étaient maîtres de la mer. »

N'avons-nous pas là vraiment toutes les conditions
essentielles du contrat de change, tel que les doc-
teurs le désignent sous le nom de *cambium mercantile
vel trajectitium?*

IV.

Je laisse, en effet, de côté ce qui concerne le
change proprement dit : *cambium reale vel manuale*,
que l'on peut définir : *permutatio nummi cum nummo.*—

(1) *Trapézitique*, §§ 35 et 36, édit. Tauchnitz, c. 19.— M. le
marquis de Pastoret, dans son *Histoire de la Législation*, t. VII
(1824), p. 238, a fait allusion à ce passage. Mais, par suite d'une
erreur de traduction, il l'a rendu inintelligible. Il dit, en effet,
que le client d'Isocrate voulait *faire passer* de l'argent dans le Pont,
tandis que le texte renferme précisément l'idée contraire : le jeune
étranger veut *faire venir* de l'argent.

« On appelle change , dit Pothier , l'échange d'argent contre d'autre argent. C'est une espèce de change lorsqu'on change une espèce de monnaie contre une autre espèce de monnaie, comme des louis d'or contre des écus, des écus contre de la menue monnaie (1). »

Personne ne songe à nier que cette opération fût connue des Athéniens , qui la désignaient sous les noms de Νομίσματος ἀλλαγὴ , et aussi de Κόλλυβος : « Ἀργύριου ἀλλαγὴ, dit Pollux, ὁ καλούμενος κόλλυβος » (2). Elle était même d'un usage si fréquent que les banquiers lui étaient redevables de leur nom.

Le mot Κόλλυβος, dans son acception propre, servait à désigner une petite pièce de monnaie. C'est ce que nous apprend le *Lexicon Hesychii :* « Κόλλυβος . εἶδος νομίσματος , καὶ ἐν τῷ χαλκῷ κεχαραγμένος βοῦς ». Or, comme la mission des banquiers consistait surtout à délivrer des pièces de menue monnaie contre des valeurs plus considérables, ils étaient toujours pourvus d'une abondante quantité de κόλλυβοι (3).

C'était de là qu'était venu le mot Κολλυβισταί, par lequel on les désignait, et aussi le nom de Κόλλυβος , donné à l'acte auquel ils prêtaient leur concours.

Mais je ne veux point insister sur ce point que

---

(1) *Traité du contrat de change,* n° 1. Éd. Bugnet, t. IV (1847), p. 473.

(2) *Onomasticon,* III , 84.

(3) C'étaient de petites pièces de cuivre, désignées aussi sous le nom de λεπτὰ. Elles devaient peser 0 gr. 76 ; mais, en fait, elles pesaient de 1 à 2 gr. et valaient 0 fr. 00253 environ. (*Séances et travaux de l'Académie des sciences morales et politiques,* t. LXIII , p. 336 et 338. Article de M. Fr. Lenormant.)

Saumaise a suffisamment élucidé (1), et qui, d'ailleurs, ne soulève aucune difficulté (2).

V.

Revenons donc au *cambium trajectitium*. — Pothier le définissait : « un contrat par lequel je vous donne ou je m'oblige à vous donner une certaine somme en un certain lieu, pour et en échange d'une somme d'argent que vous vous obligez de me faire compter dans un autre lieu (3) » .

Appliquons cette définition, que beaucoup trouvent même trop exigeante, à l'hypothèse indiquée par Isocrate, et nous verrons que tous les éléments requis s'y rencontrent. Stratoclès, athénien, donne à l'étranger une somme d'argent à Athènes, pour et en échange de la somme d'argent que l'étranger s'oblige à lui faire compter dans le Pont.

Voilà donc bien le contrat de change, et l'orateur rappelle même les motifs qui ont donné naissance à cette institution commerciale : le désir d'échapper aux dangers et aux risques du voyage.

(1) *De Usuris.* Leyde, 1638, p. 364, 367, 494 et 495. — *De trapezitico fœnore.* Leyde, 1640, p. 527.

(2) Les textes grecs relatifs à cette opération sont soigneusement indiqués par M. le professeur Baumstark, dans la *Real-Encyclopädie der classischen Alterthumswissenschaft*, de M. Pauly, v° 'Εμπορία. Stuttgard, t. III (1844), p. 126-127.

(3) *Traité du Contrat de change*, n° 2., Éd. Bugnet, t. IV (1847), p. 473.

VI.

Ce n'est pas tout encore, et Isocrate va faire mention de la lettre de change.

J'emprunterai à Pothier une dernière définition : « La lettre de change se fait par un acte sous signature privée en forme de lettre, adressée par le tireur à celui sur qui elle est tirée, par laquelle le tireur lui mande de payer une telle somme à un tel (1). »

Or, Isocrate nous apprend que Stratoclès reçut de l'étranger une lettre réunissant toutes ces conditions, et dans laquelle le jeune homme mandait à son père de rembourser à Stratoclès les sommes que celui-ci lui avait avancées (2).

(1) *Traité du contrat de change*, n° 30, éd. Bugnet, t. IV (1847), p. 483.

(2) *Trapézitique*, § 37.—Voir, ci-dessous, le texte de ce paragraphe. — M. Cucheval (*Étude sur les tribunaux athéniens et les plaidoyers civils de Démosthène*, Paris, 1863, p. 195) paraît trouver dans les harangues du grand orateur un argument en faveur de notre opinion : « Il n'est pas, dit-il, jusqu'à une sorte de lettre de change dont un négociant semble mentionner l'usage. » — Mais l'auteur a bientôt soin de réfuter, dans une note, sa propre affirmation, et il a raison, eu égard au passage sur lequel il s'appuie (Démosthène, *in Phormionem*, § 27, éd. Reiske, 915). — Le mot συγγραφή sert, en effet, dans tout le plaidoyer contre Phormion, à désigner l'acte écrit, l'*instrumentum*, que l'on rédigeait pour constater le contrat de δάνειον et dont la conservation était assurée par le dépôt chez un trapézite (V. *eod. loc.*, § 6, éd. Reiske, 908).

Je ferai incidemment la même remarque sur l'assertion suivante de M. Malapert, relativement à la législation des Juifs : « Les opé-

L'orateur n'emploie pas, il est vrai, l'expression κολλυϐιστικὰ σύμϐολα, et je suis obligé d'avouer avec M. Egger que je ne l'ai rencontrée ni dans les orateurs ni dans les poètes d'Athenes. Le texte d'Isocrate dit seulement : τὰ ἐπεσταλμένα (1).

Mais qu'importe que la lettre ait porté un nom spécial ou ait été désignée par un terme générique ? Ce n'est plus là qu'une question de philologie à laquelle je veux rester étranger. L'essentiel, pour moi, était de prouver que le contrat et la lettre de change étaient connus des Athéniens, et je crois le discours d'Isocrate décisif en ce sens (2).

rations de banque sont très-anciennes. Citons l'écrit donné par Tobie à son fils pour réclamer de Gabelus l'argent que celui-ci devait, et dont le recouvrement fut opéré par l'ange Raphaël. Cet acte, s'il n'était pas une lettre de change, en a du moins l'apparence » (*Revue critique de législation et de jurisprudence*, 1863, t. XXIII, p. 246). — Ici encore il n'est nullement et ne saurait être question de contrat de change. Écoutons le Livre saint : « Indico etiam tibi, fili mi, dedisse me decem talenta argenti, dum adhuc infantulus esses, Gabelo, in Rages civitate Medorum, et chirographum ejus apud me habeo; et ideo, perquire quomodo ad eum pervenias et recipias ab eo supra memoratum pondus argenti, et restituas ei chirographum suum » (*Tobias*, c. IV, §§ 21-22. — Cf. c. IX, §§ 3 et 6). — Le *chirographum*, c'est le billet souscrit par Gabelus ; c'est la reconnaissance de dette ; c'est le titre original qui établit la créance de Tobie, et dont la remise sera une preuve de libération pour le débiteur (V. l'art. 1382 de notre Code Napoléon). — Ce n'est pas une lettre de change.

(1) *Trapézitique*, § 37, édition Tauchnitz, c. 19.

(2) Depuis la lecture de cette note, le 31 mars 1864, lors de la réunion des Délégués des Sociétés savantes, j'ai trouvé la confirmation de mes opinions dans un livre qui est malheureusement célèbre par le grand nombre de paradoxes qu'il renferme : « Isocrate dit de

VII.

Ici l'on m'arrête pour me faire remarquer que la lettre remise par le jeune étranger, à Stratoclès, n'est rien autre chose qu'une lettre de crédit. « Quand une personne veut entreprendre un voyage, et éviter les risques d'un déplacement de fonds, elle s'adresse à un banquier qui lui fournit, sur un de ses correspondants, un mandat par lequel il charge ce correspondant de tenir à la disposition du voyageur, une somme... On appelle ces mandats *Lettres de crédit* (1). » — Or, cette définition ne peut-elle pas s'appliquer aux faits rapportés dans le discours d'Isocrate ?

Je ne crois pas l'objection décisive. La lettre de crédit ne suppose pas un contrat de change se formant préalablement, ainsi que cela eut lieu, je crois l'avoir démontré, dans la circonstance qui nous occupe. Sans doute, le contrat de change n'implique pas nécessairement l'existence d'une lettre de change : il peut très-bien « se former et s'exécuter sans qu'il

la manière la plus claire qu'un étranger, qui avait amené des cargaisons de grains à Athènes, y donna à un marchand nommé Stratoclès une lettre de change à tirer sur quelque place du Pont-Euxin, où il lui était dû de l'argent » (*Recherches philosophiques sur les Grecs*, par Corneille de Pauw. Berlin, t. I (1788), p. 335). Puisse l'auteur ne s'être pas, dans ce cas, trop éloigné de la vérité ! — Je peux, d'ailleurs, invoquer un témoignage plus imposant : M. de Pastoret, si l'on corrige l'erreur que je lui ai reprochée plus haut, arrive aux mêmes conclusions que moi.

(1) Dalloz : *Répertoire alphabétique*, t. XX, p. 406, v° Effets de commerce, n° 942.

intervienne de lettre de change, ni rien qui puisse en donner ou même simplement en réveiller l'idée (1). » Mais cependant n'est-il pas naturel de penser que, lorsque le contrat se trouve immédiatement suivi de la rédaction d'une lettre, cette lettre se rattache intimement au contrat et est véritablement une lettre de change ?

D'un autre côté, le porteur d'une lettre de crédit n'est pas, à proprement parler, le créancier du tiré, et réciproquement celui-ci n'est pas le débiteur du recommandé. — Bien différente, au fond, est la situation du porteur d'une lettre de change, alors surtout que, comme dans notre espèce, le tiré a provision (2).— C'est avec ce second cas que la situation de Stratoclès me paraît offrir le plus d'analogie (3).

Enfin, la lettre de crédit, et c'est la conséquence de la remarque que je viens de faire, n'est point entourée de ces garanties que celui qui reçoit une lettre de change est en droit d'exiger de celui qui la souscrit. — Nous allons cependant voir, bientôt, un contrat de cautionnement intervenir entre Stratoclès et l'étranger.

Tout au plus, pourrait-on soutenir que ma prétendue lettre de change est un véritable *chèque*. Elle répond, en effet, à toutes les conditions requises par l'article premier d'une loi récente. « Le chèque

(1) Bravard : *Traité de Droit commercial*, 1862, III, p. 8.

(2) Cf. Code de commerce français, art. 170.

(3) Dans un texte de Lysias : *De bonis Aristophanis (Oratio* XIX, §§ 25 et 26, éd. Didot, p. 182 ; éd. Tauchnitz, p. 176) , il est question d'un σύμβολον qui n'est qu'une lettre de crédit.

est l'écrit qui, sous la forme d'un mandat de paiement, sert à effectuer le retrait, au profit du tireur
ou au profit d'un tiers, de tout ou partie des fonds
portés au crédit de son compte chez le tiré, et disponibles (1). »—Mais on sait assez combien le chèque
présente de similitude avec la lettre de change,
lorsqu'elle est tirée à vue et que le tiré a provision :
deux circonstances qui se rencontraient l'une et
l'autre dans le fait raconté par le jeune étranger ;
et, d'un autre côté, tout le monde reconnaît que
« c'est un contrat de change que de tirer un chèque
d'une place sur une autre place (2). »

A ce point de vue encore, l'existence du contrat de
change, objet principal de ce travail, serait dé-
montrée.

VIII.

Ces points une fois admis, il serait assurément très-
curieux de trouver dans la législation athénienne
des règles sur la cession de la lettre de change, soit
par voie d'endossement, soit de toute autre manière
qui donnerait satisfaction aux besoins du commerce.
Mais nos recherches, jusqu'ici, ont été infructueuses.—
Devons-nous en conclure que la créance était forcé-
ment personnelle, et qu'elle ne pouvait être facilement transmise à un tiers ?

(1) Corps législatif : séance du 5 mai 1865. (*Moniteur* du 6,
p. 550, col. 3.)

(2) Paroles de M. Rouher, ministre d'État, au Corps législatif
dans la séance du 23 mai 1865. (*Moniteur universel*, 1865,
p. 651, col. 6.)

Un pareil mode de raisonnement pourrait être exact à Rome, là où la loi avait assujetti à des formalités nombreuses la cession des droits incorporels.

Mais la législation d'Athènes sur les obligations présente un caractère de simplicité remarquable et se rapproche, à beaucoup de points de vue, des principes admis par nos codes modernes. Je serais porté à croire, pour ma part, que rien chez les Athéniens ne faisait obstacle à une facile transmission de ces titres de créance.

IX.

Ce qui est certain, du moins, c'est que le contrat de change pouvait être fortifié par un aval.

L'aval est, comme on le sait, une espèce de cautionnement par lequel un tiers vient garantir le paiement de la lettre de change.

Or, écoutons l'orateur :

Ἐρωτῶντος γὰρ Στρατοκλέους, ὅστις αὐτῷ ἀποδώσει τὰ χρήματα, ἐὰν ὁ πατὴρ ὁ ἐμὸς μὴ ποιήσῃ τὰ ἐπεσταλμένα, ἢ αὐτὸς ἐκπλεύσας, ἐμὲ ἐνθάδε μὴ καταλάβῃ, Πασίωνα αὐτῷ συνέστησα, καὶ ὡμολόγησεν οὗτος αὐτῷ καὶ τὸ ἀρχαῖον, καὶ τοὺς τόκους τους γιγνομένους ἀποδώσειν (1).

« Stratoclès me demanda qui le rembourserait de « ses avances, si mon père ne se conformait pas aux « instructions données dans la lettre, et s'il ne me « retrouvait pas au retour de son voyage. Je lui présentai alors Pasion, qui s'engagea à lui rendre le « capital et les intérêts échus. »

(1) *Trapézitique*, § 37, éd. Tauchnitz, c. 19.

X.

Ces prémisses une fois posées, il devient dès lors facile d'expliquer les passages de Cicéron dans lesquels on a cru reconnaître des allusions au contrat de change, et notamment ce fragment si connu d'une de ses lettres à Atticus : « De Cicerone tempus esse jam videtur; sed quæro quod illi opus erit Athenis permutari ne possit, an ipsi ferendum sit » (1).

Encore bien que Rome fût surtout une nation guerrière, lorsqu'elle eut pris quelques développements, elle ne dédaigna pas les institutions commerciales ; et, de même que Carthage soumise lui avait légué les lois rhodiennes, de même la Grèce vaincue dut exercer son influence sur le commerce romain et introduire à Rome le contrat de change (2).

Et cependant, nous ne rencontrons pas ici de texte aussi explicite que celui d'Isocrate.—La loi 4, § 1, Dig., *De nautico fœnore* (22-2), laisse même soupçonner que

(1) *Epistolæ ad Atticum*, lib. XII, ep. 24, § 1. — Cf. lib. XV, ep. 15, § 5. — *Epistolæ ad diversos*, lib. II, ep. 17, § 4.

(2) V. M. Charles Dezobry : *Rome au siècle d'Auguste*, Paris, 1846, t. II, p. 403 et 456. — Telle est aussi l'opinion d'un de nos romanistes les plus distingués, M. Demangeat, dans une de ses annotations sur le *Traité de Droit commercial* de M. Bravard : « Le contrat de change était certainement connu des anciens. Lorsque deux personnes convenaient à Rome (par exemple, dans la forme de la stipulation) que l'une ferait toucher à l'autre une certaine somme à Carthage ou à Éphèse, au fond, il y avait bien ce que nous appelons un contrat de change. Cicéron fait évidemment allusion à un contrat de ce genre lorsque, au sujet de son fils, il écrit à son ami Atticus. » (T. III, Paris, 1862, p. 9.)

l'usage de ce contrat n'était pas très-répandu, puisqu'elle nous montre les prêteurs à la grosse aventure
envoyant leurs esclaves au port d'arrivée pour recevoir, sur le prix de la vente des marchandises, le
remboursement des sommes prêtées à l'armateur (1).

XI.

J'ai parlé jusqu'ici du contrat de change; je dois
ajouter que le texte d'Isocrate, que je viens d'invoquer, offre encore de l'intérêt au point de vue du
contrat d'assurance.

Quelques passages des auteurs latins ont permis de
supposer que les assurances terrestres et maritimes
étaient connues des Romains.

Pour les assurances terrestres d'abord, on en a
trouvé la preuve dans Martial, et on leur a demandé
l'explication de l'épigramme contre ce Tongilien qui
trouvait tout profit à voir brûler ses maisons.

Empta domus fuerat tibi, Tongiliane, ducenis;
  Abstulit hanc nimium casus in Urbe frequens.
Collatum est decies. Rogo, non potes ipse videri
  Incendisse tuam, Tongiliane, domum (2)?

Mais j'incline, pour ma part, à voir le véritable
commentaire de ces lignes dans une satire de Ju-

---

(1) « Pro operis servi trajectitiæ pecuniæ gratia secuti.... »
(2) *Epigrammata,* lib. III, ep. 52.

vénal, contre les *hérédipètes*, ou captateurs de testaments, qui se termine par le même trait :

« Si le feu prend au palais d'Asturius, les dames
« romaines font éclater leur désespoir ; la noblesse
« est en deuil ; le préteur interrompt ses audiences.
« C'est alors qu'on gémit du malheur de la Ville ;
« c'est alors qu'on déteste le feu. — Le palais brûle
« encore, et déjà l'un vient offrir le marbre pour le
« reconstruire ; l'autre veut le faire relever à ses
« frais. Celui-ci promet les statues les plus rares et
« les mieux conservées ; celui-là de superbes mor-
« ceaux de Polyclète et d'Euphranor. D'autres pro-
« poseront les antiques et précieuses dépouilles des
« temples de la Grèce. C'est à qui donnera des
« livres, des tablettes, un buste de Minerve, et des
« boisseaux d argent. — Persicus, dans une pareille
« conjoncture, est encore mieux traité, comme le
« plus opulent des vieillards sans héritiers ; de sorte
« qu'on pourrait, à juste titre, le soupçonner d'avoir
« lui-même embrasé sa maison (1). »

(1) Si magna Asturii cecidit domus, horrida mater,
    Pullati proceres, differt vadimonia prætor.
    Tunc gemimus casus Urbis, tunc odimus ignem.
    Ardet adhuc, et jam occurrit qui marmora donet,
    Conferat impensas : hic nuda et candida signa ;
    Hic aliquid præclarum Euphranoris et Polycleti,
    Phœcasianorum vetera ornamenta Deorum ;
    Hic libros dabit et forulos, mediamque Minervam ;
    Hic modium argenti. Meliora et plura reponit
    Persicus, orborum lautissimus, ut merito jam
    Suspectus, tanquam ipse suas incenderit ædes.
                    Juvénal, satire III, v. 212-222.

Ce n'étaient point les assureurs qui indemnisaient
Tongilien, mais bien plutôt ceux qui voulaient se le
rendre favorable et conquérir par là sa succession :

« Consilium laudo artificis, si munere tanto
« Præcipuam in tabulis ceram senis abstulit orbi (1).

XII.

On a voulu aussi, mais à tort également, trouver
dans Tite-Live et dans Suétone, des traces du contrat d'assurances maritimes. En effet, peut-on vraiment appeler de ce nom la promesse faite par l'État,
l'an 537 de Rome, d'indemniser les armateurs, dont
les navires, chargés de vivres pour l'armée d'Es-
pagne, auraient été capturés par l'ennemi, ou en-

(1) Juvénal, satire IV, v. 18-19. — Je ne puis, en effet,
adopter l'opinion de M. Van-Holst, d'après lequel les passages de
Martial et de Juvénal, que je viens de citer, révéleraient
l'existence à Rome d'une institution offrant quelques traits d'analogie avec ce que, par une sorte d'anachronisme, j'appellerais les
sociétés de secours mutuels (ἔρανος) des Athéniens : « Romani
« enim ἔρανον Græcorum æs collatitium dixerunt, quod apud eos
« cum alias usu venit, tum maxime illud erat, quod amici amicis,
« quibus aliquid accidisset infortunii, conferebant, sive ad ædes,
« quæ vetustate corruissent, aut incendio essent consumptæ,
« reparandas, vel exstruendas, sive ad quodvis aliud. » (De Eranis
veterum Græcorum, inprimis ex jure attico, Leyde, 1832, p. 123.
— V. aussi : Samuel Petit : Leges atticæ, éd. Wesseling, Leyde,
1742, p. 527). — Cette explication ne rendrait pas compte de
tous les traits du satirique, et notamment des mots « orborum
lautissimus, » sur lesquels Juvénal insiste en terminant.

gloutis par les flots (1) ? Mesure qui, d'ailleurs, ne subsista pas longtemps, parce que la République n'eut point à s'en féliciter ! Car elle devint l'origine d'un grand nombre de fraudes, imaginées par les armateurs, et qui se produisent encore de nos jours, en cas d'assurance : « Ementiti erant falsa naufragia, « et ea ipsa, quæ vera renuntiaverant, fraude « ipsorum facta erant, non casu (2). »

Il en est de même du passage de Suétone. La disette sévissait à Rome. L'empereur Claude, pour encourager l'importation des grains, accorda certains avantages aux armateurs, et prit même à sa charge les risques de mer (3).

Ces promesses exceptionnelles ne constituent pas des assurances, pas plus que les stipulations, par lesquelles, dans certains contrats, les parties modifient les dispositions de la loi sur les risques de la chose (4).

Le texte le plus favorable serait le fragment suivant d'une lettre de Cicéron à Salluste : « Laodiceæ « me prædes accepturum arbitror omnis pecuniæ « publicæ, ut mihi et populo cautum sit de vec-

---

(1) « Ad conducendum tres societates aderant... quorum duo « postulata fuere... : alterum, ut quæ navibus imposuissent, ab « hostium tempestatisque vi, publico periculo essent. Utroque « impetrato, conduxerunt. » (Tite-Live, lib. XXIII, c. XLIX.)

(2) Tite-Live, lib. XXV, c. III ; ann. 540 U. C.

(3) « Negotiatoribus certa lucra proposuit, suscepto in se damno, « si cui quid per tempestates accidisset. » (Suétone, *Claudius*, c. XVIII.)

(4) L. 1, § 35, Dig., *Depositi vel contra* (16.3).

« turæ periculo (1). » Et encore, pourrait-il s'entendre aussi bien du contrat de change que du
contrat d'assurance.

XIII.

J'ai insisté assez longuement sur les origines pré-
tendues romaines des assurances terrestres et maritimes, parce que ce point éclairci me permet de
déclarer, d'une façon plus affirmative, que le
contrat d'assurance ne fut point connu des Athéniens.
Aucun texte, que je sache, n'en renferme de
vestiges.

Bien loin de là, notre passage d'Isocrate vient
fortifier ma conclusion. En effet, si l'étranger, pour
calmer ses inquiétudes sur les périls que la mer présentait alors pour sa fortune, avait pu avoir recours
à un assureur, il n'eût pas attaché un si grand prix
à traiter avec Stratoclès, au moyen d'une lettre de
change qu'il lui remettait sur son père.

L'idée du contrat d'assurance n'était point cependant tout-à-fait étrangère à quelques nations grecques,
notamment aux Macédoniens, qui semblent l'avoir
importé en Asie, lors de la conquête d'Alexandre.

Antimène, chargé par ce prince du gouvernement
de Babylone, fut, à son arrivée, frappé d'étonne-
ment lorsqu'il considéra l'importance des sommes
que les propriétaires d'esclaves dépensaient chaque
année en rémunérations accordées à ceux qui poursuivaient et ramenaient les esclaves fugitifs.

(1) *Epistolæ ad diversos*, lib. II, ep. 17, § 4.

Pour diminuer l'étendue de cette lourde charge, il imagina alors l'expédient que voici : chaque propriétaire, en payant à une caisse, qu'il organisa, une prime de huit drachmes par tête d'esclave qu'il possédait, acquérait le droit de se présenter à cette caisse, lorsqu'un de ses esclaves venait à s'enfuir, et d'y toucher la valeur du fugitif (1). N'est-ce pas là vraiment une assurance ?

Mais rien de pareil n'apparaît dans les monuments athéniens qui sont parvenus jusqu'à nous, et nous devons provisoirement croire que notre contrat fut ignoré par les populations de l'Attique.

XIV.

Les inconvénients d'une pareille législation étaient, je l'avoue, considérables. Mais le contrat de prêt à la grosse aventure, le *nauticum fœnus*, arrivait, dans certains cas, en matière maritime, à un résultat presque identique à celui qu'eût présenté l'assurance proprement dite.

Les différences qui séparent ces deux contrats ne sont-elles pas, en effet, des plus légères ?

Dans l'assurance, le prix des risques doit toujours être reçu par celui qui les prend à sa charge, tandis que, dans le prêt à la grosse aventure, l'emprunteur ne le devra que si le malheur prévu ne se réalise pas.

(1) M. Egger, *Mémoires historiques sur les traités publics dans l'antiquité, depuis les temps héroïques de la Grèce jusqu'aux premiers siècles de l'ère chrétienne*, 1861, p. 39-40. — Cf. *Mémoires de l'Académie des Inscriptions et Belles-Lettres*, t. XXIV, p. 39-40.

Dans l'assurance, la somme promise par l'assureur ne se paiera qu'après le désastre ; l'assureur n'avance rien que la promesse d'une indemnité , tandis que le prêteur à la grosse aventure paie cette indemnité avant que le sinistre ait pu se produire.

Mais, dans la réalité, le résultat est toujours le même.

Aussi le *nauticum fœnus* (ναυτικὴ συγγραφή) était-il fréquent à Athènes et à Rome : de riches négociants, de puissantes sociétés y consacraient tous leurs soins (1), et des exemples nombreux s'en rencontrent dans les monuments de la littérature grecque et de la littérature latine (2).

XV.

Cicéron, emporté par son admiration pour les lois de son pays, et surtout pour l'œuvre décemvirale, traitait presque de ridicules et d'absurdes la législation de Lycurgue et les codes de Dracon et de Solon : « Incredibile est enim, dit-il, quam sit omne

---

(1) *Novelle* 106 de Justinien.

(2) Σωθείσης τῆς νεὼς , ἀποδοῦναι τὰ χρήματα — Τὰ χρήματα ἤδη κινδυνεύεται τῷ δανείσαντι. (V. Démosthène , C. Zenothemis , § 5, Reiske, 883. — C. Dionysodore , § 31. R. 1292. — C. Phormion , § 28, R. 915.)

Sur le *nauticum fœnus* (*Bodmerei-Vertrag :* nous disions aussi autrefois : *contrat de bômerie*), cf. M. Baumstark , professeur à Fribourg *in* Pauly, *Real-Encyclopädie ,* Stuttgard, t. III (1844) p. 125, v° 'Εμπορία; et M. Wachsmuth : *Hellenische Alterthumskunde*, Halle, t. II (1846), § 102, p. 182.

jus civile, præter hoc nostrum, inconditum ac pene ridiculum (1). »

C'est là une exagération que l'orgueil national peut seul expliquer et justifier. Sans doute, les lois de Rome l'emportent de beaucoup sur celles de Sparte et d'Athènes. Le progrès, ici comme partout, a marqué et devait marquer son empreinte salutaire. Mais il n'est cependant pas sans intérêt de rechercher l'influence précise que les institutions de la Grèce exercèrent sur les développements de Rome, d'étudier les dissemblances qui résultent des caractères opposés des deux peuples, de suivre, dans leurs applications pratiques, les principes divers qui étaient la base de ces vieilles Républiques.

J'ai entrepris devant vous, sur deux points spéciaux, cette tâche séduisante, et vous connaissez maintenant les résultats de mon étude. Je dois laisser à de plus autorisés que moi le soin de compléter l'œuvre et de la généraliser.

(1) *De Oratore*, lib. I, c. xliv, § 197.

Caen, typ. F. Le Blanc-Hardel.

ÉTUDES

SUR LES

ANTIQUITÉS JURIDIQUES

D'ATHÈNES

PAR

Exupère CAILLEMER

PROFESSEUR A LA FACULTÉ DE DROIT DE GRENOBLE

TROISIÈME ÉTUDE

LE CRÉDIT FONCIER A ATHÈNES

ÉTUDES

SUR

LES ANTIQUITÉS JURIDIQUES D'ATHÈNES.

LE CRÉDIT FONCIER

A ATHÈNES,

PAR M. E. CAILLEMER,

PROFESSEUR À LA FACULTÉ DE DROIT DE GRENOBLE,
MEMBRE DE L'ACADÉMIE DELPHINALE.

Un illustre érudit italien, auquel la science du droit est redevable de précieuses découvertes, se plaignait il y a quelques années du dédain que la jeunesse de notre époque semble témoigner pour la littérature classique d'Athènes : « Platonis, Xenophontis, Demosthenis litteras tam infrequenti desiderio ab adolescentibus nostris expeti quis non gemat? quis non ægerrime ferat[1]? »

La plainte touchante du vénérable Angelo Maï m'est tout à coup revenue à l'esprit en lisant, ces jours derniers, une thèse curieuse, dans laquelle l'auteur pose comme axiome incontestable que nul ne peut être un bon jurisconsulte s'il n'est profondément versé dans la connaissance des lettres grecques : « Nemo bonus jurisconsultus evadere potest, nisi litterarum græcarum cognitionem teneat[2]. »

---

[1] Præfatio ad orationem Isæi : *De Hereditate Cleonymi.* Milan, 1815.
[2] *De Eranis veterum Græcorum.* Leyde, 1832, p. 131.

H.

S'il en est ainsi, puisque les jeunes générations de notre siècle délaissent les chefs-d'œuvre de l'antiquité hellénique, le nombre des jurisconsultes vraiment dignes de ce nom doit être fort restreint.

Beaucoup se rassurent cependant en s'affirmant à eux-mêmes que la proposition de M. Van Holst n'est qu'un audacieux paradoxe. A quoi bon, en effet, cette connaissance approfondie de la langue grecque exigée du jurisconsulte, puisque celui-ci n'a aucun emprunt à faire à la législation d'Athènes ou de Sparte ? Demandez-lui de connaître la langue de Cicéron et de Tite-Live, rien de mieux assurément; car on ne peut recourir trop souvent aux lois de Rome pour y trouver l'interprétation de nos codes français. Mais que faire des lambeaux épars qui nous ont été conservés des lois d'Athènes, altérées et modifiées qu'elles sont par ceux-là mêmes auxquels nous devons de les posséder encore ? On sait assez ce qu'en pensaient les Romains. Ils ne voyaient dans la législation attique qu'une ébauche plus ou moins imparfaite [1]. Or, puisque notre civilisation est en progrès marqué sur celle de Rome, comment ne ratifierions-nous pas la sentence rendue par les Romains ?

Sans tomber, je le crois, dans ce que j'appellerais volontiers l'exagération de M. Van Holst, j'ai déjà essayé, Messieurs, de réagir devant vous contre cette opinion qui me paraît erronée, et d'après laquelle le droit romain, sur tous les points, apporterait une amélioration au droit des autres peuples de l'antiquité. Je me suis efforcé de vous montrer combien les institutions commerciales d'Athènes l'emportaient sur celles de Rome [2]. — Je veux aujourd'hui, continuant mon étude, établir combien plus grande encore

---

[1] « Percipietis illam ex cognitione juris lætitiam et voluptatem, quod, quantum præstiterint nostri majores prudentia ceteris gentibus, tum facillime intelligetis, si cum illorum Lycurgo, et Dracone, et Solone, nostras leges conferre volueritis... Hominum nostrorum prudentiam ceteris omnibus et maxime Græcis antepono. » (Cicéron, *De Oratore*, l. I, c. XLIV, § 197.)

[2] *Études sur les antiquités juridiques d'Athènes.* Paris, Durand, 1865 : I. Les institutions commerciales d'Athènes au siècle de Démosthène. II. Lettres de change et contrats d'assurances.

est la supériorité d'Athènes en ce qui concerne l'organisation du crédit foncier.

Je ne me dissimule pas tout ce que ce titre, emprunté à nos langues modernes, peut avoir d'étrange pour vous. — Veuillez cependant, avant de m'accuser à mon tour de paradoxe, me prêter pour quelques minutes votre bienveillante attention. Vous reconnaîtrez, je l'espère, par les deux fragments que j'ai l'honneur de vous soumettre, que je n'exagère nullement en utilisant notre terminologie du XIXe siècle, pour caractériser les institutions de la plus brillante et de la plus curieuse des républiques anciennes.

I

Voyons d'abord quelle publicité avait été donnée au déplacement de la propriété [1]

A Rome, parmi les modes d'acquérir à titre singulier, que l'on appelle *dérivés,* pour les distinguer des modes *originaires,* nous en rencontrons bien quelques-uns qui éveillent en nous l'idée d'une certaine notoriété donnée au passage de la propriété d'une main dans une autre. — D'abord la *mancipatio,* qui s'accomplissait en présence de cinq témoins et d'un *libripens;* — puis l'*in jure cessio,* qui avait lieu devant les personnes réunies autour du magistrat; — ensuite l'*adjudicatio,* qui était connue de ceux qui entendaient le *judex* rendre sa décision; — la *traditio* enfin, qui impliquait la remise matérielle et ostensible de la possession par une personne à une autre personne.

Mais, dans presque tous ces cas, la publicité n'était que momentanée [2]. Sans doute, en faisant appel aux souvenirs des témoins,

---

[1] Cf. Samuel Petit, *Leges Atticæ,* éd. Wesseling, Leyde, 1742, p. 492; De Pastoret, *Histoire de la législation,* t. VI (1824), p. 470, et t. X (1837), p. 394; Hermann, *Lehrbuch der griechischen Antiquitäten und Privatalterthümer;* Heidelberg, 1852, § 65, p. 309 et suiv.

[2] Je dois mentionner cependant une constitution de l'an 313, qui forme le paragraphe 35 des *Fragmenta vaticana,* et qui est analysée, sous la date du 4 février 337, dans la loi 2, Code Théodosien, *De Contrahenda emptione* (III, 1). L'empereur Constantin s'exprime en ces termes : « Id volumus omnibus intimari nostræ clementiæ placuisse neminem debere ad venditionem rei cujuslibet adfectare

obligés ou fortuits, de l'acte juridique qui s'était accompli, l'intéressé pouvait obtenir les renseignements dont il avait besoin. Mais ces témoins ne devaient pas vivre toujours; la mémoire pouvait leur faire défaut. Que de difficultés d'ailleurs, que d'embarras, lorsqu'on se mettait à leur recherche, leur personnalité n'étant pas, le plus souvent, suffisamment connue!

Chez les républiques grecques, cette publicité contemporaine du transfert de la propriété n'avait pas été dédaignée. — Ainsi, dans quelques villes, la vente ne pouvait avoir lieu qu'après des annonces reproduites pendant plusieurs jours[1]. — Dans d'autres, elle devait s'accomplir en présence du magistrat dont l'auditoire était le plus fréquenté par le public[2]. — Ailleurs l'acheteur ne devenait propriétaire incommutable que lorsque, pendant cinq jours consécutifs, par voie de proclamations publiques, il avait adressé une mise en demeure, à tous ceux qui avaient un droit réel sur la chose vendue, de se faire connaître[3].

Mais c'est surtout à Athènes et dans quelques-unes de ses colonies que cette publicité avait été augmentée, perfectionnée, et, ce qui est plus important, perpétuée.

A Thurium notamment, — dans cette illustre colonie qui, sous l'archontat de Lysanias, en 443, s'établit au sud de l'Italie, et qui, deux années plus tard, inspirait le poëte Sophocle, célébrant

---

et accedere, nisi eo tempore, quo inter venditorem et emptorem contractus solemniter explicatur, certa et vera proprietas vicinis præsentibus demonstretur;... cum longe sit melius, ut lucem veritatis, fidei testimonio, publica voce, subclamationibus populi, idoneus venditor adprobetur, quo sic felix comparator atque securus ævo diuturno persistat... ne forte aliquis venditor suum esse dicat quod esse constat alienum.» — Mais je crois que cette constitution a été dictée plutôt par le désir de protéger les intérêts du fisc (voy. l'analyse donnée par le Code Théodosien) que par une pensée de protection pour des intérêts privés.

[1] Οἱ μὲν οὖν ὑπὸ κήρυκος κελεύουσι πωλεῖν, καὶ προκηρύτ7ειν ἐκ πλειόνων ἡμερῶν. (Théophraste, dans Stobée, *Florilegium*, l. XLII, éd. 1543, p. 294; éd. 1609, p. 280; éd. Tauchnitz, tit. XLIV, S 22, t. II, p. 166.)

[2] Οἱ δὲ παρ' ἀρχῇ τινι, καθάπερ καὶ Πιτ7ακὸς παρὰ βασιλεῦσι καὶ πρυτάνει. (Stobée, *loc. cit.*)

[3] Παρὰ δέ τισι, προκηρύτ7ειν κελεύουσι πρὸ τοῦ κατακυρωθῆναι πένθ' ἡμέρας συνεχῶς, εἴ τις ἐνίσ7αται, ἢ ἀντιποιεῖται τοῦ κτήματος, ἢ τῆς οἰκίας. (Stobée, *loc. cit.*)

dans un hymne à Bacchus, le dieu protecteur des cités ita-
liennes [1], — le vendeur devait, au moment de la vente, réunir
ses trois plus proches voisins, les faire assister à l'échange des
consentements, et, afin de fixer leurs souvenirs, leur donner une
petite pièce de monnaie, destinée à leur rappeler l'opération à
laquelle ils avaient figuré comme témoins [2]. — Ce ne sont plus ici
les premiers venus, que vous ne saurez où prendre lorsque vous
aurez besoin de les consulter; ce sont trois personnes désignées
naturellement par leur domicile, et qu'il vous est facile de retrouver. Ce ne sont pas non plus des spectateurs indifférents,
ne prêtant qu'une attention fort restreinte à l'acte qui s'accomplit
devant eux, et auquel leur pensée reste peut-être étrangère. Ce
sont des témoins que l'on intéresse par l'appât d'une rémunération pécuniaire.

Ce n'était pas tout encore. L'acheteur qui avait acquis un immeuble situé dans la ville même de Thurium devait offrir un
sacrifice solennel dans le temple d'Apollon ou dans celui de Jupiter. S'agissait-il d'un bien rural, le sacrifice s'accomplissait dans
la bourgade à laquelle il appartenait [3]. La publicité de ces sacrifices, venant se joindre au témoignage obligatoire des trois plus
proches voisins, facilitait encore pour les tiers la découverte de la
vérité.

Mais voici ce que je trouve de plus important et de plus digne
de fixer votre attention. Après cette cérémonie religieuse, le vendeur, l'acheteur et les trois témoins se rendaient devant le magistrat, et là, sous la foi du serment, les parties déclaraient qu'une
vente venait d'avoir lieu, et que, d'un côté comme de l'autre, elle
était exempte de toute espèce de fraude [4].

---

[1] *Antigone*, v. 1115 et suiv.

[2] Οἱ δὲ Θουριακοὶ... διδόναι κελεύουσι κοινῇ τῶν γειτόνων τῶν ἐγγυτάτω τρισὶ
νόμισμά τι βραχὺ, μνήμης ἕνεκα καὶ μαρτυρίας. (Stobée, *loc. cit.* éd. 1543, p. 295;
éd. 1609, p. 281; éd. Tauchnitz, p. 167.)

[3] C'est ainsi que je crois devoir entendre les passages suivants de Théophraste : Κελεύουσι γὰρ, ἐὰν μέν τις οἰκίαν ᾱπρίηται, θύειν ἐπὶ τοῦ Ἀπόλλωνος τοῦ
Ἐπικωμαίου · ἐὰν δὲ χωρίον, ἐπὶ τῆς κώμης ᾗ αὐτὸς οἰκεῖ... Τὸν δὲ μὴ οἰκοῦντα ἐν
ᾱσᾳει, θύειν τὸν ὅρκον ἐπὶ τοῦ Διὸς τοῦ Ἀγοραίου... (Stobée, *loc. cit.*)

[4] Κελεύουσι... ὀμνύειν ἐναντίον τῆς ἀρχῆς ἐγγραφούσης καὶ κωμητῶν τριῶν, ἢ

Le magistrat recueillait sur ses registres cette affirmation; il y inscrivait les noms des parties, les noms des témoins et la désignation de la chose vendue[1]. Puis il tenait le tout à la disposition du public[2].

Combien était simple alors la position de celui qui, plus tard, voulait contracter sur la chose déjà vendue, et auquel l'ancien propriétaire cherchait à dissimuler la première aliénation. Il avait pour s'éclairer, d'abord la commune renommée, instruite par les sacrifices célébrés dans les temples, — puis les indications des trois plus proches voisins, exposés à des poursuites s'ils ne disaient pas la vérité[3], — enfin une visite au fonctionnaire dans les attributions duquel rentraient l'enregistrement des contrats et le signalement des biens, et qui avait pour mission de dire si l'immeuble était de libre disposition ou si quelque tiers avait des droits à faire valoir[4]. — Il pouvait alors traiter avec sécurité.

Il est permis de croire que, pour les droits réels autres que le droit de propriété, une marche analogue était suivie.

Dispositions vraiment admirables pour une époque aussi reculée, et que l'on s'étonne de rencontrer chez un petit peuple de la Grande Grèce! C'était un souvenir des usages de la mère patrie qu'il est temps maintenant de vous indiquer.

A Athènes, la vente était annoncée par des affiches apposées près des lieux où siégeaient les principaux magistrats, pendant soixante

μὴν ὠνεῖσθαι δικαίως, μηδὲν συγκακουργοῦντα, μήτε τέχνῃ, μήτε μηχανῇ μηδεμίᾳ· τὸν αὐτὸν δὲ τρόπον, καὶ τὸν πωλοῦντα πωλεῖν ἀδόλως. (Stobée, *loc. cit.*)

[1] Εὐθὺς γὰρ καὶ μετεγγράφει ἡ ἀρχὴ τὸν ἐωνημένον. (Stobée, *loc. cit.*)

[2] Diodore de Sicile, qui a consacré plusieurs chapitres de son Histoire (l. XII, c. XII-XIX) à la législation des Thuriens, ne parle pas de cette savante organisation de la propriété foncière.

[3] La loi thurienne paraît avoir puni trois faits : 1° le fait de n'avoir pas exigé du vendeur la pièce de monnaie qu'il devait donner, ἐὰν μὴ λάβωσι; 2° le fait d'avoir reçu deux fois cette pièce de monnaie pour deux ventes consécutives faites par le même vendeur de la même chose, ἐὰν δὶς παρὰ τοῦ αὐτοῦ λάβωσι; 3° le fait de ne point révéler la vérité sur la vente, lorsque, ayant reçu le νόμισμα, on était consulté par les intéressés, ἐὰν ἔχοντες μὴ λέγωσι τῶν ὠναμένων. (Stobée, *loc. cit.*)

[4] Παρ' οἷς γὰρ ἀναγραφὴ τῶν κτημάτων ἐστὶ, καὶ τῶν συμβολαίων, ἐξ ἐκείνων ἐστὶ μαθεῖν εἰ ἐλεύθερα καὶ ἀνέπαφα. (Stobée, *loc. cit.*)

jours au moins avant sa réalisation [1]. C'était un avertissement
donné aux intéressés de faire valoir leurs droits sur la chose. —
Mais cette publicité préalable à la vente, si utile qu'elle puisse
être, eût été trop imparfaite pour la commerçante Athènes, si
une autre formalité beaucoup plus remarquable ne fût venue s'y
joindre.

Lorsque la vente était accomplie, l'acheteur devait déposer
chez un fonctionnaire, dont je ne peux vous donner le nom précis, une somme égale à la centième partie de son prix d'acquisition [2]. Ce droit du centième (ἑκατοσ7ή), pouvons-nous le désigner
sous un autre titre que celui de droit de mutation? Et, il faut
bien le reconnaître, le fisc athénien se montrait moins exigeant
que notre administration de l'enregistrement, qui, pour un service pareil, perçoit une somme six fois plus forte.

Le fonctionnaire indiquait sur ses registres ce dépôt du centième; il constatait en même temps la transmission qui venait de
s'accomplir, et portait officiellement, sur un tableau à ce destiné,
le nom de l'acheteur devenu propriétaire au lieu et place de l'ancien : ἦν ὠνητὴς ἐγγεγραμμένος [3].

Lorsque plus tard un tiers était exposé à acquérir une seconde
fois le même immeuble, pour conjurer le danger, il lui suffisait
d'aller chez le fonctionnaire chargé de la perception des droits de
mutation. En consultant les registres, il voyait immédiatement si
son cocontractant était encore propriétaire, ou si l'on devait s'abstenir de traiter avec lui : ὅπως ἐξῇ... διαμαρτύρεσθαι τῷ βουλο-
μένῳ [4].

Cette formalité avait aussi ses avantages pour l'acquéreur.
Lorsque son droit venait à être méconnu dans la suite, il trouvait
dans ce dépôt public des preuves certaines de son droit de propriété. Une action en revendication, par exemple, était-elle formée contre lui, il devait justifier qu'il était propriétaire en vertu

---

[1] Ἔνιοι δὲ προγράφειν παρὰ τῇ ἀρχῇ πρὸ ἡμερῶν μὴ ἐλατ7όνων ἢ ἑξήκοντα, καθάπερ Ἀθήνῃσι. (Stobée, éd. 1543, p. 294; éd. 1609, p. 280; éd. T. p. 166.)

[2] Καὶ τὸν πριάμενον ἑκατοσ7ὴν τιθέναι τῆς τιμῆς. (Stobée, loc. cit.)

[3] Démosthène, C. Pantœnetum. Argumentum. R. 963.

[4] Stobée, loc. cit.

d'un juste titre : Τῶν ἀμφησϐητησίμων χωρίων δεῖ τὸν ἔχοντα... ϖρατῆρα ϖαρέχεσθαι [1]. Et pour satisfaire à cette exigence, il lui suffisait de produire un extrait des registres du fonctionnaire préposé à la perception du droit du centième : ὅπως διαμφισϐητῆσαι τὰ ἐξῆ [2].

Le désir de protéger ainsi l'intérêt des tiers n'avait pas été peut-être le seul motif qui eût décidé les Athéniens à établir cet utile fonctionnaire, cumulant tout à la fois les attributions de nos receveurs de l'enregistrement et de nos conservateurs des transcriptions. On avait voulu aussi rendre par là plus facile le recouvrement des impôts, et permettre aux percepteurs de reconnaître immédiatement à quelles personnes ils devaient s'adresser pour le payement des contributions foncières : ὅπως ὁ δικαίως ἐωνημένος φανερὸς ᾖ τῷ τέλει [3]. Mais enfin le résultat, au point de vue des intérêts privés, n'en existait pas moins, et rien n'était plus facile que de connaître à Athènes l'état civil de la propriété.

Voilà donc, Messieurs, sinon une transcription proprement dite, au moins une manifestation du droit réel de propriété se rencontrant à Athènes avec un degré de perfection déjà fort notable.

Ce que je viens de dire s'applique aux transmissions entre-vifs de la propriété immobilière. — En ce qui concerne les transmissions à cause de mort, soit *ab intestat*, soit testamentaires, la législation d'Athènes ressemble sur plus d'un point à la nôtre.

Nous savons en effet que le descendant, héritier légitime, était saisi de plein droit de l'hérédité du défunt, et qu'il n'avait aucun envoi en possession à réclamer [4]. Il n'est donc pas à supposer qu'on l'ait obligé à se rendre chez notre fonctionnaire, uniquement pour déclarer qu'il était héritier. Nous ne rencontrons, en effet, aucune trace de l'existence d'un droit de mutation pour cause de décès dans les nombreux plaidoyers qui nous sont parvenus sur la ma-

---

[1] Isée, *De Aristarchi hereditate*, S 24. Didot, 308.

[2] Stobée, *loc. cit.*

[3] Stobée, *loc. cit.*

[4] Ὅσοι μὲν ἂν καταλίπωσι γνησίους ϖαῖδας ἐξ αὐτῶν, οὐ ϖροσήκει τοῖς ϖαισὶν ἐπιδικάσασθαι τῶν ϖατρῴων. (Isée, *De Pyrrhi hereditate*, S 60. Didot, 257.)

tière des successions; et cependant le payement de ce droit n'aurait pas manqué de figurer souvent parmi les arguments des plaideurs.

Quant aux héritiers [1] collatéraux et aux héritiers testamentaires, ils étaient bien obligés de former une demande d'envoi en possession [2]. Mais nous ne voyons nulle part que le testament donnât naissance aux formalités que je viens d'exposer pour la vente. La publicité contemporaine du testament, et la publicité résultant de la procédure d'envoi en possession avaient sans doute paru suffisantes pour avertir les tiers.

Notre droit lui-même n'a pas cru devoir soumettre les testaments à la nécessité de la transcription, pas plus que les transmissions *ab intestat* [3].

II

Les procédés que le législateur athénien avait employés pour avertir les tiers des déplacements de la propriété immobilière étaient donc, il faut en convenir, de beaucoup supérieurs à ceux que nous trouvons en usage chez les Romains.

Il est encore un autre point du droit attique qui nous offre une perfection tout au moins aussi remarquable dans une matière où la législation de Rome ne présente aucune tentative ayant pour but de donner une satisfaction quelconque aux exigences du crédit foncier. Je veux parler de l'hypothèque [4].

---

[1] Ἀκριβῶς γὰρ ἐπιστάμεθα πάντες ὅτι ἀδελφῶν μὲν κλήρων ἐπιδικασία πᾶσίν ἐστιν ἡμῖν, ὅτῳ δὲ γόνῳ γεγόνασι γνήσιοι παῖδες, οὐδενὶ ἐπιδικάζεσθαι τῶν πατρῴων προσήκει. (Isée, *De Pyrrhi hereditate*, § 59. Didot, p. 257.)

[2] Ὅσοι δὲ διαθήκαις αὐτοῖς εἰσποιοῦνται, τούτοις ἐπιδικάζεσθαι προσήκει τῶν δοθέντων. (Isée, *De Pyrrhi hereditate*, § 60. Didot, p. 257-258.)

[3] J'aurais pu, si le temps me l'eût permis, parler ici de la publicité donnée à la mise en mouvement de certains droits réels, et notamment des actions en revendication. Je me bornerai, sur ce point, à citer le texte suivant : Ἠμφισβήτει οὖν Μενεκλεῖ μέρους τινὸς τοῦ χωρίου, πρότερον οὐδεπώποτε ἀμφισβητήσας, καὶ ἀπηγόρευε τοῖς ὠνουμένοις μὴ ὠνεῖσθαι. (Isée, *De Meneclis hereditate*, § 58. Didot, p. 247; éd. T. p. 180.)

[4] Cf. Samuel Petit, *Leges Atticæ*, éd. Wesseling, Leyde, 1742, p. 506; Meier et Schömann, *Der attische Process*, Halle, 1824, p. 506; Westermann, *in* Pauly,

A Athènes, comme d'ailleurs chez tous les peuples, la législation hypothécaire ne parvint que par une série d'efforts successifs au degré de perfectibilité qu'il lui fut permis d'atteindre.

Dans le principe, le débiteur qui voulait conférer une sûreté à son créancier n'avait d'autre ressource que le contrat de gage ; non pas même le contrat de gage tel qu'il existe chez nous avec maintien de la propriété sur la tête du débiteur; mais le contrat de gage, avec translation, au profit du créancier, du *dominium* de la chose engagée. Le débiteur jouait, dans la réalité des choses, le rôle de vendeur : Γραμματεῖον... πράσεως γράφεται[1]. Seulement, on insérait dans la vente une clause de fiducie; c'est-à-dire que le débiteur, en désintéressant le créancier dans les délais déterminés, pouvait contraindre celui-ci à lui retransférer la propriété de la chose[2]. Ce n'était qu'à défaut de payement à l'échéance que l'acheteur avec fiducie devenait définitivement propriétaire du gage, avec le droit soit de le garder, soit de le faire vendre pour se payer sur le prix.

Si le produit de la vente était insuffisant pour éteindre la totalité de la créance, le créancier avait une action en supplément contre le débiteur principal et contre les cautions.

Plus tard, et ce fut déjà un progrès notable, au lieu d'exiger le déplacement de la propriété, on autorisa le débiteur à se contenter, pour la validité du nantissement, de remettre au créancier la possession de l'objet donné en gage[3].

On peut voir d'ailleurs, dans un acte qui nous a été conservé

Real-Encyclopädie der classischen Alterthumswissenschaft, Stuttgart, III (1844), p. 1483; De Pastoret, *Histoire de la législation,* t. VI (1824), p. 457 et suiv. Wachsmuth, *Hellenische Alterthumskunde,* Halle, II (1846, 2ᵉ édit.), § 103, p. 181.

[1] *Argumentum orationis Demosthenis C. Pantænetum,* R. 963; cf. Démosthène, *C. Pantænetum,* § 5, R. 967.

[2] Τιθέμεθα συνθήκας ἐν αἷς... ἦν γεγραμμένη λύσις τούτῳ παρ' ἡμῶν ἔν τινι ῥητῷ χρόνῳ. (Démosthène, *C. Pantænetum,* § 5, R. 967.)

[3] Celui qui avait constitué le gage devait s'abstenir avec soin de troubler la possession du créancier : Νόμος οὐκ ἐᾷ διαρρήδην, ὅσα τις ἀπετίμησεν, εἶναι δίκας, οὔτ' αὐτοῖς οὔτε τοῖς κληρονόμοις. (Démosthène, *C. Spudiam,* § 7, cf. § 10, R. 1030, 1031.)

par Démosthène[1], avec quel soin minutieux les parties déterminaient dans leurs conventions les droits qui appartiendraient à chacun des contractants, créancier ou débiteur.

Ce système avait bien ses avantages, soit au point de vue du créancier, qui était saisi de la chose et qui en percevait tous les émoluments, soit au point de vue des tiers, qui étaient, par le changement de possesseur, prévenus qu'ils ne devaient plus considérer comme faisant partie de l'actif du débiteur les biens affectés par le nantissement au payement de la dette. Mais il offrait des inconvénients sérieux pour le débiteur, qui se voyait privé, à l'origine, de la propriété, plus tard, de la possession de son bien, et qui n'en conservait la jouissance que lorsque le bon plaisir de son créancier lui permettait de rentrer comme locataire sur l'immeuble dont il avait été autrefois le maître absolu[2].

Nous rencontrons donc à Athènes, le contrat pignoratif, le gage et l'antichrèse, avec les imperfections essentielles à leur nature, imperfections dont au moins nous n'avons pu jusqu'ici les débarrasser complétement.

Ce fut pour remédier au mal que l'hypothèque fut inventée. Le créancier, comme au cas de gage, avait toujours le droit de faire vendre la chose hypothéquée s'il n'était pas payé de sa créance; mais le débiteur conservait la possession et la jouissance de sa chose. — Savante combinaison que depuis lors presque toutes les législations ont adoptée, et à laquelle, en souvenir de son origine, nous n'avons point voulu enlever le nom que ses inventeurs lui avaient donné[3]!

Jusqu'ici, Messieurs, aucune différence capitale n'apparaît entre le droit athénien et le droit romain. L'hypothèque ne passe d'Athènes à Rome qu'après les mêmes tentatives de gage avec aliénation, *contracta fiducia*, de gage avec simple remise de la possession.

---

[1] Démosthène, *C. Lacritum*, §§ 10 à 13. (R. 925-927.)

[2] Ἐμισθώσαμεν τῶν τόκων τῶν γιγνομένων τούτῳ τὰ ἡμέτερ᾽ ἡμεῖς. (Démosthène, *C. Pantænetum*, § 29, R. 975; cf. *eod. loc.* § 5, R. 968.)

[3] Ὑποθήκην θεὶς ὁ δανειζόμενος, ὑποθήκην θέμενος ὁ δανείζων. (Pollux, *Onomasticon*, III, 84.)

Mais nous allons retrouver maintenant le génie particulier
d'Athènes.

A Rome, l'hypothèque frappe l'immeuble sans aucune publicité[1]; à Athènes, au contraire, les tiers doivent être avertis de
l'existence du droit réel qui diminue la valeur de la chose, et qui
pourra s'exercer à l'encontre de tous les possesseurs quels qu'ils
soient[2].

En quoi consistait cet avertissement? Sur le fonds hypothéqué,
le créancier faisait placer une borne (ὅρος)[3]; sur la maison grevée
du droit réel, il faisait appliquer une tablette de pierre. La borne
et la tablette contenaient toutes les indications nécessaires pour
renseigner les tiers sur la plus ou moins grande solvabilité de
l'immeuble[4].

---

[1] Voici cependant deux textes qui impliqueraient une solution contraire mais,
auxquels je ne crois pas que l'on puisse donner une aussi grande importance; —
Senèque dit : «Spondeo pro judicato, et suspensum amici bonis libellum de-
jicio, ereditoribus ejus me obligaturus.» (*De Beneficiis,* IV, c. xii, § 3.) Le *li-*
bellas, c'est l'affiche annonçant l'envoi en possession des créanciers et la vente
des biens du débiteur. — Et Venuleius : «Si ad januam meam tabulas fixeris, et
ego eas prius, quam tibi denunciarem, refixero...» (L. 22, § 2. D. *Quod vi aut*
clam. 43, 24.) «Mos erat apud Romanos, ajoute Pothier, ut, ad januam ædium et
prædiorum, tabulæ affigerentur, nomen domini ædium aut prædii præferentes
(ut Lutetiæ insculptum portis vidimus : HOTEL DE NOAILLES)... Species igitur hujus legis intelligenda est de eo, qui januæ ædium mearum, de quibus contro-
versiam mihi facturus esset, tabulam nomen ipsius præferentem clam affixisset,
in argumentum dominii quod asserebat.» (*Pandectæ,* l. XLII, t. xxiv, n. 44); (cf.
Code Justinien, liv. II, tit. xv, xvi et xvii, et nov. XVII, c. xv; voy. cependant
Cujas, *Observationes,* l. XVI, c. xii; éd. Fabrot, III (1658), p. 501.)

[2] Dans quelques États de la Grèce, l'hypothèque devait être publiée (προκη-
ρύτ7ειν). Ὡσαύτως δὲ καὶ ἐπὶ τῶν ὑποθέσεων, ὥσπερ καὶ ἐν τοῖς Κυ6ικηνῶν (ou Κυ-
ζικηνῶν). (Stobée, *Sermonum* l. XLII, éd. 1543, p. 294; éd. 1609, p. 280.)

[3] Harpocration, v° Ὅρος· οὕτως ἐκάλουν οἱ Ἀττικοὶ τὰ ἐπόντα ταῖς ὑποκειμέναις
οἰκίαις καὶ χωρίοις γράμματα, ἃ ἐδήλουν ὅτι ὑπόκεινται δανεισ7ῇ. — Pollux, *Ono-*
masticon, III, 85 : ὅρους ἐφισ7άναι χωρίῳ· λίθος δ'ἦν ἢ στήλη τις δηλοῦσα ὡς
ἔστιν ὑπόχρεων τινι τὸ χωρίον; IX, 9, ἡ ἐνεστηκυῖα στήλη ὅρος.

[4] Cette publicité par les ὅροι existait déjà à Athènes avant Solon : Σεμνύνεται
γὰρ Σόλων ἐν τούτοις, ὅτι τῆς τε προϋποκειμένης γῆς ὅρους ἀνεῖλε πολλαχῇ πε-
πηγότας. (Plutarque, *Solon,* c. xv; cf. Aristide, *Opera omnia,* éd. Dindorf, Leipzig, 1829, II, p. 536.)

On y lisait d'abord le nom de l'archonte éponyme pendant la magistrature duquel la dette avait été contractée, afin de pouvoir déterminer exactement le rang des diverses créances, et appliquer la maxime : « Prior tempore, potior jure. » Puis venait le nom du créancier, près duquel les intéressés allaient chercher tous les renseignements dont ils pouvaient avoir besoin. Enfin se trouvait en dernier lieu le chiffre de la créance garantie par l'hypothèque.

Voici en quels termes pouvaient être conçues ces inscriptions : Ἐπὶ ΘεοφράσΊου ἄρχοντος, ὅρος χωρίου τιμῆς ἐνοφειλομένης ΦανοσΊράτῳ Παιανιεῖ XX [1].

Nous avons là toutes les énonciations, moins deux, qui sont exigées par l'article 2148 de notre Code Napoléon. De ces deux autres, l'une, celle du titre, est considérée comme beaucoup moins importante que les énonciations au milieu desquelles elle se trouve placée ; la seconde, la désignation du débiteur, était inutile ; on y suppléait avantageusement par l'indication matérielle de la chose même soumise à l'hypothèque et sur laquelle se trouvaient les ὅροι [2].

Que ce système présentât quelques dangers en l'absence d'un magistrat ayant pour mission de constater sur des registres officiels l'établissement et l'extinction des hypothèques, je ne chercherai pas à le nier. Il pouvait se faire, en effet, et les orateurs m'en fournissent la preuve, que des citoyens, pour augmenter leur crédit, fissent frauduleusement disparaître une inscription, sauf à la rétablir plus tard. Il arrivait aussi que, pour paraître plus pauvre qu'il ne l'était réellement, un citoyen exposé à se

---

[1] *Corpus inscriptionum græcarum* de Böckh, I, n° 530, p. 484. — Cette inscription est du IVᵉ siècle avant notre ère (an 340 ou an 313). — On pourrait même dire, à la rigueur, qu'elle indique le titre : la somme est due pour prix de vente (τιμή). — Nous sommes autorisés à en conclure que le vendeur athénien n'avait pas de privilége, ou que, du moins, son privilége n'était pas dispensé de l'inscription.

[2] Ἡ οὐσία ἀφωρισμένη. (Démosthène, *C. Timotheum*, S 61, R. 1202.) — Τὸ ὑπόχρεων χωρίον ὡρισμένον. (Pollux, *Onomasticon*, IX, 9.) Si, au contraire, le fonds était libre, on disait de lui : Χωρίον ἄσΊικτον . ἈσΊικτον χωρίον, τὸ μὴ ὑποκείμενον δανεισΊῇ. (Harpocration, vᵒ ἈσΊικτον ; cf. Pollux, *Onomasticon*, III, 85.)

voir proposer l'*ἀντίδοσις* plaçait sur son fonds des *ὅροι* au profit de créanciers imaginaires [1].

Mais enfin, au prix même de quelques inconvénients, mieux valait encore cette publicité que la clandestinité hypothécaire de Rome [2].

Voici une seconde différence que je présenterais même volontiers comme un corollaire de la première, et qui établit, ainsi que la première, un titre de prééminence pour la législation d'Athènes.

A Rome, l'hypothèque pouvait être constituée aussi bien sur les meubles que sur les immeubles. A Athènes, au contraire, on avait remarqué avec raison que les meubles n'ont pas cette assiette fixe que présentent les immeubles, et que le droit de suite en ce qui les concerne ne peut pas exister sans apporter des obstacles insurmontables à leur libre circulation. Il aurait donc fallu créer pour eux une hypothèque sans droit de suite, c'est à-dire dépouillée de l'un de ses principaux attributs. D'un autre côté, puisque la publicité était la base du régime hypothécaire athénien, et que les meubles ne comportaient pas ces inscriptions révélant aux tiers le droit réel, il avait bien fallu limiter l'hypothèque aux choses immobilières; et c'est ce qu'avait fait le législateur.

Ainsi donc, Messieurs, il y a un siècle, la sécurité des transactions sur les immeubles était moins grande en France qu'elle ne l'avait été quatre siècles avant notre ère dans la république d'Athènes...

[1] Ἔδειξα... ὅτι οὐδεὶς ὅρος ἔπεστιν ἐπὶ τῇ ἐσχατιᾷ· εἰ δὲ, φησὶν· εἰπεῖν ἐκέλευον αὐτὸν ἤδη καὶ δεῖξαι, ὅπως μὴ ὕσῖερον ἐνταῦθα χρέως γενόμενον ἐπὶ τῷ χωρίῳ ἀναφανήσεται. (Démosthène, *C. Phænippum*, § 5, R. 1040.) Χρέως οὐδ᾽ ὁτιοῦν ὠφείλετο ἐπὶ τῇ ἐσχατιᾷ· νῦν οὗτος ἀποφαίνει πολλά. (*Eod. loc.* § 9, R. 1041.)

[2] La publicité était exigée même pour l'hypothèque de la femme mariée et pour celle du pupille. (Van den Es, *De Jure familiarum apud Athenienses*, Leyde, 1864, p. 45 et 183.)— Plusieurs inscriptions faites pour ces hypothèques nous ont été conservées : Ὅρος οἰκίας καὶ κήπου ἀποτετιμημένων προικὶ τῇ Διοδώρου Θυγατρὶ Καλλισῖράτῃ XIHPII. (L. Ross, *Inscriptiones græcæ ineditæ*, Fasc. II, p. 32; cf. *Corpus inscriptionum græcarum*, éd. Böckh, t. II, p. 1037, n° 2264.) — Ὅρος χωρίου καὶ οἰκίας ἀποτίμημα παιδὶ ὀρφανῷ Διογείτονος Προβαλισίου. (Böckh, *Corpus inscriptionum*, t. I, n° 531; cf. Démosthène. *C. Onetorem*, II, §§ 1, 3 et 4, R. 876 et 877; Isée, *De Philoctemonis hereditate*, § 36. Didot, p. 278.)

Les recherches historiques auxquelles vous vous livrez n'auraient-elles pour résultat que de nous prouver combien cette civilisation dont nous sommes si fiers n'est sur beaucoup de points qu'un retour à des institutions anciennes, on ne saurait trop les encourager. Si des travaux pareils aux vôtres eussent été entrepris il y a des siècles, depuis longtemps ces institutions auraient été ressuscitées; et, au lieu de retraverser péniblement, à leurs dépens, les phases diverses par lesquelles les générations d'un autre âge y étaient lentement parvenues, nos pères les auraient améliorées. Nous aurions nous-mêmes trouvé l'humanité plus avancée dans sa marche vers le but providentiel qu'elle doit atteindre, et nos successeurs auraient eu moins d'efforts à faire pour y parvenir.

IMPRIMERIE IMPÉRIALE. — 1866.

ÉTUDES

SUR LES

ANTIQUITÉS JURIDIQUES

D'ATHÈNES

PAR

Exupère CAILLEMER

PROFESSEUR A LA FACULTÉ DE DROIT DE GRENOBLE

QUATRIÈME ÉTUDE

LES PAPYRUS GRECS DU LOUVRE ET DE LA BIBLIOTHÈQUE IMPÉRIALE

PARIS

Auguste DURAND, Libraire-Éditeur

Rue Cujas, 9

GRENOBLE

Alexandre RAVANAT, Libraire

Place de la Halle, 1

1867

Extrait des Mémoires de l'Académie impériale des Sciences, Arts et Belles-Lettres de Caen.

LES

PAPYRUS GRECS

DU LOUVRE

ET DE LA BIBLIOTHÈQUE IMPÉRIALE.

Les Livres saints nous apprennent que, Jérémie ayant acheté, par l'ordre de Dieu, le champ de son cousin Hanaméel, plusieurs actes furent rédigés pour constater la transmission de la propriété du vendeur à l'acquéreur : « Et emi agrum,... et scripsi in libro, et signavi, et adhibui testes,... et accepi librum possessionis signatum, et stipulationes, et rata, et signa forinsecus (1). »

C'était peu de temps avant la fin du royaume de Juda. Les Chaldéens, sous la conduite de Nabuchodonosor, assiégeaient la ville de Jérusalem, déjà réduite aux dernières extrémités par la misère et la famine. — Aussi le prophète, malgré la ferveur de sa foi religieuse, s'étonnait-il que Dieu eût choisi un pareil moment pour lui faire acheter un fonds de terre : « Et tu dicis mihi, Domine Deus, eme agrum

(1) Jeremias, XXXII, v. 9-11.

argento et adhibe testes, cum urbs data sit in manu
Chaldæorum (1) ! »

Dieu avait, cependant, indiqué à son serviteur un
moyen bien facile de dérober ses titres au pillage et
d'assurer leur conservation : « Sume libros istos,
librum emptionis hunc signatum, et librum hunc qui
apertus est, et pone illos in vase fictili, ut permanere
possint diebus multis (2). »

La jarre de terre qui renfermait les actes auto-
graphes du prophète existe-t-elle encore aujourd'hui ?
Nous ne saurions le dire ; mais il ne faut pas déses-
pérer de la rencontrer quelque jour. — Jérémie,
tout en obéissant à l'inspiration divine, ne faisait
après tout que se conformer à un usage établi dans
certaines parties de l'Orient et notamment en Égypte.
Lorsqu'on voulait protéger contre les dangers de
soustraction ou de perte un titre auquel on attachait
quelque importance, on le plaçait soit dans un coffre
de bois, soit dans un vase de terre. Le vase et le
coffre étaient ensuite déposés dans les hypogées et
dans les tombeaux, où ils se sont merveilleusement
conservés pendant des siècles. Des monuments, en
apparence plus durables, ont depuis longtemps disparu, et ce sont de fragiles membranes qui nous
fournissent des renseignements que le bronze et la
pierre ont été impuissants à nous transmettre.

Il n'y a guère plus de quatre-vingts ans que les
premiers de ces titres, désignés sous le nom de
papyrus, ont été découverts, et déjà nous en pos-

(1) Jeremias, XXXII, v. 25.
(2) *Eod. loc.*, v. 14.

sédons un assez grand nombre. — Beaucoup re-
montent à une époque antérieure à l'ère chrétienne ;
quelques-uns, eu égard à la distance qui nous en
sépare, peuvent être considérés comme étant contemporains du prophète Jérémie.

Ces papyrus hiéroglyphiques, démotiques ou grecs,
présentent tous, à divers points de vue, un légitime
intérêt. La religion, l'histoire, la chronologie, les
mœurs, les usages, les lois y ont plus ou moins
laissé des traces ; et chacun, suivant la pente
de ses préférences, peut s'appuyer sur eux pour
essayer de reconstituer une partie de la civilisation
du grand peuple égyptien. —C'est ce que nous-même,
s'il plaît à Dieu, nous tenterons de faire plus tard,
en établissant, autant que possible, un parallèle
complet entre le droit grec-égyptien sous les successeurs d'Alexandre, et le droit de la Grèce proprement
dite, principalement d'Athènes (1).

Nous voulons seulement signaler aujourd'hui une

(1) De grandes analogies existent entre les deux législations ; et
les différences notables que l'on pourrait signaler ne furent point
admises sans résistance de la part des Grecs résidant en Égypte. —
Ainsi, l'histoire nous apprend quel scandale excita le mariage de
Ptolémée II Philadelphe avec Arsinoé, sa sœur germaine ; et
M. Wescher a récemment trouvé à Alexandrie des preuves de l'indignation populaire dans le martelage qui fut appliqué aux inscriptions en l'honneur de la nouvelle reine (*Séances et travaux de
l'Académie des inscriptions et belles-lettres*, 1864, p. 125-127). —
C'est qu'il y avait là une dérogation au droit de la Grèce, qui ne
permettait le mariage qu'entre le frère et la sœur consanguins.
(Plutarque, *Vie de Thémistocle*, c. xxxii. — Cornelius Nepos,
Cimon, c. i, § 2. — Démosthène, *C. Eubulidem*, § 20. R.
1305.)

publication qui nous fournira de nombreux éléments pour cette étude de législation comparée.

Depuis de longues années, le monde savant attendait avec impatience le déchiffrement et la mise au jour des papyrus grecs du Louvre et de la Bibliothèque impériale. — Les papyrus de Turin, de Vienne, de Rome, de Leyde et de Londres, auxquels se rattachent les noms de MM. Amédée et Bernard Peyron (1), Reuvens, Leemans (2) et Forshall (3), avaient produit une ample moisson de précieuses indications pour l'histoire des dominations grecque et romaine en Égypte, et il était légitimement permis d'espérer que les collections françaises, plus riches que les collections étrangères, donneraient à leur tour une abondante récolte. — Cette espérance était même si naturelle que l'éditeur des papyrus du British-Museum, M. Forshall, s'abstint de tout commentaire, persuadé qu'il était que les papyrus français devaient former la base de tout travail sur ce genre de monuments. —Aussi, l'accomplissement de promesses déjà anciennes, faites au nom de la France, était-il fréquemment réclamé.

M. Letronne, que ses recherches sur l'histoire de

---

(1) *Papyri græci regii Taurinensis Musæi Ægypti,* editi atque illustrati ab Amedeo Peyron. Pars piima, 1826, in-4° de 180 pages ; Pars secunda, 1827.— *Papiri greci del Museo Britannico di Londra e della Biblioteca Vaticana,* tradotti ed illustrati da Bern. Peyron, Turin, 1841.

(2) *Papyri græci Musæi antiquarii publici Lugduni Batavi.* Edidit... Leemans. Leyde, 1843.

(3) *Description of the greek papyri of the British Museum.* Londres, 1839.

l'Égypte à l'époque grecque et romaine avaient admirablement préparé à l'étude des manuscrits grecs-égyptiens, s'occupait, depuis plus de vingt ans, de la publication des fragments existant à Paris, lorsque, en 1848, une mort prématurée vint le frapper. — M. Brunet de Presle fut chargé de lui succéder dans cette tâche difficile, et, après dix-huit ans de nouvelles investigations, avec le concours et la collaboration de MM. Hase et Egger, le travail vient enfin d'être terminé et livré au public sous les auspices de l'Académie des Inscriptions et Belles-Lettres (1).

Un juge compétent a déjà pu dire, avec raison, que ce volume serait un titre d'honneur durable pour l'érudition française et pour les savants qui l'ont préparé (2). Lorsque, en effet, on jette un regard sur les papyrus, dont les *fac-simile* donnent une image si parfaite, et qu'on songe aux laborieux efforts que les éditeurs ont dû faire pour en pénétrer le sens, on s'explique plus aisément les lenteurs et les retards qui ont si souvent préoccupé la seconde section de l'Institut. Depuis 1856, dans chacun de leurs rapports semestriels, MM. Naudet et Guigniaut faisaient espérer à leurs confrères que l'année ne se passerait pas sans que ce beau monument fût enfin mis au jour ; mais bientôt survenaient des embarras

(1) *Notices et Extraits des manuscrits de la Bibliothèque impériale et autres libliothèques*, publiés par l'Institut impérial de France, t. XVIII, seconde partie. Paris, Imprimerie impériale, 1865. — C'est le 12 janvier 1866 que le volume a été déposé sur le bureau de l'Académie des Inscriptions.

(2) M. Guigniaut, *Comptes-rendus des séances de l'Académie des Inscriptions et Belles-Lettres.* 1866, p. 9.

d'interprétation ; des scrupules sur la reproduction exacte d'un texte arrêtaient subitement le travail, et empêchaient de donner complète satisfaction aux désirs des érudits.

L'œuvre, malgré toutes les difficultés, est néanmoins achevée, et les éditeurs l'ont accompagnée de tables nombreuses qui, malgré quelques lacunes impossibles à éviter dans un volume aussi considérable, faciliteront les recherches des lecteurs et permettront à ceux qui ne pourraient étudier la totalité des textes de se reporter avec rapidité aux passages qui ont pour eux un attrait particulier.

Peut-être nous sera-t-il permis cependant d'exprimer un regret et une espérance.

L'important recueil qui vient d'être publié ne sera, il faut bien le dire, accessible que pour un trop petit nombre de lecteurs. — L'Académie des inscriptions, en décidant que l'éditeur ne devrait pas essayer de suppléer les traductions et les commentaires, dont M. Letronne avait l'intention d'accompagner ses transcriptions de textes, a fait preuve d'une prudence excessive. L'expérience consommée de M. Brunet de Presle, et les traductions qu'il avait déjà données dans son *Mémoire sur le Sérapéum de Memphis* (1) auraient dû rassurer la savante compagnie. — Ceux qui auront à consulter les précieux documents renfermés dans ce volume, alors même qu'ils seraient déjà familiarisés avec la langue de la Grèce, ne tarderont pas à reconnaître combien de difficultés pré-

_____

(1) *Mémoires présentés par divers savants à l'Académie des Inscriptions,* 1re série. — *Sujets divers d'érudition,* t. II, p. 552-576.

sente leur interprétation ; or, une version donnée
par l'éminent professeur, alors même qu'elle n'aurait
pas été complètement définitive, aurait facilité des
travaux ultérieurs de correction ou de redressement.
Beaucoup se laisseront peut-être décourager par le
premier travail, qui eussent volontiers entrepris une
œuvre de contrôle, destinée à fixer le sens douteux
de quelques passages obscurs.

Notre espérance, c'est de voir réunir et publier
simultanément tous les papyrus grecs actuellement
connus, et dont le nombre ne doit guère, croyons-
nous, dépasser deux cents. — Il arrive, en effet, par
une singulière et fâcheuse coïncidence, que les papyrus relatifs aux mêmes affaires, loin d'être ensemble, se trouvent épars dans divers musées. —
Ainsi, pour le contrat connu sous le nom de contrat
Casati (1), une copie renfermant plusieurs lignes,
qui manquent dans le manuscrit de Paris, existe à
Berlin ; pour le procès d'Hermias (2), une pièce antérieure et une autre postérieure à celle du Louvre
se trouvent à Turin ; pour les pétitions du reclus
Ptolémée (3), s'il y en a une trentaine à Paris, il y
en a une vingtaine à Londres. — Il est, dès lors,
très-difficile pour ceux qui ne travaillent point dans
un grand centre d'études, au milieu de riches bibliothèques (et nous sommes malheureusement dans ce
cas), de se procurer les publications consacrées à

(1) Papyrus nº V de la collection française, *Notices et extraits*,
p. 130-151.

(2) Papyrus français, nº XV, *Notices et extraits*, p. 218-222.

(3) Papyrus français, nᵒˢ XXII et suivants.

chaque série de manuscrits et qui toutes sont assez
rares. — M. Bernard Peyron l'avait compris, lorsqu'il
donna une édition des papyrus de Rome et de Londres, faisant suite aux papyrus de Turin publiés par
son oncle. Pourquoi ce bon exemple ne trouverait-il
pas chez nous des imitateurs? — On a reconnu qu'il
était nécessaire, pour faciliter les études, de ras-
sembler en un seul corps tous les textes des inscriptions grecques ou latines. Espérons qu'il se trouvera
un éditeur zélé, qui formera un *Corpus Papyrorum
Græcorum*, et ce nouveau recueil, pour l'intérêt,
n'aura rien à envier au *Corpus Inscriptionum* de
Böckh.

Parmi les quatre-vingt-trois papyrus édités par
M. Brunet de Presle, nous allons prendre, comme
exemple, une pièce qui nous paraît de nature à
éclaircir une question encore débattue entre les interprètes du Droit attique, et sur laquelle nous présen-
terons de courtes observations. — Nous ne pouvons
toutefois nous dispenser d'avertir nos lecteurs que
nous n'avons nullement la prétention de donner encore une explication complète du texte que nous
avons choisi. — A bien plus forte raison devons-nous
les engager à oublier pour un moment les inimitables
chefs-d'œuvre d'érudition que M. Letronne avait con-
struits sur quelques-uns de nos monuments.

Notre pièce est le papyrus n° VII, dont nous allons
avant tout donner une traduction aussi fidèle que
possible. — Nos lecteurs en trouveront le texte original à la fin de notre dissertation, page 32.

« *Prêt de vingt-deux artabes et demie.* — *Créancier ,*
  « *Harsiésis ; débitrice , Senimouthis.*

« L'an XVI , le 29 de Phamenoth (1) ,
  « A Diospolis-la-Grande , en Thébaïde ,
  « Devant Dionysius , agoranome du Péri-Thé-
« bain (2) ;
  « Harsiésis , fils d'Horus , l'un des cholchytes de
« Diospolis, a prêté sans intérêts à Asclépias (ou Seni-
« mouthis) , fille de Panas , d'origine perse, assistée
« de son tuteur Harpaésis, le cholchyte, l'un des ense-
« velisseurs de ladite Diospolis, vingt-deux artabes et
« demie de blé.

  « Asclépias rendra ce prêt à Harsiésis, le premier
« Pachon de cette seizième année , en blé, nouveau ,
« sain, non moulu , pareil à celui qu'elle a reçu, et la
« restitution se fera en la maison d'Harsiésis, aux frais
« d'Asclépias (3).

(1) Notre papyrus soulève plusieurs difficultés, qui ne sont pas
de notre compétence et sur lesquelles nous éviterons de nous prononcer. — Quelle est notamment sa date ? MM. Peyron et Reuvens
l'attribuent au règne de Philometor , par conséquent à l'an 166
avant notre ère ; M. Brunet de Presle , au règne de Ptolémée
Alexandre, c'est-à-dire à l'an 99 avant Jésus-Christ.

(2) C'est une question controversée que celle de savoir si le Péri-
Thébain doit être confondu avec le nome Pathyrite. — M. Amédée
Peyron penche vers l'affirmative. (*Papyri Græci...* II , p. 27.) —
M. Brugsch est d'avis contraire. (*Lettre à M. le vicomte de Rougé,*
Berlin , 1850, p. 36.)

(3) Code Napoléon : art. 1247 : « Le paiement doit être exécuté
dans le lieu désigné par la convention. » Cf. L. 9, D., *De eo quod
certo loco* , 13, 4. — Dans le silence du contrat , le paiement
aurait-il dû être fait au domicile de la débitrice ?

Art. 1248 : « Les frais du paiement sont à la charge du débiteur.»

« Si Asclépias ne restitue pas conformément à ce
« qui vient d'être écrit, elle devra payer, outre les
« vingt-deux artabes et demie, une somme égale à la
« moitié de la valeur de chaque artabe, d'après le
« cours de la place.

« Harsiésis aura le droit de se faire payer sur les
« biens d'Asclépias et sur tout ce qui appartient à
« celle-ci, en se conformant aux lois (1).

« Tel est le prêt dont l'existence a été reconnue par
« les parties ; il a été fait pour nover la dette anté-
« rieure de quatorze artabes, dont Panas, père d'As-
« clépias, susnommé, était tenu envers Horus, père
« d'Harsiésis, par contrat égyptien.

« Moi, Ptolémée, secrétaire de Dionysius, j'ai
« rédigé cet acte. »

Nous allons étudier cette pièce au point de vue
des parties, au point de vue du contrat, au point
de vue du titre.

I.

1. Les deux parties qui figurent dans le contrat,
prêteur et emprunteuse, sont désignées d'une façon
assez précise, plus précise même que dans les contrats athéniens qui nous sont parvenus.

A Athènes, en effet, on trouve le plus habituellement le nom du contractant, celui de son père et

(1) Code Napoléon, article 2092 : « Quiconque s'est obligé personnellement est tenu de remplir son engagement sur tous ses biens
mobiliers et immobiliers, présents et à venir. »

l'indication du dème auquel il appartient. Très-fré-
quemment même, la seconde énonciation manque :
Ἀνδροκλῆς Σφήττιος, Androclès, du dème de
Sphettos (1).

Ici, nous avons le nom du prêteur, celui de son
père, sa profession et son domicile : « Harsiésis, fils
d'Horus, l'un des cholchytes de Diospolis-la-Grande. »
— Pour l'emprunteuse, nous rencontrons son nom
tout à la fois en grec et en égyptien, le nom de
son père, l'indication de son origine, le nom, la profession et le domicile de son tuteur : « Asclépias
(ou Senimouthis), fille de Panas, d'origine perse,
assistée de son tuteur Harpaésis, le cholchyte, l'un des
ensevelisseurs de ladite Diospolis. »

Parfois, cependant, les contrats grecs-égyptiens
ajoutent des renseignements plus personnels, analogues à ceux que l'on voit figurer dans nos passe-
ports ou dans nos permis de chasse, et dont nous
ne trouvons nulle mention dans l'acte reçu par Dionysius. — Le contrat connu sous le nom de Papyrus
Casati fournit deux exemples notables de ces signa-
lements inusités aujourd'hui dans les actes authentiques. Le vendeur est « Horus, fils d'Horus, l'un
des cholchytes de la corporation des Memnonia,
âgé d'environ soixante-neuf ans, de taille moyenne,
teint jaune (couleur de miel), peau lisse, front
chauve, visage long, nez droit, oreilles grandes et
écartées, vue faible. » L'acquéreur est « Osoroéris,
fils d'Horus, âgé d'environ quarante-cinq ans, de
taille moyenne, teint jaune, peau lisse, visage long,

(1) Démosthène, *Adv. Lacritum*, § 10, R. 925.

nez droit (1). » — Ces indications multipliées avaient
pour but de faire disparaître toute incertitude sur
l'individualité de la personne, et d'empêcher la confusion pouvant résulter de la similitude de noms
aussi communs que ceux d'Horus et d'Osoroéris.

2. Le prêteur Harsiésis était cholchyte de Diospolis. — Qu'était-ce qu'un cholchyte ?

Les cholchytes, sur le nom véritable desquels on
n'est point encore d'accord, et qu'il serait peut-être
plus exact d'appeler *choachytes* [χοὴ-χεῖν] (2), formaient une sorte de collége de prêtres, ayant pour
mission de faire des offrandes ou liturgies dans les
lieux de sépulture (3) : Οἱ τὰς λειτουργίας ἐν ταῖς
νεκρίαις παρεχόμενοι, καλούμενοι δὲ χολχύται, lisons-nous
dans le papyrus I de Turin.

Ils étaient propriétaires de maisons dans lesquelles
on déposait les cadavres, au lieu de les conserver
chez soi ; et quelquefois le nombre des corps confiés
à leur surveillance [ἡ προστασία] (4) était fort considérable. — Dans le papyrus Casati, le catalogue
des momies [τὸ κάτανδρα τῶν σωμάτων] (5), qui se trouvent comprises dans la vente d'une maison cédée

(1) *Notices et extraits,* p. 130-131.

(2) Ideler, *Hermapion, sive rudimenta hieroglyphicæ veterum
Ægyptiorum litteraturæ.* Leipsig, 1841, p. 70, et M. Brunet de
Presle, *Notices et extraits,* p. 159.

(3) Et non pas une tribu ou corporation d'ouvriers en cuir
Memnoniens, comme le dit M. Saint-Martin (*Journal des Savants,*
1822, p. 557).

(4) *Notices et extraits,* p. 131.

(5) *Notices et extraits,* p. 132.

par le cholchyte Horus à son collègue Osoroéris,
n'occupe pas moins de quarante-huit colonnes.

Le cholchyte était responsable des corps placés
dans sa maison. Le papyrus VI de Paris en fournit
la preuve. — Un certain Osoroéris, cholchyte de la
corporation des Memnonia, eut un jour la curiosité
d'assister à l'entrée d'un illustre personnage dans
la ville de Diospolis. Des voleurs profitèrent de son
absence, et, à son retour, il trouva les tombeaux
violés et les morts dépouillés de tous les objets de
prix qui étaient sur eux. Bien plus, quelques corps,
les plus frais sans doute, ἀγαθὰ σώματα, (1), avaient
été à demi rongés par des loups entrés par la porte
que les voleurs, en se retirant, n'avaient pas eu la
précaution de fermer. Osoroéris forma devant l'ar-
chiphylacite du Péri-Thébain une action en dommages et intérêts, pour obtenir la réparation du
préjudice que ce vol pouvait lui causer (2).

La profession de cholchyte devait être assez pro-
ductive. Les familles se montraient, en effet, généreuses pour ces hommes qui vivaient constamment
dans les nécropoles et qui se consacraient au culte
des morts. — Aussi, les rémunérations payées par
elles, τὰ καρπεία, (3) étaient comprises dans la vente
des maisons. — Les cholchytes étaient donc riches,
et l'on rencontre fréquemment dans les papyrus des
prêtres appartenant à cette corporation et achetant
des biens d'une valeur considérable.

Quant à la considération qui s'attachait à eux, nous

(1) *Notices et extraits*, p. 161.
(2) Voir ce que dit Hérodote, III, 16.
(3) *Notices et extraits*, p. 132.

ne saurions dire si elle était fort grande. Nous voyons
seulement, dans le papyrus VIII de Turin, les cholchytes protester contre l'assimilation qu'on voudrait
établir entre eux et les ταριχευταὶ ou embaumeurs.
Leurs fonctions, disaient-ils, étaient de beaucoup
supérieures à celles de ces derniers. — Cependant,
le tuteur de Senimouthis va bientôt prendre le titre
de cholchyte ensevelisseur : χολχύτου τῶν ἀπὸ τῆς
Διοσπόλεως ἐνταφιάστων. — C'est que probablement
l'idée d'impureté qui s'attachait au ταριχευτὴς n'existait pas pour l'ἐνταφιαστής ; et l'incompatibilité entre
les fonctions de cholchyte et celles d'embaumeur
ne se rencontrait plus lorsqu'un cholchyte voulait
entrer dans la corporation des ensevelisseurs.

A Thèbes même, il y avait deux corporations de
cholchytes : l'une qui prenait le nom de la ville, οἱ
ἀπὸ τῆς Διοσπόλεως χολχύται ; c'est à elle qu'appartenaient Harsiésis et Harpaésis qui figurent dans notre
contrat ;—l'autre, vraisemblablement la plus importante, était celle des cholchytes des Memnonia : οἱ ἐν
τῶν Μεμνονείων χολχύται ; les tombeaux appartenant à
cette corporation se retrouvent à peu de distance
de Thèbes, sur la rive gauche du Nil, à l'entrée du
désert.

3. L'emprunteuse Senimouthis figure dans l'acte
avec l'assistance d'Harpaésis, son tuteur, ou mieux
encore, peut-être, son curateur. Notre langue ne
nous offre pas, en effet, d'expression parfaitement
exacte pour traduire le mot κύριος. — Cette tutelle
des femmes, cette obligation pour elles de n'agir
qu'avec l'assistance d'un κύριος, n'ont rien de par-

ticulier à l'Égypte où on les trouve encore au second
siècle de notre ère, ainsi que cela résulte d'un monument de l'an 154, qui forme le papyrus XVII de
notre collection (1). Sans parler de Rome, elles existaient aussi à Athènes, et peut-être n'est-il pas impossible d'éclairer chacune des législations par l'autre.

On sait qu'il y avait à Athènes, pour les femmes,
deux espèces de tuteurs : les premiers remplissaient
leur rôle protecteur pendant la première période de
la vie de l'incapable ; on les appelait ἐπίτροποι (2) ;
les seconds succédaient aux premiers et étaient désignés sous le nom de κύριοι. — Mais à quelle époque
s'opérait cette succession ? Quand finissaient les pouvoirs de l'ἐπίτροπος pour faire place à ceux du κύριος ?
C'est là un point sur lequel plane encore pour nous
une certaine obscurité.

Tout le monde doit évidemment nous concéder ce
premier point, que l'ἐπιτροπὴ ne survivait pas au mariage de la femme. « Il n'est pas possible d'admettre,
dit Isée, que Callippe, à l'âge de trente ans, fût encore
sous la tutelle d'Euctémon. Comment croire, en effet,
qu'à cet âge elle n'était pas engagée depuis longtemps
dans les liens du mariage ? » οὔτ' ἐπιτροπεύεσθαι προσῆκε
τὴν Καλλίππην ἔτι, τριακοντοῦτίν γε οὖσαν, οὔτε ἀνέκδοτον
καὶ ἄπαιδα εἶναι, ἀλλὰ πάνυ πάλαι συνοικεῖν (3).

Mais, ce passage lui-même ne semble-t-il pas im-
pliquer cette autre conséquence que l'ἐπίτροπος restait

---

(1) *Notices et extraits*, p. 231.

(2) Démosthène, *C. Aphobum*, I, § 6, R. 845. — Lysias, *C. Diogitonem*, § 5, D. 228. — Isée, *De Philoctemonis hereditate*, § 13,
D. 275.

(3) Isée, *De Philoctemonis hereditate*, § 14, D. 275.

en fonctions jusqu'au jour du mariage, alors même
que celui-ci n'aurait été célébré que longtemps après
l'âge de la puberté ? Ne peut-on pas, en effet, en
conclure raisonnablement que si, contrairement à
toutes les prévisions, Callippe n'eût pas été mariée à
trente ans, Euctémon eût toujours été son ἐπίτροπος ?

Cependant, plusieurs textes supposent qu'au jour
de la dissolution du mariage la femme retombait
sous la puissance du κύριος qui l'avait mariée. N'est-ce
pas la preuve que la tutelle de l'ἐπίτροπος pouvait
cesser avant le mariage, afin de faire place à celle
du κύριος ? Pour que cette conclusion ne fût pas
exacte, il faudrait que les orateurs eussent toujours
eu en vue l'hypothèse de seconds mariages, ce qui
est contraire à la vérité des faits.

Stéphane a donné en mariage à Phrastor une fille
de Nééra; il n'a pu évidemment agir ainsi que
comme κύριος ; et, lorsque Phrastor, alléguant une
erreur sur la personnalité civile de sa femme, a recours au divorce, la jeune épouse retombe sous la
puissance de Stéphane (1). — Il est vrai que Stéphane n'est au fond qu'un κύριος de contrebande ;
mais cela est sans importance quant à l'exactitude
des principes de droit invoqués.

Si maintenant nous revenons à notre papyrus,
nous pouvons y puiser un argument dont nous ne
voulons pas exagérer la valeur, à raison des différences qui pouvaient exister entre le droit de l'Égypte
grecque et celui d'Athènes; mais nous ne croyons pas

(1) Démosthène, *C. Neæram*, § 52, R. 1362.—Cf., *C. Stephanum*,
II, § 18, R. 1134.

devoir le négliger complètement. — Senimouthis agit avec l'assistance de son κύριος ; or, rien ne nous apprend que cette femme fût mariée ou veuve, et, lorsque nous nous rappelons les détails précis donnés sur l'état civil des parties contractantes, nous sommes autorisé à conjecturer que, si nul renseignement ne nous est fourni sur un mariage existant ou dissous, c'est que l'emprunteuse était encore fille à marier.

Le même mode de raisonnement serait applicable au papyrus XVII de Paris. — Au nom de l'acquéreuse, qui agit avec l'autorisation de son κύριος, se joignent les noms de son père et de sa mère (1) ; mais nous ne trouvons, ni le nom de son mari, ni l'indication d'un veuvage antérieur. Il n'est pas possible de supposer un mariage existant ; car il faudrait admettre que les fonctions de κύριος n'auraient pas été confiées à l'époux ; et, d'autre part, nous ne voyons point sur quoi l'on se fonderait pour soutenir que, dans les papyrus VII et XVII, il s'agit de femmes veuves.

Notre conclusion est donc qu'en Égypte, aussi bien qu'à Athènes, la première tutelle finissait lorsque la femme avait atteint l'âge de la puberté (2). A partir de cette époque, il y avait un κύριος et non plus un ἐπίτροπος. — Nous rappellerons seulement à l'appui de cette proposition qu'à Rome, c'était aussi lors de la puberté que commençait la tutelle proprement dite

(1) *Notices et extraits*, p. 231.

(2) Voir toutefois Hermann : *Juris domestici et familiaris apud Platonem in legibus cum veteris Græciæ inque primis Athenarum institutis comparatio.* Marbourg, 1836, p. 10, n° 26.

des femmes avec son cortége de règles spéciales distinctes de celles qui présidaient à la tutelle des im-
pubères (1).

4. Quelles étaient les personnes que la loi appelait
à remplir les fonctions de χύριος ?

A Athènes, le législateur avait fixé un ordre soigneusement observé, d'après lequel les tuteurs de la
femme devaient être désignés.—Pendant le mariage,
l'époux déjà investi de la puissance maritale avait
aussi la puissance tutélaire ; — en dehors du mariage, au premier rang se trouvait le père ; à défaut
du père, les frères consanguins, et à bien plus forte
raison les frères germains; à défaut de frères, les
ascendants paternels (2).—Si la femme n'avait aucun
des parents que nous venons d'indiquer, elle était
alors épiclère, et sa condition était déterminée par
des règles particulières au droit attique, qu'il serait
sans intérêt pour notre sujet de rappeler ici (3).

Nous serions porté à croire que le même ordre
était suivi en Égypte. — Notre papyrus ne nous dit
pas, il est vrai, quels liens de parenté existaient entre

(1) Gaïus, C. I, §§ 191, 193 et 194.

(2) Démosthène, C. Stephanum, II, § 18, R. 1134. — Adversus
Leocharem, § 49, R. 1095. — Cf. Platon, De Legibus, VI, Ed.
Step., 774 e.

(3) La femme épiclère avait-elle des enfants mâles et majeurs de
dix-huit ans, elle était placée sous leur tutelle ; — à défaut d'enfants ayant atteint cet âge, si elle avait des enfants plus jeunes,
elle était provisoirement sous la tutelle de son plus proche parent,
dont les pouvoirs cessaient à la majorité des enfants ; — à défaut
d'enfants, le plus proche parent était définitivement χύριος (Démosthène, C. Stephanum, II, § 20, R. 1135).

Senimouthis et Harpaésis. Mais nous savons d'abord
par la suite du texte que Panas, père de l'emprunteuse, était décédé ; ce n'était donc pas le père qui
était κύριος ; et en l'absence du père, d'après notre
principe, la tutelle passait au frère consanguin de la
femme. — Or, telle nous paraît bien avoir été la
qualité du tuteur. Le papyrus n'indique pas, en effet,
le nom du père d'Harpaésis. Et pourquoi ce silence,
si ce n'est parce que Harpaésis avait la même origine que Senimouthis, et que le rédacteur de l'acte
avait jugé inutile de répéter une seconde fois le nom
de Panas ?

C'est bien là, d'ailleurs, la situation qu'offre le papyrus XVII de Paris. Ἐπρίατο Θινσμεπὼς Σαραπάμμωνος,
μητρὸς Θινσενπῶτος. . . μετὰ κυρίου, οὐ παρόντος , τοῦ
αὐτῆς κατὰ πατέρα ἀδελφοῦ Πάχνουμις Σαραπάμμωνος (1).
Pachnoumis était le frère consanguin de Thinsmepos,
et en même temps son κύριος ; il en était probablement de même pour Harpaésis à l'égard de Senimouthis.

5. Voici enfin un dernier point, sur lequel le droit
attique peut être élucidé par le droit égyptien. — On
a fréquemment discuté la question de savoir si les
femmes athéniennes figuraient elles-mêmes dans les
contrats qui les intéressaient , ou si elles devaient
être représentées par leurs κύριοι.

La question nous semblait déjà résolue dans le
premier sens par un texte de Démosthène. — La
veuve de Polyeucte a consenti un prêt au profit de

_____

(1) *Notices et extraits*, p. 231.

Spudias: Σπουδίας ἦν γὰρ τὸ ἀργύριον παρὰ τῆς Πολυεύκτου δεδανεισμένος γυναικός ; et les frères de la femme, qui étaient ses κύριοι, s'ils ont figuré dans le contrat, n'y ont paru que pour assister leur sœur et pour compléter sa capacité : Μάρτυρες δ'οἱ τῆς γυναικὸς ἀδελφοὶ παρόντες (1).

Cependant cette opinion n'était pas universellement admise : « Cogitandum est stipulationem revera quidem factam esse, sed breviloquentia usum esse oratorem, cum ea, non a muliere ipsa, sed ab hujus κυρίῳ facta esset (2). »

Nous pouvions répondre par les vers d'Aristophane, dans lesquels le poète nous montre la mère d'Hyperbolus prêtant de l'argent à usure: « Si elle a consenti un prêt et stipulé des intérêts, que l'emprunteur ne soit pas tenu de les payer (3). »

Mais nous croyons que les papyrus doivent aujourd'hui mettre fin à la controverse. — Senimouthis, en effet, figure elle-même, personnellement dans le contrat; seulement elle est assistée par son κύριος, Harpaésis.

Et cela est bien plus évident dans le papyrus du règne d'Antonin-le-Pieux (154 de J.-C.) que nous avons déjà mentionné. — La femme y stipule en personne, *proprio nomine*, autorisée par son κύριος, mais en l'absence de celui-ci : Ἐπριάτο Θινσμεπὼς, μετὰ κυρίου, οὐ παρόντος. — Plus loin encore, dans le même acte, c'est elle qui parle dans une phrase qui,

---

(1) *C. Spudiam.*, § 9, R. 1030.

(2) Van den Es, *De jure familiarum apud Athenienses*. Leyde, 1864, p. 160-161.

(3) *Thesmophoriazousæ*, v. 842-843.

sur sa requête, fut insérée dans le titre par Socrate,
fils d'Ammon, Thinsmepos ne sachant pas écrire,
διὰ τὸ μὴ εἰδέναι αὐτὴν γράμματα : « Moi, Thinsmepos,
susnommée, fille de Sarapammon et de Thinsmepos,
avec l'assistance de mon frère consanguin, Pachnoumis, fils de Sarapammon, mon tuteur, j'ai acheté
ainsi qu'il est dit ci-dessus. » Ἐώνημαι καθὼς πρό-
κειται (1).

II.

6. Le contrat formé par Harsiésis et Asclépias ou
Senimouthis, est un prêt sans intérêts, mais avec
clause pénale. — Les conditions de ce prêt semble-
ront peut-être bien rigoureuses. Si Asclépias ne se
libère pas envers Harsiésis dans le délai fixé (du 29
Phamenoth au 1er Pachon de la même année), la
dette s'augmentera immédiatement d'une somme
égale à la moitié de la valeur de chaque mesure,
calculée d'après le cours de la place au jour où la
clause pénale sera encourue.

On trouve souvent des exemples de stipulations pareilles dans les législations anciennes ; fréquemment
même, la situation de l'obligé était plus mauvaise
encore que celle d'Asclépias.

A Athènes d'abord, un discours de Démosthène
nous montre un contrat de prêt par lequel le débiteur s'obligeait à rembourser la somme prêtée dans
un délai de trente jours, ou à se trouver immédiatement, par le seul fait de l'échéance du terme, dé-

(1) *Notices et extraits*, p. 231. — Le sens de cette partie du
papyrus n° XVII a été méconnu par M. Saint-Martin, dans le
mémoire qu'il a publié dans le *Journal des Savants*, 1822, p. 566.

biteur du double : Ἔλεγεν ὅτι ... ἐν ταῖς συγγραφαῖς εἴη τριάκονθ' ἡμερῶν αὐτὸν ἀποδοῦναι ἢ διπλάσιον ὀφείλειν (1).

Nous rencontrons les mêmes conventions à Rome ; il est vrai qu'on les proscrivait, parce que de nombreuses dispositions défendaient toute stipulation de clause pénale qui pouvait cacher une élévation du taux d'intérêt fixé par la loi. — « Pœnam pro usuris stipulari nemo supra modum usurarum licitum potest, » disait la loi 44 au Digeste, *De usuris*, 22, 1 ; tandis que d'après le droit attique, la liberté de l'intérêt étant la règle : τὸ ἀργύριον στάσιμον εἶναι ἐφ' ὁπόσῳ ἂν βούληται ὁ δανείζων (2), la même défense n'aurait pas pu s'expliquer rationnellement.

Aussi le jurisconsulte Papinien, prévoyant l'hypothèse même que la harangue contre Nicostrate nous présentait, écrivait : « Pecuniæ fœnebris, intra diem certum debito non soluto, dupli stipulatum, in altero tanto supra modum legitimæ usuræ respondi non tenere (3). » — Nous trouvons la même solution dans un rescrit de l'empereur Gordien, qui forme la loi 15 C. *De usuris*, 4, 32 : « Cum allegas uxorem tuam ea conditione mille aureorum numero quantitatem

(1) Démosthène, *C. Nicostratum*, § 10, R. 1249. — La *Revue archéologique* vient de publier (novembre 1866, p. 353), le texte d'une inscription récemment trouvée à Munychie. Elle fournit un nouveau cas de clause pénale analogue à celle que nous avons déjà signalée. Eucratès s'engage à payer chaque année cinquante-quatre drachmes pour le loyer d'une maison : Ἐὰν δὲ μὴ ἀποδιδῷ τὴν μισθώσιν κατὰ τὰ γεγραμμένα... ὀφείλειν αὐτὸν τὸ διπλάσιον.

(2) Lysias, *C. Theomnestum*, I, § 18, D. 135.

(3) L. 9, pr., D., *De usuris*, 22, 1.

sumpsisse, ut, si intra diem certum debito satis non
fecisset, cum pœna quadrupli redderet quod acce-
pit, juris forma non patitur lege contractus istius
ultra pœnam legitimarum usurarum procedere (1). »
— Nous ne voulons pas multiplier inutilement les
exemples; nous nous bornerons à citer encore la
loi 13, § 26, D. *De actionibus empti et venditi,* 19, 1,
dans laquelle nous lisons : « Si convenerit ut, ad
diem pretio non soluto, venditori duplum præstare-
tur, in fraudem constitutionum videri adjectum quod
usuram legitimam excedit (2) »

Rien n'est plus fréquent que la clause qui nous occupe dans les formules de l'empire des Francs, du Ve
au Xe siècle : — « Per hunc vinculum cautionis,
spondeo me kalendas illas proximas ipso argento
vestris partibus esse redditurum. Quod si non fecero
et dies placitus mihi præfinitus transierit, pro duplum
in crastinum me aut heredes meos, vos aut heredes vestri, aut cui hanc cautionem dederitis exi-
gendam, teneatis obnoxium (3). »

L'exemple que nous avons cité pour l'Égypte n'est
point d'ailleurs le seul, et les papyrus que l'Institut
vient de publier nous en offrent plusieurs autres. —
Une requête de l'an 129 avant notre ère, qui forme
le nº VIII, parle d'un prêt fait, comme le premier,
sous cette condition, que, si le remboursement n'a pas
lieu à l'échéance, l'emprunteur devra payer le ca-

(1) Cf. L. 16, C. *De usuris,* 4, 32.

(2) Voir notre dissertation sur les *Intérêts.* Paris, Durand, 1861,
p. 105.

(3) *Recueil de formules...* par M. de Rozière. Paris, I (1859),
formule 368. — Cf. form. 369, 370, 371, 372, 376 et 377.

pital et moitié en sus : ταυτά τε καὶ τὸ ἡμιόλιον (1). —
Une autre clause pénale de même nature apparaît
aussi dans un contrat de mariage, et nous est révélée
par le papyrus n° XIII. Si le mari ne se conforme pas
à toutes les stipulations du contrat, il rendra la dot,
plus une valeur égale à la moitié de la dot tout entière : Ἐὰν δὲ μὴ ποήσῃ καθότι γέγραπται, ἀποτίνειν
αὐτὸν τὴν φερνὴν παραχρῆμα σὺν τῇ ἡμιολίᾳ (2).

C'est précisément ce qui a lieu dans notre papyrus
n° VII. Senimouthis ne s'oblige pas, en cas de retard,
à payer trente-trois artabes trois quarts de blé : elle
se libérera en donnant les vingt-deux artabes et
demie ; mais elle devra de plus payer, en argent,
une somme égale à la moitié du prix que coûteraient
les vingt-deux artabes, achetées au cours de la place
de Diospolis, le 1ᵉʳ Pachon, jour de l'échéance.

7. Nous croyons, de plus, que notre contrat est un
contrat de novation, fait à l'occasion d'un prêt antérieur qui avait été consenti à des conditions tout-à-fait
identiques à celles du prêt du 29 Phamenoth. —
Panas, père d'Asclépias, s'était engagé à payer à
Horus, père d'Harsiésis, quatorze artabes de blé :
Προώφειλεν ... Πανὰς ... Ὥρῳ ... ἀρτάβ. ΙΔ (3), avec
cette clause que si les quatorze artabes n'étaient pas
remboursées au jour indiqué, Panas devrait payer de

(1) *Notices et extraits*, p. 175.

(2) *Ibid.*, p. 210.

(3) Pourquoi M. Brunet de Presle veut-il (*Notices et extraits*,
p. 173) que le signe ΙΔ, très-net sur le papyrus, signifie vingt-
deux et demi ?

plus une somme égale à la moitié du prix des quatorze artabes d'après le cours de la place.

Or, cette prévision s'est réalisée. Panas, à l'é-
chéance, s'est trouvé débiteur des quatorze artabes
et d'une somme d'argent que nous pouvons représenter par X. — Supposons une baisse sensible se
produisant immédiatement sur les céréales, par suite
de circonstances qui, sur nos marchés, feraient des-
cendre l'hectolitre de blé de 20 fr. à 16 fr. 45 c.,
et il arrivera que, quelques jours plus tard, cette
somme X, qui au jour de l'exigibilité n'aurait permis d'acheter que sept artabes, suffira pour en
acheter huit et demie. — Qu'un contrat de novation
soit fait alors par les parties qui veulent transformer
en dette exclusive de céréales une dette comprenant
tout à la fois de l'argent et du blé, et la nouvelle
dette sera bien de vingt-deux artabes et demie.

Notre acte n'est donc pas seulement la transcription grecque d'un contrat égyptien ; c'est un contrat
nouveau ; c'est un acte de novation ; ou bien il faudra renoncer à expliquer la différence qui existe
entre le chiffre de la ligne 12 et celui de la ligne 20,
et dire, avec M. Brunet de Presle, qu'ils signifient l'un
et l'autre vingt-deux et demi.

III.

8. Le titre (*instrumentum*), qui rappelle, à s'y mé-
prendre, les formes adoptées par les protocoles des
actes authentiques modernes, a été reçu par un
agoranome. — Voilà un magistrat, dont le nom se
rencontre fréquemment dans l'histoire des républi-

ques grecques, non pas seulement à Athènes, mais
encore à Thasos (1), et dans beaucoup d'autres États
de second ordre. — Nous devons toutefois nous hâter
de déclarer que, malgré la similitude du nom du
fonctionnaire, les attributions de l'agoranome ne
paraissent pas avoir été les mêmes en Égypte et en
Grèce.

En Grèce, et notamment à Athènes, l'agoranome
était un magistrat de police (2). Il devait exercer
une active vigilance sur les marchés publics, qu'il
était chargé de faire entretenir en bon état : ἐπιμε-
λεῖσθαι ... τῆς ἐν τῇ ἀγορᾷ εὐκοσμίας (3) ; il surveillait
toutes les marchandises, autres que les céréales, qui
étaient placées sous la protection des sitophylaques (4) ; il empêchait que la fraude ne se glissât
dans les transactions, soit de la part du vendeur,
soit de celle de l'acheteur (5), et infligeait une pénalité à ceux qui s'écartaient des règles de la probité
ou de la décence publique (6).—Mais nous ne voyons
nulle part qu'il ait eu capacité pour donner l'au-

---

(1) G. Perrot, *Mémoire sur l'île de Thasos*. Paris, 1864, p. 44.

(2) Ἀγορανόμος · ὁ τῆς ἀγορᾶς τῶν ὠνίων ἐπιμελούμενος, ... ὁ τῶν δημοσίων ἐπιμελούμενος καὶ τοῦ καθαρὰν
εἶναι τὴν πόλιν... (*Scholia in Demosthenem*. R. 735. 16. Édit.
Didot, p. 726).

(3) Harpocration : vⁱˢ κατὰ τὴν ἀγορὰν ἀψευδεῖν.

(4) Lysias, *Adversus frumentarios*, § 16, D. 197. — Cf. Harpocration, vᵒ σιτοφύλακες.

(5) Harpocration : vⁱˢ κατὰ τὴν ἀγορὰν ἀψευδεῖν.

(6) Platon, *De Legibus*, VI, 10. Ed. Tauchnitz, p. 178. Steph.,
763 et 764.

thenticité à des conventions étrangères au commerce (1).

En Égypte, il en est tout autrement. Non-seulement, en effet, c'est un agoranome qui reçoit l'acte
du prêt fait par Harsiésis à Asclépias, acte qui pourrait à la rigueur être considéré comme rentrant dans
des attributions commerciales ; mais, dans le papyrus
n° V, la vente d'une maison a lieu devant Hermias,
agoranome du Pathyrite (2) ; de même, dans le papyrus n° XVII, c'est Rufillus Niger, agoranome, qui
constate l'acquisition d'une maison par Thinsmepos :
ἐπὶ Ρουφίλλου Νίγρου ἀγορανόμου (3). — Or, ce sont là
des faits complètement étrangers à la police ou à la
surveillance des marchés publics.

L'agoranome égyptien avait donc probablement,
outre les fonctions que son nom indique, des attributions analogues à celles de nos notaires (4).

---

(1) Meier et Schœmann: *Der attische process.* Halle, 1824, p. 89-
92. — Schubert : *De Romanorum œdilibus.* Kœnigsberg, 1828,
p. 102-111.

(2) *Notices et extraits*, p. 130.

(3) *Ibid.*, p. 230.

(4) Nous n'avons pu consulter, sur les agoranomes égyptiens,
ni M. Peyron, *Papyri græci*, I, p. 73, ni M. Franz, *Corpus inscriptionum græcarum*, III, p. 294. Nous sommes donc obligé
de renvoyer le lecteur à ces deux ouvrages.—La même remarque
s'applique à la dissertation de M. Franz, qui a pour titre : *De ad-
ministratione Ægypti Macedonica.* 1846.

Nous pouvons ajouter à ce que nous avons dit des agoranomes,
que leurs fonctions paraissent avoir été inférieures en dignité à
celles des épistates, et à plus forte raison à celles des stratéges. —
Le stratége pouvait être συγγενὴς, ἀρχισωματοφύλαξ, τῶν
ὁμοτίμων τοῖς συγγενέσι, τῶν πρώτων φίλων, τῶν φίλων ;

9. Quant à Ptolémée, le rédacteur de l'acte, il ne faut pas voir en lui un de ces écrivains publics qui mettaient leur pratique des affaires à la disposition des contractants illettrés, et qui n'étaient que de simples particuliers, sans aucune autorité publique. — Tel devait être, par exemple, le συμβολαιογράφος, dont parle le papyrus Jomard (1), tandis que Ptolémée, secrétaire de l'agoranome, avait un caractère officiel.

Les magistrats grecs-égyptiens s'entouraient, en effet, d'auxiliaires (secrétaires, commis ou employés, suivant le nom qu'on voudra leur donner : οἱ παρὰ τοῦ ...) dont il est quelquefois fait mention dans les textes. — Le papyrus n° X, circulaire relative à des esclaves qui ont pris la fuite, engage ceux qui peuvent fournir des renseignements au maître, à les adresser aux auxiliaires du stratége, τοῖς παρὰ τοῦ στρατηγοῦ (2). — Dans le papyrus n° XXXV, Arimouth est désigné comme secrétaire de l'épistate, ὁ παρὰ τοῦ ἐπιστάτου, et Amosis comme secrétaire du grand-prêtre : ὁ παρὰ τοῦ ἀρχιερέως (3).

En terminant les courtes observations que nous a suggérées le papyrus n° VII, et dont nous sommes le premier à reconnaître l'imperfection et l'insuffi-

---

l'épistate, τῶν φίλων, τῶν σωματοφυλάκων, τῶν διαδόχων, ἱππάρχου ἐπ᾽ ἀνδρῶν. — Or, nous ne connaissons aucun texte qui donne ces titres à l'agoranome.

(1) *Notices et extraits*, p. 257.
(2) *Ibid.*, p. 178.
(3) *Ibid.*, p. 293 et 294.

sance, nous ne pouvons nous empêcher de souhaiter que les possesseurs de papyrus encore inédits fassent promptement publier le texte de ces précieux monuments. — Si l'on ne peut point raisonnablement espérer rencontrer chaque fois une de ces bonnes fortunes qui, en 1847, en 1852 et en 1856, nous ont donné de beaux fragments de l'orateur Hypéride (1), au moins est-il permis de croire que quelques points demeurés encore obscurs seront éclaircis. Un mot a plus d'une fois suffi pour redresser une erreur que des conjectures aventureuses avaient introduite dans la science, aussi bien que pour ouvrir à l'interprète des aperçus nouveaux. Pourquoi n'en serait-il pas de même ici? L'Égypte n'est plus, dès maintenant, cette région mystérieuse qui semblait vouloir soigneusement garder les secrets de son passé. Nous commençons à la connaître, et la lumière a réussi à traverser les nuages dont elle s'était entourée. Peut-être, avec le temps et de la patience, les papyrus feront cesser toutes les incertitudes qui préoccupent encore aujourd'hui les savants !

(1) Les pages qui précèdent étaient déjà écrites lorsque M. Egger a annoncé à l'Académie des Inscriptions et Belles-Lettres la découverte par lui faite, sur un papyrus appartenant à M. Chasles, de nouveaux passages du discours d'Hypéride contre Démosthène, dans l'affaire d'Harpale (Séance du 4 mai 1866. *Comptes-rendus*, p. 138). Le texte est encore inédit.

TEXTE DU PAPYRUS.

Δάνειον ἀρτάϐαι ΚΒ𐅵 Ἀρσιήσιος
ὀφείλει Σενιμουθίν.

Ἔτους Ῑϛ, φαμενὼθ ΚΘ, ἐν Διοσπόλει τῇ μεγάλῃ
τῆς Θηϐαίδος , ἐπὶ Διονυσίου ἀγορανόμου τοῦ περὶ Θήϐας·
Ἐδάνεισεν Ἀρσίησις Ὥρου τῶν ἀπὸ τῆς Διοσπόλεως
χολχυτῶν Ἀσκληπιάδι τῇ καὶ Σενιμουθίν, πατρὸς
5 Πανᾶτος , Περσίνῃ , μετὰ κυρίου Ἀρπαήσιος τοῦ
χολχύτου τῶν ἀπὸ τῆς αὐτῆς Διοσπόλεως ἐνταφιαστῶν,
πυροῦ ἀρτάϐας εἴκοσι δύο ἥμισυ ἀτόκους· τὸ δὲ δάνειον
τοῦτο ἀποδότω Ἀσκληπιὰς Ἀρσιήσει ἐπὶ τῇ παχὼν Ᾱ
τοῦ αὐτοῦ Ῑϛ 𐅵, πυρὸν νέον, καθαρὸν, ἄμυλον· ἀνθ'ὧν ἔσχηκε
10 καὶ ἀποκαταστησάτω εἰς οἶκον πρὸς αὐτὸν τοῖς
ἰδίοις ἀνηλώμασι. Ἐὰν δὲ μὴ ἀποδῷ , καθὰ γέγραπται ,
ἀποτεισάτω τὸ δάνειον τὰς τῶν ἀρτάϐ. ΚΒ𐅵
ἑκάστης τὴν ἐσομένην ἐν τῇ ἀγορᾷ τιμὴν
παραχρῆμα ἡμιόλιον. Ἡ δὲ πρᾶξις ἔστω Ἀρσιήσει
15 ἐκ τῶν Ἀσκληπιάδος καὶ ἐκ τῶν ὑπαρχόντων αὐτῇ
πάντων πράσσοντι καθάπερ ἐγ δίκης . Τοῦτο δ'ἐστὶν
τὸ δάνειον ὃ ἀνωμολογήσατό ἔχειν παρ' αὐτῶν·
ἀνθ' ὧν προώφειλεν ὁ προγεγραμμένος αὐτῇ
πατὴρ Πανᾶς τῷ τοῦ Ἀρσιήσιος πατρὶ Ὥρῳ κατὰ
20 συμβόλαιον αἰγύπτιον ἀρτάϐ.· ῙΔ
Πτολεμαῖος ὁ παρὰ Διονυσίου κεχρημάτικα.

Caen, typ. F. Le Blanc-Hardel.

ÉTUDES

SUR LES

ANTIQUITÉS JURIDIQUES

D'ATHÈNES

PAR

Exupère CAILLEMER

PROFESSEUR A LA FACULTÉ DE DROIT DE GRENOBLE

CINQUIÈME ÉTUDE

LA RESTITUTION DE LA DOT A ATHÈNES

PARIS

Auguste DURAND, Libraire-Éditeur

Rue Cujas, 9

GRENOBLE

Alexandre RAVANAT, Libraire

Place de la Halle, 1

1867

Extrait des Mémoires de l'Académie impériale des Sciences , Arts et Belles-Lettres de Caen.

ÉTUDES

SUR LES

ANTIQUITÉS JURIDIQUES D'ATHÈNES.

—◦※◦—

LA RESTITUTION DE LA DOT

A ATHÈNES (1).

————

Le sujet que nous nous proposons d'aborder dans cette nouvelle étude sur les antiquités juridiques d'Athènes a déjà plus d'une fois attiré l'attention des historiens du droit. Est-il possible, en effet, de traiter de l'organisation de la famille athénienne sans rechercher quelle fut, au point de vue pécuniaire, la situation de la femme ou de ses représentants au jour de la dissolution du mariage ? — Aussi, sans

---

(1) Ce mémoire a été lu devant l'Académie des Inscriptions et Belles-Lettres, le 16 novembre 1866 ; mais il a paru trop exclusivement juridique pour être inséré dans le *Recueil des savants étrangers*. L'Académie s'est bornée à faire imprimer, dans les *Comptes-rendus* de ses séances, une analyse soigneusement faite, à l'exactitude de laquelle nous sommes heureux de pouvoir rendre hommage (*Comptes-rendus des séances de l'année* 1866, p. 375 à 379).

parler des auteurs d'ouvrages généraux sur le droit attique, tels que Samuel Petit (1), Platner (2), Meier (3), de Pastoret (4), Wachsmuth (5) et M. Schœmann (6), M. Van Stégeren (7), M. Jules Cauvet (8), M. Van den Es (9) et M. Albert Desjardins (10), dans leurs dissertations spéciales sur la condition des femmes à Athènes, ont résumé brièvement les règles les plus importantes de la législation sur ce point intéressant.

Mais, dans toutes les monographies que nous venons d'énumérer, la question de la restitution de la dot ne se présentait que comme une question secondaire. — Peut-être n'a-t-elle pas été suffisamment examinée sous toutes ses faces. Quelques points de vue ont été omis; certaines distinctions indispen-

---

(1) *Leges atticæ,* Ed. Wesseling. Leyde, 1742, p. 548 et suiv.

(2) *Der Process und die Klagen bei den Attikern*, Darmstadt, 1824, *passim.*

(3) *Der attische Process,* Halle, 1824, *passim* et p. 419 à 422.

(4) *Histoire de la Législation,* Paris, t. VI (1824), p. 417 et suiv.

(5) *Hellenische Alterthumskunde,* Halle, t. II (1846), p. 177 à 179.— Pendant que nous rédigions ce mémoire, M. Wachsmuth est mort à Leipzig, le 23 janvier 1866.

(6) *Griechische Alterthümer,* 2e édit. Berlin, 1861, t. I, p. 532 et suiv.

(7) *De conditione civili feminarum atheniensium*, Zwoll, 1839, p. 134 à 139.

(8) *De l'organisation de la famille à Athènes*, Paris, 1845, p. 25 à 31.

(9) *De jure familiarum apud Athenienses*, Leyde, 1864, p. 56 à 63.

(10) *De la condition de la femme dans le Droit civil des Athéniens,* Paris, 1865, p. 11 à 16.

sables pour concilier des textes qui, sans elles, seraient contradictoires, ont été négligées ; plusieurs
passages des orateurs grecs ont été laissés de côté,
et les grammairiens n'ont pas été suffisamment mis à
contribution. — Ce sont ces lacunes et ces omissions
que nous allons essayer de combler.

Nous croyons être arrivé, sans autre secours que
celui des textes, et en laissant de côté les simples
conjectures, à rétablir d'une façon suffisamment har-
monieuse un corps complet de doctrine sur la restitution de la dot à Athènes. — Preuve nouvelle que la
législation de cette illustre république n'était pas
aussi imparfaite qu'on le dit quelquefois ! Pour pouvoir discerner aussi nettement qu'elle l'avait fait les
différentes nuances et les divers aspects d'un sujet
en apparence fort simple, il faut que la science du
jurisconsulte soit depuis longtemps sortie de cette
période de tâtonnements et d'essais par lesquels elle
se forme péniblement.

C'est à raison même du grand nombre de textes
par nous recueillis, que nous nous sommes décidé à
écrire cette étude : aussi, nous permettra-t-on de
nous effacer le plus souvent pour laisser les documents originaux parler à notre place. — Un éminent
académicien, qui a fait à nos premiers travaux l'honneur d'une appréciation bienveillante, et dont l'indulgence et les encouragements nous soutiennent
dans nos laborieuses recherches, M. Egger, nous a
reproché de ne point donner à ces études tous les
développements qu'elles peuvent comporter (1). -

(1) Académie des Inscriptions et Belles-Lettres, *Comptes-rendus
pour l'année* 1865, p. 432.

Nous osons à peine l'avouer, mais nous agissons avec préméditation, et l'on nous pardonnera d'en indiquer rapidement le motif au début de cette monographie exposée à la même critique.

Pourquoi la législation grecque n'est-elle pas plus connue parmi nous ? Cet oubli dédaigneux dans lequel nous la laissons ne tiendrait-il pas à ce que les ouvrages que notre pays lui a consacrés manquent trop souvent de cette précision substantielle que l'on rencontre dans beaucoup de livres devenus classiques en Allemagne ? Et, si les esprits cultivés de l'Allemagne sont depuis longtemps familiarisés avec les notions élémentaires de cette science, ne doivent-ils pas cet heureux résultat à des publications remarquables par une sage et discrète sobriété ?

C'est après avoir longuement réfléchi sur ces questions que nous avons tracé notre programme. — Notre seule ambition est de reconstituer, aussi complètement que le permettent les fragments dont nous disposons, une sorte de Recueil des lois athéniennes, un *Corpus Juris attici*, laissant à de plus habiles le soin de commenter philosophiquement nos textes, et de les entourer de toutes les explications qu'une science plus étendue que la nôtre pourra suggérer. Nous voulons nous borner à fournir des documents aux futurs historiens de la législation d'Athènes, ne pouvant, à raison de nos forces et du peu de loisirs que nous laissent nos travaux habituels, écrire complètement cette histoire.

Tous nos vœux seront donc réalisés, si, par le rapprochement plus ou moins heureux des passages que nous aurons rencontrés dans les auteurs grecs,

par leur classification systématique, nous arrivons à
« jeter un nouveau jour sur quelqu'une des questions
les plus difficiles du droit attique » (1) ; et, toutes
les fois qu'un juge autorisé viendra nous donner ce
sympathique témoignage, nous nous croirons encore
trop largement récompensé de nos peines.

I.

La femme athénienne, au moment du mariage,
apportait le plus habituellement à son époux une dot
destinée à faire face aux dépenses de la famille. —
Le mariage était, il est vrai, parfaitement valable,
alors même qu'il n'y avait aucune constitution de
dot (2) ; mais l'usage d'en fournir était si répandu,
que la dot nous est habituellement présentée comme
un des éléments à l'aide desquels on parvenait à distinguer l'union légitime et régulière du concu-
binat (3).

Plutarque nous dit bien que Solon, pour conserver
au mariage toute sa grandeur et toute sa dignité,
défendit aux femmes d'avoir plus de trois vêtements,
ἱμάτια τρία, et que le grand législateur prohiba tout
apport d'une dot au mari, à l'exception de celle qui
se composerait de quelques meubles de peu d'impor-

---

(1) M. Egger, Académie des Inscriptions, *loc. cit.*, p. 432.

(2) « Dotem dici moris quidem erat, neque tamen adeo neces-
sarium, ut nullæ absque ea justæ nuptiæ essent. » (Schœmann,
Antiquitates juris publici Græcorum, Greifswald, 1838, p. 343.)

(3) Voir cependant Isée, *De Pyrrhi hereditate*, § 39. Didot,
p. 254.

tance : σκεύη μικροῦ νομίσματος (1). — Cette proscription,
si elle eût été respectée, aurait singulièrement di-
minué l'intérêt de notre sujet ; car la restitution d'une
semblable dot ne doit pas donner lieu à de nombreuses contestations.

Mais, hâtons-nous de le dire, en admettant même,
ce qui nous paraît fort douteux, que la loi attribuée
à Solon par son biographe ait été réellement pro-
mulguée, toujours est-il qu'elle tomba bientôt en
désuétude. — Les orateurs nous parlent à chaque
instant de dots plus ou moins considérables, à l'occasion desquelles des procès sont pendants devant les
tribunaux. Ici, c'est la mère du grand orateur qui
apporte à son premier mari cinquante mines ; au second, quatre-vingts mines (2) ; là, c'est la sœur
d'Onétor, dont la dot est d'un talent (3) ; la sœur de
Démosthène, dont la dot s'élève jusqu'à deux talents (4). — Nous pourrions, sans beaucoup d'utilité,
multiplier ces exemples (5) ; qu'il nous suffise de
constater, avec Isée, que lorsqu'une jeune fille avait
seulement une dot de vingt mines (représentant environ, eu égard à la différence des temps, une dot de

---

(1) *Vita Solonis*, ch. xx. — Platon, dans son *Traité des Lois*,
était encore plus radical que Solon ; il défendait à celui qui mariait
sa fille de lui donner une dot ; à celui qui l'épousait d'en recevoir
une (livre V, ch. xii, p. 742, C).

(2) Démosthène, *C. Aphobum*, I, §§ 4 et 5, R. 814.

(3) Démosthène, *C. Onetorem*, I, § 20, R. 869.

(4) Démosthène, *C. Aphobum*, I, § 5, R. 814.

(5) Cf. Démosthène, *C. Bœotum*, II, § 20. R. 1014. — *C. Spudiam*, § 3, etc.

huit mille francs), on ne se disputait guère l'honneur
de devenir son mari (1).

Aussi, le poète Ménandre s'indigne-t-il contre ces
prétendants, qui ne s'occupent ni de la beauté, ni
des vertus, ni des ancêtres de leur future épouse; qui
ne s'inquiètent que de sa fortune. « On porte la dot
au changeur, dit-il, pour que l'essayeur voie si les
écus sont de bon aloi, ces écus qui dans cinq mois
ne seront plus à la maison ! Quant à celle qui, pendant toute sa vie restera assise au foyer domestique,
on ne la soumet à aucune épreuve; on la prend au
hasard; elle peut être ignorante, irascible, babillarde;
qu'importe (2) ? »

Une fille sans dot, ἄπροικος παρθένος, contractant
mariage dans certaines classes de la société, c'était
là un fait assez notable pour que les orateurs aient cru
devoir nous le signaler tout particulièrement (3) !

Le mari recevait donc de la femme ou de ses représentants légaux une dot, consistant soit en choses
fongibles, soit en choses non fongibles.—Une chose
est *fongible*, on le sait, lorsqu'elle peut être remplacée
dans la restitution qui doit en être faite, par une
autre chose de même espèce et de même qualité :
Una alterius vice fungitur.—Une chose est *non fongible*
lorsqu'elle a été considérée par les parties dans son
individualité propre, et doit être restituée, non point

(1) Isée, *De Hagniæ hereditate*, § 40, D. 316.
(2) *Fragments,* éd. Grotius, p. 230.
(3) Isée, *De Pyrrhi hereditate*, § 29, D. 253, § 38, D. 254.—
Lysias, *De bonis Aristophanis*, § 25, D. 180. — Démosthène, *C.
Bœotum*, II, § 20, R. 1014, etc.

par équivalent, mais comme corps certain et déterminé.

Si la dot se composait de choses fongibles, elle
devenait au moment même du mariage la propriété du
mari ; le droit de la femme se transformait en un droit
de créance, protégé par certaines actions, entouré
de certaines garanties, que nous étudierons bientôt.

Si, au contraire, la dot était composée de corps
certains, sans distinction entre les meubles et les
immeubles, la propriété continuait d'appartenir à la
femme ; le mari avait seulement un droit de jouissance
et, au jour de la dissolution du mariage, c'était en
nature que la restitution devait se faire, soit à la
femme devenue veuve, soit à ses héritiers.

A côté de la dot, il y avait les biens paraphernaux,
ceux que la femme n'avait pas constitués en dot :
μὴ ἐν τῇ προικὶ τετιμημένα, et dont la femme conservait
tout à la fois la propriété, l'administration et la
jouissance. — C'est sur ces biens paraphernaux que
la femme pouvait contracter des obligations vala-
bles (1). — Il est vrai que sa capacité avait été singulièrement restreinte par la loi, puisqu'on ne lui
permettait point de s'obliger au-delà de la valeur
d'un médimne de blé (2) ; mais, dans cette mesure,
ses engagements étaient réguliers, et pouvaient
s'exécuter sur sa fortune paraphernale. — Il ne
saurait être question ici de restitution, la femme
étant toujours restée saisie de cette classe de biens.

---

(1) Schœmann, *Griechische Alterthümer*, I, p. 532, 533.

(2) Isée, *De Aristarchi hereditate*, § 10, D. 306. — Cf. Aristophane, *Ecclesiazusæ*, v. 1024 et 1025.

Il y avait enfin les biens compris dans les donations en faveur du mariage (ἕνεκα τοῦ γάμου), que des tiers avaient pu faire à la femme. —Si celle-ci n'avait pas eu la précaution de les constituer formellement en dot, ils appartenaient définitivement au mari, qui n'était jamais tenu de les restituer (1).

L'obligation de restituer n'existait donc que pour les biens constitués en dot : ἐν τῇ προικὶ τετιμημένα : —la dot de corps certains se restituant en nature , la dot de choses fongibles se restituant par équivalent.

II.

Cette distinction que nous venons de présenter, quant aux droits du mari sur la dot, entre les corps certains et les choses fongibles , n'est point admise par M. Desjardins , dans le mémoire qu'il vient de publier sur la condition de la femme d'après le droit civil des Athéniens. — « Tant que dure le mariage , dit-il , la dot appartient au mari ; aussi, se confond-elle avec ses biens.... Quand la fortune du mari est confisquée, la dot de la femme est comprise dans la confiscation. Le mari dispose librement de la dot, puisqu'elle est comprise dans ses biens (2). » Et l'auteur cite immédiatement, comme preuve à l'appui de ses affirmations, l'exemple d'un mari aliénant seul la maison que sa femme avait constituée en dot (3).

Si M. Desjardins n'avait en vue que des dots con-

(1) Isée, *De Pyrrhi hereditate*, § 35, D. 254.
(2) *Loc. cit.*, p. 13 et 14.
(3) Isée, *De Dicæogenis hereditate*, § 29. D. 270.

sistant en argent ou en autres choses fongibles, nous aurions déjà quelques critiques à diriger contre les formules qu'il emploie et qui ne nous paraissent pas toutes suffisamment exactes. Nous verrons notamment que la confiscation ne faisait pas échec aux droits de la femme. — Mais la pensée de l'auteur porte tout à la fois, cela est évident, et sur la dot de choses fongibles, et sur la dot de corps certains, puisqu'il mentionne l'hypothèse où la femme avait apporté à son mari une maison. — Or, il nous est impossible d'admettre qu'il y eût translation de la propriété des corps certains de la femme au mari.

Démosthène fournit un imposant argument en faveur de notre opinion. — Evergus et Mnésibule, se prétendant créanciers du client du grand orateur, se rendent chez leur débiteur pour y pratiquer une saisie. Parmi les objets qu'ils veulent emporter, il en est qui ont été constitués en dot par la femme. Celle-ci leur défend d'y toucher. — Qu'ils emmènent les moutons, les esclaves, les bergers de son mari; elle se gardera bien de faire aucune observation. Mais si l'on s'attaque à sa dot : « Laissez ces meubles, dit-elle, et n'emportez rien de ce qui m'appartient. » Τὰ δὲ σκεύη ἐᾶτε, καὶ μηδὲν ΤΩΝ ΕΜΩΝ φέρετε (1).

Et qu'on ne nous dise pas que, dans ce passage, il s'agit de biens paraphernaux, dont nous avons nous-même admis l'existence à Athènes. Les meubles sur lesquels la saisie porte injustement avaient été, le texte nous le dit, constitués en dot par la femme : ἐν τῇ προικὶ τετιμημένα.

_____

(1) *C. Evergum et Mnesibulum*, § 57. R. 1156.

Un texte d'Isée peut nous fournir un second argument dans le même sens. — Le mari de l'épiclère ne devenait pas propriétaire des biens de sa femme. « Aristomène et Apollodore, s'ils eussent épousé leur nièce, n'auraient pas eu, dit l'orateur, un droit de libre disposition sur les choses recueillies par elle dans la succession (1). » — A combien plus forte raison ce droit de libre disposition devait être refusé au mari ; au mari dont les droits semblaient moins respectables et moins dignes de faveur que ceux des parents, assez puissants pour rompre une union bien assortie et se substituer à l'époux.

Que répondre cependant au passage d'Isée qu'invoque M. Desjardins ? — Nous croyons qu'il n'est rien moins que décisif. L'orateur se place, en effet, dans une hypothèse où la dot avait été constituée en argent : ἐπὶ τετταράκοντα μναῖς. Seulement le débiteur, au lieu de payer en écus, s'était libéré par le moyen d'une dation en paiement : Ἀντὶ δὲ τῆς προικὸς, τὴν οἰκίαν αὐτῷ τὴν ἐν Κεραμεικῷ παρέδωκε (2). — La différence est grande entre ce cas et celui où l'immeuble aurait été constitué directement en dot, et, s'il était besoin de le démontrer à notre collègue, nous le renverrions à l'article 1553 de notre Code Napoléon, d'après lequel la propriété de l'immeuble donné en paiement de la dot constituée en argent appartient au mari et non pas à la femme.

La restitution de la dot de corps certains devait donc se faire en nature et en conservant aux choses

_____

(1) *De Aristarchi hereditate*, § 12, D. 307.
(2) Isée, *De Dicæogenis hereditate,* § 26, D. 270.

leur individualité (1). — Aussi, quand Ménéclès se
sépare de sa jeune femme, il lui remet les vêtements
et les bijoux qu'elle a apportés, et non point leur
valeur : Ὁ Μενεκλῆς... τὰ ἱμάτια, ἃ ἦλθεν ἔχουσα παρ'
ἐκεῖνον, καὶ τὰ χρυσίδια, ἃ ἦν, δίδωσιν αὐτῇ (2).

III.

En principe, l'obligation, pour le mari ou pour ses
représentants, de restituer la dot constituée au profit
de la femme ne prenait naissance qu'au jour où le
mariage venait à se dissoudre.— Par exception, elle

(1) Notre honorable collègue, M. Gide, dans son *Étude sur la
condition privée de la femme*, Paris, 1867, p. 93, est de l'avis de
M. Desjardins. « Pendant le mariage, le mari n'était pas seulement
administrateur de la dot, il en était le maître..... » L'auteur,
citant M. Bœckh, s'appuie sur ce que le fonds dotal était inscrit au
cens sous le nom du mari et non sous celui de la femme. = Nous
opposerons d'abord à M. Gide les arguments que nous avons fait
valoir contre M. Desjardins ; nous ajouterons ensuite que M. Bœckh
lui-même reconnaît que le droit du mari était seulement un droit
d'usufruit : « Der Ehegatte erhielt die Mitgift eben desshalb, damit
er die Nutzniessung davon hatte » (*Staatshaushaltung der Athener*,
2ᵉ éd., Berlin, 1851, t. Iᵉʳ, p. 666). Nous remarquerons enfin que,
si le mari était tenu de payer les impôts, c'est que tout usufruitier
doit acquitter les charges qui sont une dette des fruits (*Code Napoléon*, art. 608). — Ce que dit M. Bœckh est donc parfaitement
d'accord avec ce que nous avons écrit. — Nous pouvons joindre à
son autorité celle d'un professeur de l'Université de Cambridge,
M. Whiston : « The portion was not considered the property of the
husband himself, but rather of his wife and children » (Smith,
Dictionary of greek antiquities, 2ᵉ édition, p. 436).

(2) Isée, *De Meneclis hereditate*, § 9, D. 244.

se formait encore dans une circonstance offrant quelques traits d'analogie avec notre séparation de biens.

La législation athénienne admettait trois causes de dissolution du mariage : l'une, qu'elle avait empruntée au droit naturel et que nul Code ne peut empêcher, c'est-à-dire la mort naturelle de l'un des deux époux ; — les deux autres qui appartenaient au droit positif et que nous ne reconnaissons plus aujourd'hui : la mort civile et le divorce.

Quant à ce que nous appelons la séparation de biens, cette cause de restitution se rencontrait lorsque la fortune du mari avait été confisquée et allait être vendue aux enchères publiques, comme conséquence d'une condamnation prononcée contre l'époux, mais n'enlevant au condamné ni le droit de cité, ni la liberté.

Nous devons toutefois répondre ici à une grave objection. — M. Van den Es, dans son beau travail sur *Le droit de famille à Athènes,* se refuse à admettre cette restitution de la dot antérieure à la dissolution du mariage : « Dos, licet nunquam in dominium ma- « riti cedit, non repetitur nisi matrimonio soluto. » Mais, comme des textes nombreux l'obligent à reconnaître que, lorsque les biens d'un débiteur étaient confisqués (ἀπογραφόμενα δημοσίᾳ), la dot devait être restituée, il en conclut que la confiscation était une cause nécessaire de dissolution pour le mariage : « Bonorum publicationem, ignominiæ genus, se- « quitur matrimonii solutio (1). »

Si M. Van den Es se bornait à dire que la *bonorum*

publicatio pouvait être pour la femme une cause légitime de divorce, nous ne verrions nul inconvénient à admettre sa solution. Mais nous ne pouvons nous résigner à reconnaître qu'elle produisit à Athènes un effet aussi exorbitant que celui de dissoudre de plein droit l'union conjugale.

Sans doute, si la *bonorum publicatio* n'avait été attachée par le législateur qu'à des faits d'une gravité exceptionnelle, on comprendrait à la rigueur que la loi, pour mieux punir le coupable, eût brisé son mariage. — Mais il en était tout autrement. Les débiteurs du fisc se voyaient tous, sans exception, atteints par cette mesure à laquelle on voudrait faire produire de si déplorables conséquences ; — non pas seulement ceux qui avaient été, pour leurs crimes, condamnés à des amendes qu'ils ne pouvaient payer ; — non pas seulement ceux qui, après avoir géré des fonctions publiques entraînant le maniement des deniers de l'État, se trouvaient, à l'expiration de leur charge, comptables envers le Trésor par infidélité ou par négligence ; — mais encore ceux-là qui, présumant trop de leur crédit, s'étaient rendus adjudicataires de biens vendus par le fisc, et ne pouvaient en payer le prix à l'échéance ; — bien plus encore, ceux-là même qui, sans être personnellement débiteurs, avaient obéi à un sentiment de généreuse bienveillance en cautionnant un débiteur du fisc : οἱ ἐγγύας ἐγγυήσαντες πρὸς τὸ δημόσιον (1). — Or, comment admettre que ces fautes aient paru assez graves au législateur athénien pour qu'il se soit attribué le

(1) Andocide, *De mysteriis*, § 73, D. 60.

droit de briser, en se fondant uniquement sur elles,
un mariage dont la femme eût désiré le maintien : *bene
concordans matrimonium*, comme disaient les Romains?

La *publicatio bonorum* donnait à la femme le droit
de réclamer la restitution de sa dot, nous devons en
convenir; mais il ne faut pas en conclure que le
mariage était dissous. Il y avait seulement une restitution anticipée, rendue nécessaire par les circonstances et sans laquelle les droits de la femme eussent
été sacrifiés à ceux du Trésor public.

Nous admettons donc, en résumé, que quatre circonstances donnaient à la femme ou à ses représentants juridiques le droit d'exiger que la dot fût restituée : la mort naturelle, la mort civile, le divorce
et la confiscation des biens du mari.

Nous allons les reprendre successivement, en en-
trant pour chacune d'elles dans quelques détails.

IV.

La mort naturelle de l'un ou de l'autre des époux
mettait fin au mariage ; et la dot, ayant alors rempli
sa destination, devait être, en principe, restituée par
le mari ou par ses héritiers. Tel est le droit attique
dans sa simplicité. Mais, pour être complètement
exact, nous devons distinguer certaines hypothèses
et bien préciser les dispositions particulières qui ré-
gissaient chacune d'elles. — Les règles de la restitution n'étaient pas, en effet, les mêmes pour tous
les cas qui pouvaient se présenter, et nous allons

essayer de les ramener, s'il se peut, à une classification méthodique.

La mort du mari peut précéder celle de la femme, de même que la mort de la femme peut précéder celle du mari.

Que le mariage se dissolve par la mort du mari ou par la mort de la femme, l'union peut avoir été stérile, ou bien les enfants qui en étaient issus sont décédés avant leurs parents. — On peut supposer, au contraire, que les époux ont une postérité actuellement existante.

Enfin, dans le cas de décès du mari avant la femme, il est permis de prévoir l'hypothèse où, nonobstant l'inexistence d'enfants survivants, la grossesse de la veuve laisse espérer que le défunt aura un héritier dans la ligne directe descendante.

Comment, dans chacun de ces cas, la restitution devait-elle s'accomplir? — C'est ce que nous allons successivement examiner.

§ 1.—Lorsque le mariage se dissolvait par la mort du mari, la femme, restée veuve avec des enfants issus de l'union dissoute, avait le choix entre deux partis.

Elle pouvait d'abord continuer de demeurer avec ses enfants dans le domicile conjugal; mais elle renonçait par cela même à exiger la restitution de sa dot, qui devenait la propriété des enfants, à la charge par eux de subvenir à tous les besoins de leur mère (1).

____

(1) Quel était alors le κύριος de la femme? — Voir Van den Es, *De jure familiarum apud Athenienses*, p. 158, et notre *Étude sur*

« Ma mère demeure avec moi, dit l'adversaire de
Phénippe; elle vit dans ma maison; elle m'a, il est
vrai, apporté sa dot; mais cette dot, je ne la fais pas
entrer dans l'inventaire de mon passif, parce que je
n'en suis pas comptable et que je ne suis pas obligé
de la restituer; j'en suis devenu le maître absolu; je
laisse seulement à ma mère la jouissance de tout ce
qui m'appartient, car ainsi le veulent les lois (1). »
L'enfant qui négligeait d'obéir aux prescriptions
du législateur, et refusait dans cette situation de
subvenir aux besoins de sa mère, était exposé à
une action publique que le premier citoyen venu
avait le droit de mettre en mouvement. Nous voulons
parler de la κακώσεως γονέων γραφή (2). — Cette action, qui était de la compétence de l'archonte Éponyme, et qui était privilégiée en ce que le demandeur
pouvait donner à sa plaidoirie tous les développements qu'il jugeait nécessaires, ἄνευ ὕδατος (3), si elle
était reconnue bien fondée, entraînait contre le coupable la peine de l'atimie; — non point cette atimie
complète, qui atteignait tout à la fois la personne et
les biens du condamné; — mais une atimie du degré

les *Papyrus grecs du Louvre et de la Bibliothèque impériale.*
Paris, 1867, p. 20.

(1) Démosthène, *C. Phœnippum*, § 27, R. 1047 — Telle était
aussi la situation que la loi faisait au fils de la femme épiclère...
Κρατεῖν τῶν χρημάτων, τὸν δὲ σῖτον μετρεῖν τῇ μητρί
(Démosthène, *C. Stephanum*, II, § 20, R. 1135. — Cf. Isée, *De
Pyrrhi hereditate*, § 50, D. 256).

(2) Otto, *De Atheniensium actionibus forensibus publicis*, Dorpat,
1852, p. 51 et suiv.

(3) Harpocration, vᵒ Κακώσεως. Ed. Bekker, p. 105.

inférieur, qui, tout en respectant la fortune, frappait seulement le citoyen (1).

En l'absence même de toute poursuite et de toute condamnation, le fils dénaturé était exposé à certaines incapacités des plus graves dans un pays où l'on attachait un si grand prix à la vie publique. Il ne pouvait être, par exemple, ni orateur, ni archonte. Car, dans l'examen préalable (δοκιμασία) auquel le candidat à ces honorables fonctions était soumis, on recherchait notamment s'il n'avait pas refusé à sa mère la nourriture et le logement : εἰ τὴν μητέρα, ἢ μὴ τρέφει, ἢ μὴ παρέχει οἴκησιν (2).

— La veuve pouvait encore, et c'est le second parti qui lui était offert, abandonner la maison de son mari et aller se replacer sous l'autorité de son κύριος.

— Celui-ci, si la femme n'avait pas immédiatement obtenu le remboursement de la dot qu'elle avait apportée à son mari, intentait une action en restitution de dot (προικὸς δίκη), et, à défaut de restitution, pour procurer à la femme des ressources alimentaires, il formait contre les héritiers du mari une demande en paiement des intérêts de la dot indûment conservée. L'action s'appelait alors σίτου δίκη. « Σῖτος, dit en effet avec raison Saumaise, *est proprie* τόκος *dotis non restitutæ* (3). »

C'est ce que nous apprennent les discours de Démosthène et d'Isée.

(1) Andocide, *De Mysteriis*, § 74, D. 60.

(2) Eschine, *C. Timarchum*, § 28, D. 34.—Pollux, *Onomasticon*, VIII, 86. — Cf. Halbertsma, *De magistratuum probatione apud Athenienses*, Daventry, 1841, p. 22.

(3) *De modo usurarum*, Leyde, 1639, p. 160-162. — Harpocration, vº σῖτος.

Après la mort de Cléomédon, son mari, dont elle avait eu quatre enfants, la fille de Polyarate quitte la maison conjugale (ἀπολιποῦσα τὸν οἶκον) en emportant sa dot (κομισαμένη τὴν προῖκα) ; et elle retombe sous l'autorité de ses frères, Ménexène et Bathylle, qui lui font bientôt contracter un second mariage (1).

Isée est plus explicite encore.—Nicodème soutient qu'il a marié sa sœur à Pyrrhus. Pour prouver l'invraisemblance de cette affirmation, l'orateur met dans la bouche de son client toute une série de questions auxquelles Nicodème ne pourra répondre, et qui nous révèlent de la façon la plus claire les usages du droit athénien. « Je désire d'abord, dit-il, être renseigné sur ce point : quelle dot Nicodème a-t-il donnée à sa sœur, au moment où, à l'en croire, il la mariait à Pyrrhus, dont la fortune n'était pas inférieure à trois talents ?—Et, de plus, cette mariée a-t-elle mis fin au mariage par le divorce, ou bien, pour quitter le domicile conjugal, a-t-elle attendu la mort de son mari ?—Quel est celui qui a restitué à Nicodème la dot de sa sœur, après la mort de l'homme auquel il affirme l'avoir mariée ? — Si cette dot ne lui a pas été restituée, a-t-il intenté dans les vingt ans, contre les détenteurs de l'hérédité de Pyrrhus, une action en paiement d'intérêts ou une action en restitution du capital de la dot ?—A défaut d'action, devant quels témoins est-il venu, pendant un espace de temps aussi long, réclamer aux héritiers de Pyrrhus la dot de sa sœur (2)? »

(1) Démosthène, *Adv. Bœotum*, II, § 6, R. 1010.
(2) Isée, *De Pyrrhi hereditate*, §§ 8 et 9, D. 250-251.

Enfin Démosthène reproche à son tuteur Aphobus,
qui s'était mis en jouissance de la dot de sa mère,
de ne lui en avoir pas payé régulièrement les intérêts : « Οὐ γὰρ διδόντος τούτου σῖτον τῇ μητρί, τὴν προῖκ'
ἔχοντος » (1).

Ces deux actions privées, προικὸς δίκη et σίτου δίκη
étaient l'une et l'autre, comme l'action publique,
γονέων κακώσεως γραφή, de la compétence de l'archonte
Éponyme.—Nous ne savons en quel lieu se jugeait
la προικὸς δίκη ; quant à la δίκη σίτου, elle était portée
devant le tribunal de l'Odéum. C'est ce que nous
apprennent Démosthène (2) et Pollux : Τὰς δ' ἐπὶ τῷ
σίτῳ δίκας, dit ce dernier, ἐν Ὠδείῳ ἐδίκαζον (3).

§ 2. — Le droit d'option, que nous venons de reconnaître à la femme veuve avec des enfants déjà
nés, était également accordé à la veuve qui, lors
de la dissolution du mariage, se trouvait enceinte.
—Le législateur athénien, appliquant une règle que
l'on retrouve dans presque tous les Codes : « Infans
conceptus pro nato habetur », permettait à la
femme de se retirer chez son κύριος ; mais il l'autorisait aussi, si elle le jugeait à propos, à demeurer
dans la maison du mari.

Ὁ ἄρχων, dit la loi, ἐπιμελείσθω... τῶν γυναικῶν,
ὅσαι μένουσιν ἐν τοῖς οἴκοις τῶν ἀνδρῶν τῶν τεθνηκότων,

---

(1) Démosthène, *C. Aphobum*, I, § 15, R. 818.

(2) *C. Neæram*, § 52, R. 1362.

(3) *Onomasticon*, VIII, 33.—Cf. Schœmann, *De sortitione judi-
cum apud Athenienses*, p. 43, et *Opuscula academica*, Berlin, 1856,
t. I, p. 226.

φάσκουσαι κυεῖν (1). « Que l'archonte Eponyme veille
sur les femmes qui, se déclarant enceintes, conti-
nuent d'habiter les maisons de leurs maris décédés. »

On a voulu cependant soutenir, en exagérant la
portée de quelques-unes des expressions de la loi
que nous venons de rappeler, ὅσαι μένουσιν..., que
la femme devait alors nécessairement rester dans la
la maison du mari (2).—Mais rien ne nous autorise
à restreindre ainsi les droits de la veuve : de ce que
le législateur plaçait cette femme d'une façon toute
particulière sous la surveillance de l'archonte, pouvons-nous raisonnablement en conclure qu'elle était
dans une condition plus défavorable que si elle se fût
trouvée en présence d'enfants déjà nés (3) ?

§ 3. — S'il n'y avait pas de descendants issus du
mariage, ou tout au moins simplement conçus, la
femme n'avait plus qu'un seul parti à prendre. Elle
devait abandonner la maison conjugale, se retirer
chez son κύριος, et exiger des héritiers du mari la
restitution de sa dot, soit par la προικὸς δίκη, soit
par la σίτου δίκη, ainsi que nous l'avons vu plus
haut.

§ 4. — Nous avons supposé jusqu'ici le mariage
dissous par la mort du mari. — Nous devons envi-
sager maintenant le cas où il prenait fin par la mort
de la femme.

(1) Démosthène, *C. Macartatum*, § 75, R. 1076.
(2) Meier et Schœmann, *Der attische Process*, p. 421.
(3) Van den Es, *De jure familiarum apud Athenienses*, p. 59.

Deux hypothèses seulement, et non plus trois,
doivent être ici prévues : celle où il y avait des enfants issus du mariage ; celle où il n'y en avait pas.

S'il y avait des enfants issus du mariage et que ces
enfants eussent atteint l'âge de la majorité légale,
le mari devait leur restituer la dot de leur mère, et
les mêmes actions, προικὸς δίκη et σίτου δίκη, leur
appartenaient pour parvenir à ce résultat.

Mais s'ils étaient encore en minorité au moment
de la dissolution du mariage, le mari conservait provisoirement la dot ; il avait sur elle une sorte de droit
d'usufruit légal, c'est-à-dire qu'il en percevait les
revenus et les intérêts, tout en étant, par compen-
sation, soumis à l'obligation de nourrir, entretenir
et élever les enfants sur les produits de la dot par
lui retenue.

« Bœotus, dit Mantithée, me reproche d'avoir été
nourri et élevé, de m'être marié dans la maison de
mon père, alors que rien de pareil n'a eu lieu pour
lui. Rappelez-vous, citoyens, que j'ai perdu ma mère
étant encore enfant, et que les revenus de sa dot
(restée entre les mains de notre père) étaient plus
que suffisants pour faire face aux dépenses de ma
nourriture et de mon éducation (1). »

La restitution de la dot n'avait lieu, dans ce cas,
que lorsque les enfants avaient atteint leur majorité.

§ 5. — S'il n'y avait point d'enfants issus du mariage, le mari ne gardait point pour lui la dot de sa
femme. Il devait la restituer à celui qui l'avait con-

_____

(1) Démosthène, *C. Bœotum*, II, §§ 50-51, R. 1023.

stituée au nom de la femme, ou, à défaut de celui-ci,
à ses héritiers ou représentants. — « La loi, dit Isée,
décide que la dot doit faire retour à celui qui l'a constituée, s'il arrive malheur à la femme avant qu'elle
ait eu des enfants (1). »

V.

Les cas dans lesquels un citoyen d'Athènes pouvait
être privé de sa liberté étaient peu nombreux. Le
législateur, qui prononçait si fréquemment la peine
de mort pour des crimes qui n'ont à nos yeux qu'une
gravité fort contestable, n'osait point enlever à la
légère un bien qui lui paraissait beaucoup plus précieux que la vie.

A partir de Solon (nous ne voulons point ici nous
occuper de la législation antérieure à cet illustre
sage), on ne peut guère citer qu'un seul cas où
l'homme libre devînt esclave. — Nous ne parlons
bien entendu, que des Athéniens ; nous n'avons en
vue ni les affranchis, ni les métèques, pour lesquels
existaient certaines causes de servitude, étrangères
à celle que nous examinons maintenant.

La loi prévoyait l'hypothèse où un citoyen, fait
prisonnier par les ennemis, avait été arraché à la
captivité par l'un de ses compatriotes, qui lui faisait
l'avance de sa rançon. Si l'ex-prisonnier ne remboursait pas son libérateur dans les délais convenus,
il devenait son esclave : Οἱ νόμοι κελεύουσι τοῦ λυσαμένου

(1) Isée, *De Pyrrhi hereditate*, §§ 36 et 38, D. 254.

3

ἐκ τῶν πολεμίων εἶναι τὸν λυθέντα, ἐὰν μὴ ἀποδιδῷ τὰ λύτρα (1).

Nous pourrions, il est vrai, mentionner encore quelques autres cas où le même résultat semble s'être produit, notamment celui où un Athénien était condamné à la suite d'une ὑποβολῆς γραφή. — Mais l'authenticité des textes sur lesquels on se fonde, n'étant point admise par tous les commentateurs (2), nous devrions, en les adoptant ici, indiquer les raisons de nos préférences ; ce qui nous écarterait du sujet spécial que nous nous sommes proposé de traiter.

La perte de la liberté entraînant nécessairement la dissolution du mariage, la dot de la femme devait être restituée.

VI.

Le divorce pouvait avoir lieu, à Athènes, soit par la seule volonté du mari, soit par la seule volonté de la femme, soit par un accord mutuel des époux, soit même par la volonté d'un étranger.

§ 1. — La faculté de divorcer pour le mari (ἀπόπεμψις) ne paraît pas avoir été restreinte par le législateur à certains cas limitativement déterminés. — A côté de répudiations qui peuvent se justifier par des causes sérieuses (l'adultère de la femme, particulièrement, orsqu'il avait été juridiquement constaté, rendait

(1) Démosthène, *Adversus Nicostratum*, § 11, R. 1250.

(2) V. notamment Meier, *De bonis damnatorum*, Berlin, 1819, p. 19 à 20.

obligatoire la séparation) (1), nous en trouvons
d'autres qu'il serait plus difficile d'expliquer. — C'est
Hipponicus qui renvoie sa femme parce qu'il la soup-
çonne seulement d'avoir des relations tout à la fois
adultères et incestueuses avec son frère Alcibiade (2);
— c'est Protomachus qui divorce, afin de pouvoir
s'enrichir par un mariage avec une opulente épiclère,
et qui croit avoir suffisamment pourvu aux intérêts
de sa première femme en la faisant épouser par l'un
de ses amis (3).

Le seul frein existant à la multiplicité des divorces
était précisément, Isée nous l'apprend, dans l'obligation pour le mari de restituer la dot qui lui avait
été apportée (4). — Et même, il arrivait quelquefois
que la femme, à raison des fautes dont elle s'était
rendue coupable envers son mari, par exemple à
raison de son inconduite, était privée du droit d'exiger
la restitution (5).

(1) Démosthène, *C. Neœram*, § 86, R. 1374.

(2) Lysias, *C. Alcibiadem*, § 28, D. 166.

(3) Démosthène, *C. Eubulidem*, § 41, R. 1311. — Cet exemple
nous paraît répondre d'une façon péremptoire à l'observation suivante de M. Desjardins : « Il est probable que, de part et d'autre,
une juste cause était nécessaire. Autrement, celui qui, déjà marié,
voulait épouser une ἐπίκληρος n'aurait eu qu'à répudier sa femme. »
(*Loc. cit.*, p. 10.)

Phrastor, qui avait épousé la fille de Neæra, croyant épouser la
fille de Stéphane, divorce : 1° parce qu'il a été trompé sur l'état
civil de sa femme ; 2° parce qu'elle a des mœurs légères (Démosthène, *C. Neæram*, § 54, R. 1362).

(4) Isée, *De Pyrrhi hereditate*, § 28, D. 253.

(5) Nous n'avons ici d'autre autorité que M. Schömann : « Hatte
aber die Frau durch ihr Betragen einen gesetzlichen Grund zur

C'était là toutefois l'exception. La restitution, telle
était la règle du droit commun. Νόμος κελεύει, ἐὰν
ἀποπέμπῃ τὴν γυναῖκα, ἀποδιδόναι τὴν προῖκα (1).

§ 2. — Le divorce, lorsqu'il avait lieu par la volonté
de la femme (ἀπόλειψις), devait reposer sur quelque
cause plus ou moins sérieuse (2). — On ne s'expliquerait point sans cela la nécessité imposée par la
loi à la femme de s'adresser à l'archonte pour obtenir
de lui l'autorisation de quitter son mari.

Dans ce cas ', aussi bien que dans celui où le divorce avait lieu par la volonté du mari, la femme
ne pouvait point exiger la restitution des objets qui lui
avaient été donnés en faveur du mariage : ἕνεκα τοῦ
γάμου. C'est ce que nous apprend un texte d'Isée (3),
dont nous avons plus haut généralisé la solution. —
Mais de ce que la loi avait cru devoir s'expliquer sur
une certaine nature de biens, il ne faut pas conclure
que la dot restait au mari. Elle devait être restituée,
et Démosthène nous en fournit la preuve.

Aphobus avait été condamné à indemniser le grand
orateur du préjudice qu'il lui avait causé en gérant
mal la tutelle qui lui avait été confiée. Démosthène,

Scheidung gegeben, z. B. durch Ehebruch, so war ihr Mitgift
verwirkt. » (*Griechische Alterthümer*, 1861, I, p. 533.)

(1) Démosthène, *C. Neæram*, § 52, R. 1362.

(2) « Il n'est point honorable pour une femme de se séparer de
son mari. »

          . . . . . οὐ γὰρ εὐκλεεῖς ἀπαλλαγαὶ
    γυναιξίν. . . . . (EURIPIDE, *Médée*, v. 236-237.)

(1) Isée, *De Pyrrhi hereditate*, § 35, D. 254.

pour obtenir le paiement des dommages et intérêts
qui lui étaient dus et qu'il réclamait en vain, fut
obligé de pratiquer une saisie sur les biens de son
débiteur récalcitrant. Aphobus s'entendit alors avec
Onétor, son beau-frère, pour paralyser la procédure
que le créancier venait de commencer. « J'ai marié
ma sœur à Aphobus, dit Onétor, et je lui ai constitué
une dot. Aujourd'hui ma sœur a demandé et a obtenu le divorce... ἀπολελοιπυίας τῆς ἀδελφῆς. Le moment de la restitution est donc arrivé. Mais Aphobus
ne se conforme pas à ses obligations et je ne puis
recouvrer la dot... τὴν προῖκα... κομίσασθαι δ' οὐ δυνά-
μενος. L'immeuble sur lequel vous dirigez des poursuites est hypothéqué à la sûreté de notre créance et
nous garantit la restitution. Vous ne pouvez donc pas
vous faire payer sur lui au détriment de la dot (1). »
Si Démosthène conteste la vérité des faits rappelés
par Onétor, il respecte, quant au droit, l'argumentation de son adversaire.

§ 3. — Après les explications qui précèdent, nul ne
peut mettre en doute que la restitution se produisît
également lorsque le divorce avait lieu par consen-
tement mutuel.

Voici d'ailleurs, s'il en était besoin, le témoignage
d'Isée : — Ménéclès, déjà avancé en âge et n'espérant
plus avoir d'enfants, ne veut pas condamner sa jeune
femme à ignorer plus longtemps les joies de la ma-
ternité. Malgré leur affection réciproque, et non sans
un vif chagrin, les deux époux se séparent amiable-

(1) Démosthène, C. Onetorem, I, § 8, R. 866.

ment. Immédiatement après cette séparation, Ménéclès s'empresse de restituer à son ancienne com-
pagne la dot qu'elle lui avait apportée au moment
du mariage. Μενεκλῆς τήν τε προῖκα ἐπιδίδωσιν αὐτῇ,...
καὶ τὰ ἱμάτια... καὶ τὰ χρυσίδια (1).

§ 4.—Nous avons dit enfin que le divorce pouvait
résulter de la seule volonté d'un tiers.

Tantôt ce tiers était le père de la femme. —
Polyeucte se brouille avec son gendre Léocrate, et,
pour se venger de son nouvel ennemi, il ne trouve
rien de mieux que de lui enlever sa femme et de la
marier à Spudias. Ἀφελόμενος τὴν θυγατέρα, δίδωσι
Σπουδίᾳ (2).

Quelquefois, c'était un simple parent.—Lorsqu'une
femme mariée perdait son père, et que, à défaut
d'enfants mâles, elle se trouvait appelée à recueillir
sa succession, le plus proche parent avait le droit
de venir dissoudre le mariage et d'épouser l'épiclère (3).

Mesure que nous ne saurions trop blâmer si nous
la jugions au point de vue de notre civilisation !—
Nous avouerons même que toutes les considérations
religieuses que l'on invoquait pour la justifier ne nous
touchent que fort médiocrement. Il faut que le désir
de ne pas voir une famille s'éteindre ait été bien
puissant chez les Athéniens, pour qu'ils aient permis
a un étranger de désunir deux époux, sans s'in-

(1) Isée, De Meneclis hereditate, § 9, D. 244.
(2) Démosthène, C. Spudiam, § 4, R. 1029.
(3) Isée, De Pyrrhi hereditate, § 64, D. 258.

quiéter de leurs protestations ni de leurs résistances. Mieux valait encore, croyons-nous, l'extinction du culte domestique, si respectable qu'il pût être, que sa conservation au prix d'atteintes portées tout à la fois à la liberté privée et à l'intérêt social.

Isée nous révèle, en effet, un trait de mœurs assez curieux, qui prouve que le but de la loi était parfois manqué. Une femme, pour laquelle son mari avait, au su de tous, la plus vive affection, fut appelée à recueillir l'hérédité paternelle. Les plus proches parents se mirent en possession des biens de la succession, au mépris des droits de la fille ; et, lorsque, plus tard, le mari, prenant en main les intérêts de sa femme, vint réclamer : « Si vous ne savez pas vous contenter de ce que vous avez déjà, lui fut-il répondu, et s'il vous faut de plus la succession de votre beau-père, nous allons user de notre droit et vous séparer de votre femme » (1). La loi était si formelle que le malheureux époux dut s'incliner devant cette indigne spéculation, et que, pour conserver la femme qu'il aimait, il laissa les usurpateurs jouir paisiblement des biens héréditaires.

L'esprit qui avait présidé à la rédaction de la loi qui nous occupe ne permet pas de supposer qu'on laissât la dot au mari pour le consoler de son veuvage anticipé. — Le plus proche parent pouvait certainement exiger tout à la fois, la restitution de la dot et la restitution de la femme.

(1) Isée, *De Aristarchi hereditate,* § 19, D. 308.

VII.

La restitution de la dot se produisait en dernier
lieu, lorsque les biens du mari étaient confisqués
pour être vendus au compte du Trésor public. — La
femme pouvait alors, comme tout autre créancier,
réclamer du fisc le montant de sa dot consistant en
choses fongibles. C'est pour cette hypothèse même
que l'*Etymologicon magnum* nous dit formellement :
Ἐξῆν δὲ τῇ γυναικὶ πρῶτον τὴν ὀφειλομένην προῖκα
ζητεῖν (1). « Il était permis à la femme de venir au
premier rang réclamer ce qui lui était dû à titre de
dot. »

Cette réclamation avait lieu au moyen d'une procédure spéciale que les lexiques désignent sous le
nom d'ἐνεπίσκημμα (2). — Cette action, dont la
connaissance appartenait aux Σύνδικοι (3), se diffé-
renciait des actions ordinaires, en ce que le demandeur (dans notre hypothèse, la femme représentée
par son κύριος) devait, au début de l'instance, déposer
une somme égale au cinquième de celle qu'elle soutenait lui être due. — L'obligation de faire ce dépôt,
connu sous le nom de παρακαταβολή, avait pour

(1) 340. 44.

(2) L'un des Lexiques de Séguier, édités par M. Bekker (*Anecdota
græca*, t. I, Berlin, 1814, p. 250), définit ainsi l'ἐνεπίσκημμα :
προφώνησις γυναικὸς, δημευομένης οὐσίας, περὶ προικὸς,
ὀφειλούσης αὐτὴν ἐξ αὐτῆς λαμβάνειν.

(3) Schœmann, *De comitiis Atheniensium*, Greifswald, 1819.
p. 316.

cause le désir d'empêcher des réclamations plus ou
moins mal fondées ; car, outre qu'il était quelquefois
difficile au créancier de se procurer des écus en
quantité suffisante, la παρκκαταβολή n'était pas restituée au demandeur lorsque son action ne triomphait
point des résistances du Trésor public (1).

Pour justifier sa réclamation, le κύριος de la femme
faisait entendre les témoignages, soit des personnes
qui avaient assisté à la constitution de dot, soit de
celles qui avaient figuré au contrat d'affectation hypothécaire des biens du mari à la garantie de la dot.
Il devait même fournir des cautions (ἐγγύης καταβολή)
pour assurer au Trésor public la restitution des
sommes qui allaient être payées par lui ; précaution
prise pour le cas où, plus tard, on découvrirait que
les exigences de la femme ne reposaient pas sur des
bases sérieuses, et que les juges avaient été induits
en erreur par de faux témoignages ! (2)

Malgré la faveur qui s'attachait à la créance
de la femme, il arrivait fréquemment que ses demandes, même parfaitement légitimes, n'étaient
point accueillies. La dot n'était pas restituée. « Nous
sommes dépouillés de la dot qui nous revenait, »
s'écrient les clients de Lysias : Ἐστερημένοι δὲ τῆς
προικός ἐσμέν (3). C'est ce qui avait lieu le plus souvent,
quand la pénurie du Trésor public était grande (4),
et le plus sage parti à prendre alors était de se

(1) Harpocration, v° παρκκαταβολή, éd. Bekker, p. 146.
(2) Etymologicum magnum, 340, 37.
(3) Lysias, De bonis Aristophanis, § 9, D. 179.
(4) Lysias, De bonis Aristophanis, § 11.

taire, si l'on ne voulait par ses exigences s'exposer
à quelque grave accusation.— Bien plus, même en
temps ordinaire, la cause de ceux qui cherchaient
à amoindrir les ressources du fisc ne semblait point
digne d'encouragement. Aussi n'était-il pas rare de
voir le demandeur sacrifier une partie, souvent fort
considérable de sa créance, afin de faciliter le recouvrement du surplus (1).

— Nous venons de parler de la dot de choses fongibles. — Quant aux biens dont la femme était
demeurée propriétaire et sur lesquels le mari n'avait
eu qu'un simple droit d'usufruit, le fisc devait les
restituer en nature.

Mais il pouvait arriver qu'ils eussent été compris
à tort dans la confiscation. Par quel moyen la femme
était-elle remise en possession? Au moyen d'une
action privée, désignée sous le nom d'ἀπογραφῆς
δίκη (2).—Cette action, sur laquelle nous ne pouvons donner beaucoup de détails, était-elle, comme
le dit M. Meier (3), de la compétence des Onze (οἱ
Ἕνδεκα)?—Nous hésitons beaucoup à le croire, et
il nous semblerait plus rationnel d'en attribuer la
connaissance aux Σύνδικοι.—Celui qui était convaincu

_____

(1) Lysias, *De bonis publicis*, §§ 6 et 10, D. 175.

(2) Harpocration, vᵒ ἀπογραφή, n'indique pas, il est vrai,
cette hypothèse comme rentrant dans la δίκη ἀπογραφῆς. — Mais
nous croyons, avec M. Meier (*De bonis damnatorum*, p. 208), qu'il
y a lieu de l'y comprendre: « Hanc actionem... tum quoque locum
puto habuisse, cum quis inter bona proscripti, aut errore aut
dolo malo, aliquid, quod e suis bonis esset, descriptum esse
contendebat. » (*Loc. cit.*, p. 209.)

(3) *De bonis damnatorum*, p. 209.

d'avoir compris à tort les biens de la femme dans la
confiscation, était condamné à une amende de
mille drachmes, et déchu pour l'avenir du droit
d'ἀπογράφειν (1).

VIII.

Nous avons déjà, dans le cours de nos explications,
rencontré quelques-unes des garanties que la loi
accordait à la femme athénienne pour la restitution
de sa dot, notamment la προικὸς δίκη, la σίτου δίκη,
la δίκη ἀπογραφῆς et l'ἐνεπίσκημμα. — Il nous reste à
parler maintenant d'une sûreté particulière connue
sous le nom d'ἀποτίμημα.

La femme mariée ne parait pas avoir eu, à
Athènes, ainsi que cela a lieu dans notre droit
français, une hypothèque légale ou tacite sur les
biens de son mari (2); mais, à défaut de garantie
résultant de la loi seule, elle avait le plus souvent
une hypothèque conventionnelle, et c'est cette hypothèque que l'on désignait sous le nom d'ἀποτίμημα.
Αἱ δὲ πρὸς τὴν προῖκα ὑποθῆκαι, dit Pollux, ἀποτιμήματα
ἐκαλεῖτο (3).

(1) Démosthène, *Adv. Nicostratum*, § 1, R. 1246.

(2) M. J. Cauvet (*loc. cit.*, p. 29) émet une opinion contraire.
Mais le texte d'Harpocration nous semble formel dans le sens que
nous avons adopté : οἱ προσήκοντες εἰώθεσαν αἰτεῖν παρὰ τοῦ
ἀνδρὸς ὥσπερ ἐνέχυρόν τι τῆς προικὸς ἄξιον (vᵒ ἀποτιμηταί).
— Cf. Suidas.

(3) *Onomasticon*, III, 36. —Cf. VIII, 142.—V. aussi Hesychius :
Ἀποτιμήματα· αἱ πρὸς τὰς φερνὰς ὑποθῆκαι ; éd. Alberti,
p. 491.

Au moment de la célébration du mariage, le
κύριος de la femme, qui faisait au nom de celle-ci la
constitution de dot (τίμησις ἐν προικί), devait prévoir
le cas où, lors de la dissolution du mariage par
l'une des causes que nous avons indiquées, le
mari insolvable ne pourrait restituer les sommes par
lui reçues. — Pour se prémunir contre cette éven-
tualité dangereuse pour la fortune de la femme, le
κύριος exigeait du mari une garantie hypothécaire
fournie, soit sur ses propres biens, soit même sur
les biens d'un tiers.

Cette affectation, qui (ainsi le voulait la législation
hypothécaire d'Athènes) ne pouvait avoir pour objet
que des immeubles (οἰκίαν ἢ χωρίον) (1), n'avait pas
besoin d'être constatée par des actes écrits; elle se
produisait le plus ordinairement en présence de
témoins, qui, au jour de la dissolution du mariage,
venaient déclarer l'existence de la convention à laquelle ils avaient assisté.

Le législateur athénien, dont la sollicitude fut
toujours si grande lorsqu'il s'agissait de porter à la
connaissance des tiers les droits réels qui frappaient
les immeubles (2), avait laissé la femme sous l'empire du droit commun d'après lequel les hypothèques

(1) Voir cependant M. Cauvet (loc. cit., p. 29). — Mais, indépendamment des textes nombreux relatifs au droit commun que
l'on trouvera dans notre Étude sur le Crédit foncier à Athènes,
p. 12 et suiv., il nous suffit de rappeler ici les expressions employées par Harpocration et Suidas : « ἐνέχυρον οἰκίαν ἢ χωρίον,
τῆς προικὸς ἄξιον, disent-ils l'un et l'autre (v° ἀποτιμηταί).

(2) Voir notre Étude sur le Crédit foncier à Athènes. Paris,
1866, p. 6 et suiv.

devaient être rendues publiques. —La femme mariée
était donc, comme tous les autres créanciers, obligée
de révéler son hypothèque conventionnelle par le
moyen des ὅροι (1).

Nous possédons encore quelques-uns de ces monuments qui se sont conservés au milieu des ruines
de l'Attique. — Ceux qu'il nous a été donné de connaître se différencient des ὅροι ordinaires, en ce
que le nom de l'archonte, qui servait à l'application
de la maxime : *Prior tempore, potior jure*, ne s'y
rencontre pas toujours. Peut-être avait-on pensé que
cette énonciation était inutile, les intéressés pouvant
toujours arriver à se renseigner par d'autres moyens
sur la date précise du mariage.

Il ne serait pas impossible, toutefois, de se fonder
sur ce silence des ὅροι pour soutenir que l'hypothèque de la femme était privilégiée et passait avant
celle de tous les autres créanciers (2). —A l'appui de
cette première argumentation, on pourrait de plus
invoquer le témoignage de l'*Etymologicon magnum*.
Ἐξῆν δὲ τῇ γυναικὶ πρῶτον τὴν ὀφειλομένην προῖκα ζητεῖν,
καὶ ἔπειτα τῷ δανειστῇ (3). « La femme avait le
droit de venir au premier rang réclamer ce qui lui
était dû à titre de dot; après elle venaient les créanciers à titre de prêt. »

<hr>

(1) On en trouve la preuve dans l'*Etude* déjà citée, p. 14,
note 2, ainsi que dans l'inscription que nous reproduisons à la fin
de notre Mémoire.

(2) Die hypothekarisch versicherte Mitgift durfte nicht durch
Privatgläubiger des Ehemanns bei Concursen, und auch nicht bei
öffentlicher Gütereinziehung gefährdet werden. » (Wachsmuth ,
Hellenische Alterthumskunde, 2ᵉ éd., t. II, p. 178-179.)

(3) 340, 44.

Cependant le résultat serait tellement contraire à
l'esprit général de la législation d'Athènes que nous
croyons devoir le repousser. — A quoi bon, en effet,
toutes ces mesures ingénieuses pour assurer le crédit
foncier à Athènes, si la rétroactivité de l'hypothèque
de la femme pouvait faire tomber les droits les plus
solidement établis? — Nous croyons donc que l'hypothèque de la femme datait seulement du jour du
mariage, et qu'elle devait s'incliner devant toutes les
hypothèques qui avaient été constituées antérieurement (1).

Démosthène, dans son premier plaidoyer contre
Onétor, va nous fournir la confirmation de cette proposition. — Onétor marie sa sœur à Aphobus; mais
il craint que les biens de celui-ci ne soient hypothéqués au profit de son ex-pupille Démosthène, et,
par précaution, il garde le capital de la dot entre
ses mains, et se contente d'en payer les intérêts à
son beau-frère (2).—N'est-ce pas la meilleure preuve
que l'hypothèque de la dot eût dû s'incliner devant
l'hypothèque antérieure de la tutelle, et que, par
conséquent, elle n'était point privilégiée ?

Il est vrai que, plus tard, lorsque Démosthène di-
rigea des poursuites contre les biens d'Aphobus,
Onétor se présenta comme s'il eût réellement payé
la dot, et soutint qu'il avait sur l'ancien pupille un
droit de préférence (3). — Mais rien ne nous dit que
les craintes originaires d'Onétor fussent fondées et

---

(1) M. J. Cauvet, *loc. cit.*, p. 29.
(2) Démosthène, *C. Onetorem*, I, § 7, R. 866.
(3) Démosthène, *C. Onetorem*, I, § 8, R. 866.

que les créances de Démosthène ne fussent pas de simples créances chirographaires. — D'autre part, quelques-unes des prétentions d'Onétor étaient empreintes d'une si grande mauvaise foi, qu'il serait périlleux de se fonder uniquement sur elles pour en faire sortir un droit de préférence que toute l'économie de la législation athénienne semble condamner. La vérité doit se trouver plutôt dans cette réserve que l'adversaire du grand orateur n'avait cessé de montrer, et qui l'avait décidé à ne point se dessaisir de la dot.

Ainsi donc, la femme n'avait qu'une simple hypothèque conventionnelle, soumise à la condition de la spécialité, et ne pouvant être opposée aux tiers que lorsqu'elle s'était révélée par des inscriptions.

Plus d'un économiste contemporain ne ménagerait point l'éloge à la loi qui modifierait en ce sens notre Code Napoléon, et donnerait par là les satisfactions les plus grandes aux exigences du crédit public.

IX.

La dissolution du mariage, et la confiscation des biens du mari, voilà, nous l'avons dit, quelles étaient les causes qui faisaient naître l'obligation de restituer la dot.

Mais la restitution devait-elle avoir lieu aussitôt que ces causes existaient? — Nous croyons qu'il faut encore distinguer ici entre le cas où la dot comprenait des corps certains et celui où elle était composée de choses fongibles.

Pour la dot de corps certains, la restitution devait être immédiate. Puisque le mari avait dû la conserver en nature, il l'avait à sa disposition, et l'octroi d'un terme, sans offrir aucun avantage, ne présentait que des inconvénients.

Mais il en était autrement lorsque la dot consistait en choses fongibles. Le mari pouvait, en effet, ne pas avoir chez lui des sommes ou des quantités suffisantes pour indemniser la femme. — La sœur de Démosthène, par exemple, avait une dot de deux talents. Eût-il été d'un bon père de famille de garder improductive cette somme représentant plus de quarante mille francs de notre monnaie? Le mari l'employait à des placements plus ou moins productifs, dont les intérêts permettaient de faire face aux dépenses de la famille. Mais le jour de la dissolution du mariage pouvait ne pas coïncider avec le jour des échéances, et il était convenable de donner au mari le temps de poursuivre les débiteurs qui avaient traité avec lui.

Nous croyons donc que le mari (ou ses héritiers) jouissait d'un délai pour la restitution de la dot de choses fongibles. — Si, immédiatement après le divorce accompli, Ménéclès rembourse les vingt mines qui formaient la dot de sa femme, l'orateur nous fait remarquer que cela tient à une circonstance particulière, son ex-beau-frère ayant à sa disposition de l'argent qu'il venait de recevoir (1).

On n'avait pas voulu, toutefois, que la concession d'un terme au mari fût une cause de préjudice pour

_____

(1) Isée, *De Meneclis hereditate*, § 9, D. 244.

la femme. Celle-ci avait le droit d'exiger les intérêts
de sa dot, et le taux choisi par le législateur était
plus élevé que celui des prêts ordinaires. — Les intérêts se calculaient, en effet, sur le pied de neuf
oboles par mois (ἐπ ἐννέ ' 'ὀβόλοις); ils étaient donc de
dix-huit pour cent par an (1).

La convention des parties pouvait, il est vrai, al-
léger l'obligation du mari et diminuer le taux des intérêts. — Nous voyons Timocrate, le premier mari
de la femme d'Aphobus, stipuler d'Onétor qu'il ne
restituera pas actuellement la dot de sa femme,
mais qu'il en paiera les intérêts sur le pied de cinq
oboles par mois (dix pour cent par an) (2).

La femme ou ses héritiers ne devaient point, après
la dissolution du mariage, rester dans une inaction
trop prolongée, s'ils désiraient conserver le droit
d'exiger la restitution. La loi athénienne avait en
effet soumis à une prescription de vingt ans les
actions désignées sous les noms de προικὸς δίκη et de
σίτου δίκη (3). — Quant à l'ἐνεπίσκημμα et à la δίκη
ἀπογραφῆς, nous avons peine à croire qu'elles fussent
recevables pendant un si long espace de temps. La
faveur qui s'attachait toujours aux intérêts du fisc
avait dû faire abréger le délai à l'expiration duquel
la déchéance était encourue.

(1) Démosthène , *C. Nœram*, § 52, R. 1362. — *C. Aphobum,*
I, § 17, R. 818.
(2) Démosthène, *C. Onetorem*, I, § 7, R. 866.
(3) Isée, *De Pyrrhi hereditate*, § 9, D. 251.

extraite du *Corpus Inscriptionum Græcarum*
de Bœckh, t. II, p. 1037, n° 2264 u.

OCTAICOIKIAICTΩNAΠOTETI
MHMENΩNNIKHCAPETHEICTH
NΠPOIKAKAΘIEPΩMENΩNKAIA
NAKEIMENΩNTHIOYPANIAIA
ΦPOΔITEITHIENACΠIΔIYΠONI
KHCAPETHCTHCΓYNAIKOCT
HCNAYKPATOYCKAIKATATACΔI
AΘHKACTACKEIMENACENTΩI
IEPΩITHCAΦPOΔITHCKAIΠAPE
YNOMIΔEITΩIAPXONTIKAIΠ
APATΩIΘECMOΘETEIKTHCI
ΦΩNTI.

[Ὅρ]ος ταῖς οἰκίαις τῶν ἀποτετιμημένων Νικησαρέτῃ εἰς
τὴν προῖκα, καθιερωμένων καὶ ἀνακειμένων τῇ Οὐρανίᾳ
Ἀφροδίτῃ τῇ ἐν Ἀσπίδι, ὑπὸ Νικησαρέτης τῆς γυναικὸς τῆς
Ναυκράτους, καὶ κατὰ τὰς διαθήκας τὰς κειμένας ἐν τῷ
ἱερῷ τῆς Ἀφροδίτης καὶ παρ' Εὐνομίδῃ τῷ ἄρχοντι καὶ παρὰ
τῷ θεσμοθέτῃ Κτησιφῶντι.

TRADUCTION.

« Tablette appliquée sur les maisons faisant partie
« des biens hypothéqués pour garantir la restitution de
« la dot de Nicésarète. Nicésarète, femme de Naucratès,
« a fait consacrer et dédier ces biens à Vénus Aphrodite
« d'Aspis ; l'hypothèque résulte de conventions dé-
« posées dans le temple d'Aphrodite, chez l'archonte
« Eunomis, et chez le thesmothète Ctésiphon. »

Caen, typ. F. Le Blanc-Hardel.

ÉTUDES

SUR LES

ANTIQUITÉS JURIDIQUES

D'ATHÈNES

PAR

Exupère CAILLEMER

PROFESSEUR A LA FACULTÉ DE DROIT DE GRENOBLE

SIXIÈME ÉTUDE

LA PROPRIÉTÉ LITTÉRAIRE À ATHÈNES

ÉTUDES

LES ANTIQUITÉS JURIDIQUES D'ATHÈNES.

LA PROPRIÉTÉ LITTÉRAIRE

À ATHÈNES,

PAR M. EXUPÈRE CAILLEMER,

PROFESSEUR À LA FACULTÉ DE DROIT DE GRENOBLE,
MEMBRE DE L'ACADÉMIE DELPHINALE
ET MEMBRE DE LA SOCIÉTÉ DE STATISTIQUE DE L'ISÈRE.

Le droit que l'on est convenu de désigner sous le nom de *propriété littéraire* a été l'objet, au XIXe siècle, de discussions qui sont bien loin d'être terminées, et que nous avons vues se reproduire, cette année même, avec plus de vivacité que jamais. Une loi récente, la loi du 14 juillet 1866 (que les uns considèrent seulement comme un nouveau pas vers la perpétuité, tandis que les autres veulent la prendre comme dernière limite des concessions que l'intérêt public permet d'autoriser), est venue élargir la législation qui nous régissait et accroître dans une certaine mesure le droit des héritiers et des représentants de l'auteur. De brillants discours ont été prononcés, dans lesquels les orateurs les plus en renom ont soutenu les thèses les plus contradictoires; et si, nous juristes, nous sommes en grande majorité demeurés fidèles à l'opinion dont M. Jules Favre s'est fait, devant le Corps législatif, l'éloquent interprète, nous devons cependant reconnaître que les arguments de nos adversaires sont bien de nature à justifier les généreuses adhésions obtenues par la théorie qui assimile à la propriété ordinaire la propriété intellectuelle.

H.   1

Loin de moi, Messieurs, la pensée de reprendre à nouveau, pour la discuter devant vous, cette thèse si vaste et si intéressante. Je ne me propose point de faire triompher dans vos esprits la solution qui seule me paraît conforme à la vérité, ni d'ébranler les convictions de ceux d'entre vous auxquels pourrait s'appliquer l'épithète nouvelle, quoique fort peu littéraire, de *perpétuistes*. Mon but est tout autre. Je ne veux qu'esquisser à grands traits un chapitre de l'histoire de ce sujet. Libre à vous de conclure de mon étude que, si la propriété littéraire est conforme au droit naturel, elle a mis au moins bien longtemps à apparaître et à s'inscrire dans les codes.

I

Les Athéniens, dont je viens vous parler, ne paraissent pas avoir connu cet objet de nos polémiques contemporaines les plus ardentes. La raison en est assez simple : là où il n'y a point d'intérêt appréciable, la controverse ne peut que difficilement s'établir. Or, si de nos jours les éditeurs qui se chargent de la publication d'une œuvre promettent à l'auteur une rémunération pécuniaire, je ne connais aucun témoignage qui prouve qu'il en était ainsi autrefois.

Pourquoi ce silence de l'antiquité grecque sur les droits d'auteur? C'est que, Messieurs, lorsqu'un livre était mis au jour, il tombait aussitôt dans le domaine public. Tous les libraires sans exception pouvaient en faire faire librement des copies, qu'ils plaçaient dans leurs magasins. Le prix de vente représentait seulement la valeur assez élevée du papyrus[1], le salaire du copiste et les bénéfices du βιβλιοπώλης. Mais quant à la part réservée à l'auteur, vous la chercheriez bien inutilement.

Je ne veux point dire assurément que ceux qui, dans Athènes, consacraient leur vie aux nobles travaux de la pensée ne pouvaient point par leurs œuvres se créer des ressources. J'ai quelque peine à croire que le poëte comique ou tragique qui charmait les loisirs de ses concitoyens par ses ingénieuses fictions et par l'har-

---

[1] Voir l'appendice de ce Mémoire : *Le papier à Athènes.*

monie de ses vers n'ait pas reçu, indépendamment de la couronne offerte dans certains cas au vainqueur, une part dans le produit des places occupées par les riches Athéniens. En effet, tous les siéges du théâtre n'étaient pas concédés gratuitement. Un passage de l'*Apologie* de Socrate, telle que Platon nous l'a conservée, nous apprend que certains spectateurs payaient 1 drachme (environ 3 francs 60 cent. [0^t,90e × 4]) de notre monnaie) pour assister aux représentations dramatiques [1]. N'était-il pas juste que l'auteur en profitât?

De même aussi, les orateurs qui écrivaient des discours pour des plaideurs inexpérimentés dans la science des lois ne se consacraient pas gratuitement à cette œuvre [2]; et, quand Isocrate eut adressé au roi de Salamine en Cypre, Nicoclès, les harangues qu'il avait composées pour lui, il reçut en échange des présents considérables [3], qui, d'après l'indication fournie par le Pseudo-Plutarque, s'élevèrent à vingt talents [4].

De pareils honoraires, qui suffiraient de nos jours pour enrichir un avocat, étaient sans doute l'exception; mais enfin ils prouvent que les labeurs intellectuels n'étaient point sans récompense. « Soyez un jurisconsulte habile, disent *Les Nuées,* et les clients assiégeront en foule les portes de votre maison, désireux d'arriver jusqu'à vous, de vous exposer leurs affaires et de vous consulter sur leurs procès. Pour prix de votre habileté, vous recevrez beaucoup d'argent [5]. »

[1] J'adopte ici le sens que l'on donne le plus habituellement à ce passage. (Voir M. Egger, *Mémoires d'histoire ancienne et de philologie,* 1863, p. 139.) — Ce n'est point par inadvertance, comme le croit M. Egger (*loc. cit.*), que M. Böckh a écrit que le philosophe avait en vue non pas le prix des places, mais bien le prix des ouvrages d'Anaxagore. Voici, en effet, ce que dit M. Böckh à la page 68 du tome I de la seconde édition de son *Économie politique des Athéniens :* « Dies ist der Sinn der meistentheils missverstandenen Stelle des Platon, *Apol.* S. 26, D. E. » — (Voyez aussi le *Register* de l'ouvrage, p. 4.)

[2] Photius, *Bibliotheca,* éd. Bekker, p. 120, fr. CLXXVI.

[3] Isocrate, *De permutatione,* S 40, édit. Didot, p.205.

[4] *Vie d'Isocrate,* c. VII. — Pline manque d'exactitude lorsqu'il dit : « Viginti «talentis unam orationem Isocrates vendidit. » (*Histoire naturelle,* VII, XXXI.) Les vingt talents n'étaient pas le prix d'un marché.

[5] Aristophane, *Les Nuées,* v. 467 et suiv.

Mais de ce fait qu'à Athènes les professions libérales n'étaient point improductives, à l'établissement et à la reconnaissance d'une propriété littéraire, la distance est bien grande. Tout nous porte à croire, au contraire, que, lorsqu'un discours avait été prononcé, les libraires chargés d'approvisionner le marché aux livres (τὰ βιβλία)[1] avaient toute liberté pour en multiplier les copies et les répandre à leur guise, et nous ne voyons point que jamais l'auteur d'une œuvre quelconque se soit plaint de ce que, malgré lui, un βιβλιοπώλης lui avait donné une publicité plus grande que celle qu'il avait eue en vue en la composant.

Un auteur contemporain, dans la dissertation qu'il a consacrée à la propriété littéraire et à la librairie chez les anciens[2], n'a point parlé de la propriété littéraire chez les Grecs; mais, en ce qui concerne les Romains, il admet que l'auteur vendait son manuscrit à l'éditeur qui lui faisait les offres les plus avantageuses. Son argumentation pouvant s'appliquer aussi bien à Athènes qu'à Rome, je dois vous la signaler pour la réfuter brièvement.

Quel est l'éditeur qui eût consenti à acheter un manuscrit, exposé qu'il était, M. Pic le reconnaît lui-même, à voir immédiatement l'un de ses confrères reproduire, sans bourse délier, l'œuvre que, lui, il aurait payée, et qu'il ne pourrait, sans compromettre ses intérêts, vendre au même prix que les autres βιβλιοπώλαι? — Vainement nous dira-t-on que « l'édition n'était sans doute émise qu'alors que le nombre des copies était suffisant pour satisfaire en un jour la curiosité publique excitée par la nouveauté de l'ouvrage et la réputation de l'écrivain...; qu'une signature de l'auteur ou de l'éditeur pouvait rassurer le lecteur sur la fidélité et sur la correction des exemplaires composant l'édition princeps...; » que le bibliopole, s'il voulait publier une seconde édition du livre dont il était propriétaire, « annonçait des augmentations, des commentaires, des corrections de l'auteur ou d'un autre savant...; » et que, par tous ces moyens, il arrivait à « satisfaire ses intérêts commer-

---

[1] Voir l'appendice sur *Le papier à Athènes*.

[2] *Dissertation sur la propriété littéraire et la librairie chez les anciens*, par M. F. A. Pic; Lyon, 1828, in-8° de 19 pages.

ciaux [1]. » — Ce sont là des idées toutes modernes, qu'il ne faut
point transporter dans la civilisation ancienne, si l'on veut se prémunir contre des chances d'erreur.

Aussi il n'est nullement question de droits d'auteur dans la
lettre que Pline adresse à son éditeur Geminus pour lui annoncer
l'envoi d'œuvres manuscrites nouvelles, que ce libraire lui avait
demandées; et, s'il se réjouit d'apprendre que ses livres se vendent
à Lyon, c'est qu'il est flatté de voir que la bienveillance des lecteurs est la même pour lui en Gaule et à Rome : « Quibus peregre
manere gratiam, quam in urbe collegerint, delector [2]. »

Juvénal s'apitoie sur le triste sort des gens de lettres, poëtes et
historiens, luttant sans cesse contre les nécessités matérielles de
la vie, assiégés nuit et jour par la froide pauvreté, et, lorsque la
gloire les couronne de sa brillante auréole, réduits à se demander
s'ils ne vont pas bientôt mourir de faim ou de misère :

> Quum fregit subsellia versu,
> Esurit. . . [3]
> Quis daret historico quantum daret acta legenti [4] ?

« Les vers, dit Tacite, ne conduisent ni aux honneurs ni à la
fortune; le seul bien qu'ils procurent est un plaisir fugitif et des
louanges frivoles et stériles : Neque dignitatem ullam auctoribus
suis conciliant, neque utilitates alunt; voluptatem autem brevem,
laudem inanem et infructuosam consequuntur [5]. »

Et Horace, qui cependant avait été plus heureux,

> Satur est, quum dicit Horatius : Evoe [6] !

---

[1] M. Pic, *loc. cit.* p. 12.

[2] Livre IX, épître xi.

[3] Satire vii, v. 86-87.

[4] Satire vii, v. 104. — Cf. v. 59-62 :

> Neque enim cantare sub antro
> Pierio thyrsumve potest contingere sana
> Paupertas atque æris inops , quo nocte dieque
> Corpus eget.

[5] *De oratoribus dialogus,* IX.

[6] Juvénal, satire vii , v. 62.

Horace, lorsqu'il fait allusion à ce livre parfait,

> . . . . qui miscuit utile dulci
> Lectorem delectando, pariterque monendo [1],

nous dit qu'il enrichira seulement les libraires qui le vendront. Quant à l'auteur, il trouvera sa rémunération dans la gloire qui s'attachera à son nom.

> Hic meret æra Sosiis. . . . .
> Et longum noto scriptori prorogat ævum [2].

Je sais bien que le grammairien Pompilius Andronicus vendit son principal ouvrage 16,000 écus [3]. Mais l'acquéreur était-il un libraire? Il est permis de croire que l'auteur traitait plutôt avec l'un de ces riches citoyens qui, comme Mécène, encourageaient les travaux de l'intelligence, ou, mieux encore, avec un rival que sa gloire offusquait et qui tenait à faire disparaître un livre appelé à éclipser les siens [4].

De même, si Stace vend à l'histrion Pâris une tragédie inédite,

> . . . . intactam. . . Agaven [5],

c'est que ce riche parvenu veut être le premier à posséder cette œuvre, non point pour l'éditer, mais pour en faire les honneurs à ses amis.

Que conclure de tous ces faits, Messieurs? Qu'à Rome, la propriété littéraire et les droits d'auteur n'étaient pas connus [6]. J'ai donc le droit de dire maintenant, avec une conviction plus profonde encore qu'au début de cette étude, que ni l'une ni les autres n'existaient à Athènes, soit dans la loi, soit dans les faits.

---

[1] *Art poétique*, v. 343-344.

[2] *Art poétique*, v. 345-346.

[3] Suétone, *De illustribus grammaticis*, VIII : « Adeo inops atque egens, ut coactus sit præcipuum illud opusculum suum Annalium Ennii elenchorum sedecim millibus nummum cuidam vendidisse. »

[4] « Quos libros Orbilius *suppressos* redemisse se dicit, vulgandosque curasse nomine auctoris. » (Suétone, *loc. cit.*)

[5] Juvénal, satire VII, v. 87.

[6] M. Henriot, *Mœurs juridiques et judiciaires de l'ancienne Rome*, Paris, 1865, t. II, p. 163.

II

Mais ce que l'opinion publique flétrissait avec une juste sévérité, c'est ce que nous appellerions aujourd'hui le plagiat [1], et, il faut même le dire à l'honneur des Athéniens, leur susceptibilité sur cet article était grande, et les rhéteurs ont prononcé des jugements bien sévères sur des faits que nous ne rangerions pas même dans la catégorie des simples peccadilles.

Je laisse de côté les reproches exagérés [2]; je ne me préoccupe point des critiques de ces puristes qui, lorsque Euripide écrivait :

$$...\varpi\rho\grave{o}\varsigma\ \varkappa\acute{\epsilon}\nu\tau\rho\alpha\ \lambda\alpha\varkappa\tau\acute{\iota}\zeta\omicron\iota\mu\iota \text{ [3]},$$

criaient au plagiat, parce qu'ils avaient lu dans Eschyle :

$$...\varpi\rho\grave{o}\varsigma\ \varkappa\acute{\epsilon}\nu\tau\rho\alpha\ \mu\grave{\eta}\ \lambda\acute{\alpha}\varkappa\tau\iota\zeta\epsilon \text{ [4]}.$$

A ce compte, il serait impossible d'écrire sans être un plagiaire, et de pareils griefs ne méritent point de réponse.

Mais il y avait des accusations plus sérieuses. C'est ainsi que l'on reprochait à Eschyle d'avoir pillé Phrynichus, à Sophocle d'avoir trop emprunté à Eschyle; quant au troisième des grands poëtes tragiques, sa réputation était si bien établie que personne ne songeait à contredire.

Aristophane, qui se borne ici a traduire fidèlement la pensée de tous ses contemporains, fait dire par Euripide à Eschyle [5]: « Lorsque j'ai reçu de tes mains la tragédie, elle était toute boursouflée de jactance et d'emphase; j'ai commencé par la faire maigrir; je l'ai débarrassée du lourd fardeau que tu lui avais imposé;

---

[1] « Impones plagiario pudorem. » (Martial, *Épigr.* I, 53.)

[2] Cette observation peut s'appliquer à une dissertation, d'ailleurs fort intéressante, que M. Meier, professeur à Halle, a insérée dans le programme des cours de l'université de cette ville pour le semestre d'été de l'année 1832, in-4° de 8 pages. Elle a été réimprimée sous ce titre : *De furti litterarii suspicione in poetas et oratores atticos collata,* dans les *Opuscula academica* de M. Meier, t. II, Halle, 1863, p. 307-320.

[3] *Les Bacchantes,* v. 795.

[4] *Agamemnon,* v. 1624.

[5] *Les Grenouilles,* v. 939 et suiv.

H.   2

je l'ai nourrie de petits mots, de petites subtilités philosophiques, de petits navets; je lui ai donné du jus de niaiseries que j'extrayais d'une foule de livres,

... ἀπὸ βιϐλίων ἀπηθῶν,

je l'ai alimentée de monologues auxquels je melais du Céphisophon. »

Plus loin, Eschyle reprochera à son rival d'avoir pillé partout, dans les propos de courtisanes, dans les chansons de Meletus, dans les airs de flûte cariens, dans les cancans des pleureuses et des danseurs[1]; et, quand il s'agira de peser la valeur respective des deux poëtes, pour contre-balancer toutes les œuvres d'Euripide, Eschyle se contentera de mettre dans son plateau deux de ses plus petits poëmes, tant il est convaincu qu'il y a en eux seuls plus d'originalité que dans tout le volumineux bagage de son adversaire[2].

Aussi Bacchus, rencontrant dans Euripide une idée qui lui paraît lumineuse, s'informera si elle est de lui ou de Céphisophon; et Euripide répondra avec franchise que Céphisophon y est bien pour quelque chose[3].

Si le témoignage isolé d'Aristophane semble suspect, nous pouvons en rapprocher les paroles de Socrate dans son *Apologie*. « Ceux qui veulent connaître la philosophie d'Anaxagore ont, dit-il, un moyen bien simple de l'apprendre : qu'ils aillent au théâtre où se jouent les pièces d'Euripide, et ils la trouveront littéralement exposée dans les chœurs des tragédies de ce poëte[4]. »

Aristophane lui-même n'était point exempt de reproches. Il se glorifiait, il est vrai, dans l'une de ses comédies, de ne pas suivre l'exemple de ses confrères et d'inventer sans cesse, pour les mettre sous les yeux de ses concitoyens, des fables nouvelles[5]. Mais on l'accusait cependant d'avoir trop largement puisé dans

---

[1] *Les Grenouilles*, v. 1301 et suiv.
[2] *Les Grenouilles*, v. 1407 et suiv.
[3] *Les Grenouilles*, v. 1542 et suiv.
[4] Platon, édit. Steph. p. 26. (Voyez ci-dessus, p. 17.)
[5] *Les Nuées*, v. 547.

les œuvres de Cratinus et d'Eupolis [1]. Pour se venger, il ne manqua pas d'attaquer vivement ses émules : « Eupolis, dit-il, vient de donner son *Maricas;* mais ce misérable plagiaire s'est borné à travestir maladroitement mes *Chevaliers,* en se contentant pour tout changement d'y introduire une vieille femme ivre à laquelle il fait danser la cordace [2]. »

J'abuserais de votre bienveillante attention, Messieurs, si je voulais reproduire tous les actes d'accusation de ce genre que l'on rencontre à Athènes : Phrynichus ne fait que répéter ce qu'ont dit les autres, κομωδεῖται... ὡς ἀλλότρια λέγων [3]; Strattis copie Cratinus; quant à Ménandre, ses larcins ne se comptent point, et l'on compose des livres qui présentent en regard de ses œuvres les passages des auteurs auxquels il les a empruntées.

Qu'y avait-il au fond de ces griefs si souvent répétés? Probablement quelques imitations plus ou moins libres, comme le théâtre moderne en fournit des exemples. Jugés avec cette sévérité, nos plus grands auteurs dramatiques, les Racine et les Molière, auraient-ils pu aisément se justifier?

Le délit que Suidas impute au fils d'Eschyle serait beaucoup plus grave [4]. Euphorion aurait remporté quatre fois la victoire dans les luttes tragiques en se servant de pièces composées par son père, mais qui n'avaient pas encore vu le jour, et qu'il pouvait, par conséquent, faire passer pour les siennes. Peut-être, cependant, Euphorion ne fit-il qu'user de ce droit singulier dont nous parle Quintilien : les Athéniens permettaient de concourir avec les tragédies d'Eschyle, et beaucoup de poëtes obtinrent la couronne en usant de cette faculté : « Correctas Æschyli fabulas in certamen deferre posterioribus poetis Athenienses permisere, suntque eo modo multi coronati [5]. » Si tel était le droit commun, comment la même faveur eût-elle été refusée au fils du grand tragique?

---

[1] *Scholia ad Equites,* v. 526 et 1291, éd. Didot, p. 52 et 74.
[2] *Les Nuées,* v. 553.
[3] *Scholia ad Ranas,* v. 13, éd. Didot, p. 275.
[4] Au mot Εὐφορίων.
[5] *Inst. orator.* X, 1, § 66.

Quand le plagiat était bien constaté, la loi athénienne pronon-
çait-elle une peine contre le coupable[1]? Je ne saurais le dire;
mais je serais porté à croire que le plagiaire était seulement justi-
ciable de l'opinion publique, qui, sans trop de ménagements,
lui accordait l'épithète de *voleur*[2]. Voici cependant un fait que je
trouve dans Vitruve. Un tournoi littéraire s'était ouvert dans Alexandrie. Le grammairien Aristophane, qui siégeait parmi les juges,
fut d'avis que l'on donnât le premier prix à celui qui avait le moins
plu au peuple. Lorsqu'on le pria de justifier son opinion, Aristophane déclara qu'il n'y avait qu'un seul poëte parmi les candidats,
et qu'il lui attribuait la couronne. Les autres n'ayant fait que
réciter des vers qui ne leur appartenaient pas, le devoir du juge
était de récompenser non point les plagiaires, mais ceux qui pré-
sentaient des œuvres personnelles. Le rhéteur fit alors sortir des
rayons de la bibliothèque un grand nombre de volumes, et, par
des rapprochements avec les morceaux que les concurrents avaient
lus, il força les plagiaires à avouer leur faute. Le roi ordonna de
les poursuivre et les fit condamner[3].

Je n'ai parlé jusqu'ici que des poëtes. Est-ce à dire que les orateurs étaient considérés comme plus scrupuleux? — Denys d'Ha-
licarnasse nous apprend, dans la *Vie de Lysias*[4], qu'il n'était pas
rare de voir les discours de quelque prince de la parole largement
mis à contribution par ceux qui essayaient de marcher sur ses
traces; et le sophiste Théon nous montre les anciens s'appropriant
les œuvres de leurs prédécesseurs après y avoir introduit quelques

---

[1] «Qui (aliorum) scripta furantes pro suis prædicant sunt vituperandi; quique
non propriis cogitationibus nituntur scriptorum, sed invidis moribus aliena vio-
lantes gloriantur, non modo sunt reprehendendi, sed etiam, quia impio more
vixerunt, pœna condemnandi. — Nec tamen hæ res non vindicatæ curiosius ab
antiquis esse memorantur.» (Vitruve, *De architectura,* lib. VII. Præfatio. Éd.
Panckoucke, p. 106.)

[2]   Indice non opus est nostris, nec vindice libris;
          Stat contra, dicitque tibi tua pagina : Fur es.
                    (Martial, *Épigram.* I, 54.)

[3] Vitruve, *loc. cit.* p. 109.

[4] Chapitre XVII.

légers changements : τὰ ἀλλήλων μεταπλάσσοντες[1]. Ils ne dédaignaient même pas de reproduire presque littéralement certains passages de la harangue qui leur servait de modèle[2].

Voici un exemple pris au hasard dans deux des représentants les plus autorisés de l'éloquence athénienne, Andocide et Lysias :

<table>
<tr>
<td>Τὴν μὲν παρασκευὴν καὶ τὴν προθυμίαν τῶν ἐχθρῶν τῶν ἐμῶν ἐπίστασθε καὶ οὐδὲν δεῖ περὶ τουτῶν πολλοὺς λόγους ποιεῖσθαι. Ἐγὼ δὲ δεήσομαι ὑμῶν δίκαια καὶ ὑμῖν τε ῥᾴδια χαρίζεσθαι[3].</td>
<td>Τὴν μὲν παρασκευὴν καὶ προθυμίαν τῶν ἐχθρῶν ὁρᾶτε............ καὶ οὐδὲν δεῖ περὶ τουτῶν λέγειν........ Αἰτήσομαι οὖν ὑμᾶς δίκαια καὶ ῥᾴδια χαρίσασθαι[4].</td>
</tr>
</table>

Que l'on rapproche de ces deux textes l'exorde du discours d'Eschine *Contre Ctésiphon*[5] et l'exorde du discours de Lysias *Contre Nicias*[6], et la preuve deviendra plus frappante encore.

Démosthène, le grand orateur, ne dédaignera pas, malgré tout son génie, de faire quelques-uns de ces emprunts à son maître Isée. Le paragraphe 3 du premier discours *Contre Aphobus* est presque littéralement pris dans le paragraphe 5 du discours *Sur l'hérédité de Ciron*, et le paragraphe 4 de ce dernier plaidoyer se retrouve dans le paragraphe 3 du discours *Contre Pantœnetus*.

Sont-ce là de simples réminiscences? Cela pourrait être, à la rigueur; mais il est plus vraisemblable que le second orateur se bornait à reproduire le premier. Il me serait facile de montrer que souvent, dans une œuvre nouvelle, un orateur insérait des passages d'un de ses discours antérieurs. Nous avons même quelque chose de plus significatif dans la harangue *Contre Midias*, où la même pensée se trouve répétée deux fois par Démosthène dans des termes identiques[7]. De là à copier les autres il y avait sans doute un large pas à franchir encore; mais les textes que je vous ai cités prouvent qu'il fut franchi.

Quelquefois l'orateur se bornait à analyser ses devanciers. C'est

---

[1] *Progymnasmata*, c. ɪ, dans les *Rhetores Græci* de Spengel, t. II, p. 62.

[2] M. Egger, *Mémoires de littérature ancienne*, 1862, p. 383 et suiv.

[3] Andocide, *De mysteriis*, § 1.

[4] Lysias, *De bonis Aristophanis*, § 2.

[5] Τὴν μὲν παρασκευὴν ὁρᾶτε, ὦ Ἀθηναῖοι, καὶ τὴν παράταξιν.....

[6] Τὴν μὲν παρασκευὴν καὶ τὴν προθυμίαν τῶν ἀντιδίκων ὁρᾶτε.....

[7] § 101 et §§ 184 et 185. R. 547 et 574.

ce que fit Eschine dans le discours *Sur les prévarications de l'ambassade* [1], où il résume la narration d'Andocide sur la paix à conclure avec les Lacédémoniens [2]. Ce procédé, plus honnête, ne fit pas disparaître la reproduction textuelle, que tolérait l'usage. Si elle ne souleva pas de récriminations, c'est que les orateurs, moins susceptibles que le *genus irritabile vatum*, ne jugèrent pas à propos de mêler à la discussion des affaires qui leur étaient confiées l'expression de leurs griefs personnels.

III

Je ne veux plus, Messieurs, que vous signaler en terminant un autre délit qui, lui aussi, se rattache à la propriété littéraire; qui est, j'en conviens, plus rare que le précédent, mais dont tous nos contemporains ne sont point innocents.

L'Athénien Onomacrite formait un recueil des oracles de Musée; parmi eux, il en inséra quelques-uns de sa composition, qui annonçaient un fait dont aujourd'hui nous sommes réduits à être les impuissants spectateurs. Les îles situées autour de Lemnos, la malheureuse Mitylini entre autres, devaient être englouties par la mer! La fraude fut découverte, et Hipparque, qui jusque-là avait été le protecteur du coupable, l'exila d'Athènes [3].

La peine était sévère, et le condamné aurait pu, pour sa justification, invoquer devant son juge un argument de nature à le toucher. Pisistrate est, en effet, soupçonné d'avoir fait insérer dans les poésies homériques, en l'honneur des Athéniens, quelques vers dont le grand aède ne doit pas être responsable [4].

---

[1] § 172.

[2] § 2 et suiv.

[3] Hérodote, VII, VI.

[4] Diogène de Laërte, I, LVII. — Le fait suivant, que je n'ai pu vérifier, est raconté par Barthélemy : Le poëte Anexandride s'avisa de parodier ces paroles d'une pièce d'Euripide, *La nature donne ses ordres et s'inquiète peu de nos lois,* en substituant le mot *ville* au mot *nature;* il fut condamné à mourir de faim. (*Voyage du jeune Anacharsis*, c. LIX.) — La peine si sévère prononcée contre le poëte ne peut-elle pas trouver son explication plutôt dans le caractère politique du délit que dans le désir de maintenir intact le texte d'Euripide? (Voir *Fragmenta comicorum græcorum*, éd. Didot, p. 434.)

Si de pareils faits ne se produisent plus aujourd'hui que dans des circonstances très-rares, l'honneur en revient, sans aucun doute, aux progrès que les scrupules de notre délicatesse ont pu faire depuis l'époque éloignée à laquelle je me suis placé. Il ne faut pas oublier toutefois que la fraude était alors beaucoup plus difficile à démasquer qu'elle ne l'est aujourd'hui. L'invention de l'imprimerie, en permettant de multiplier les exemplaires de chaque œuvre, nous met tous dans des conditions de critique que ne pouvaient rencontrer les anciens. Le plagiat et la supposition, s'ils se produisaient avec cette naïveté que nous trouvons à Athènes, ne tarderaient pas à être reconnus et condamnés par l'opinion publique, tandis que, pour les Athéniens, les chances d'impunité étaient si grandes que, toute moralité mise à part, il n'y avait pas trop de périls à courir en s'abandonnant à la tentation de piller ses prédécesseurs ou de glisser parmi leurs travaux ses propres essais. Mais ces faits, lorsqu'ils se produisaient, n'étaient point d'accord avec le droit, et parfois la loi, toujours la conscience sociale étaient prêtes à les réprimer.

La conclusion qui me paraît ressortir de ces courtes observations est donc que les Athéniens n'admettaient pas au profit de l'auteur un droit exclusif de reproduction ; mais ils lui garantissaient la seule véritable propriété qui puisse exister, à mon avis, sur les produits de l'intelligence, en lui assurant que son œuvre resterait perpétuellement attachée à son nom, et que nul ne pourrait l'augmenter par des additions imprudentes, ou s'en attribuer injustement l'honneur.

APPENDICE.

LE PAPIER

À ATHÈNES,

PAR M. EXUPÈRE CAILLEMER.

Depuis quelques années, les principaux squares de Paris ont
été enrichis d'une plante remarquable par ses grandes proportions,
et dont les gracieuses ombelles font justement l'admiration des
promeneurs. Ce beau végétal, qui aujourd'hui ne sert qu'à l'or-
nement de nos jardins, a joué dans l'histoire du monde un rôle
assez important, et nul ne peut le contempler sans une certaine
émotion en songeant aux services qu'il rendit autrefois à l'humanité et aux lettres[1].

Je veux parler du *cyperus papyrus*, qui fera l'objet de cette
courte communication. N'attendez pas de moi, Messieurs, son
histoire tout entière. Des études entreprises depuis longtemps sur
les antiquités d'Athènes m'invitent à restreindre mes recherches
à la Grèce[2], et à laisser à d'autres le soin de vous entretenir, sur
ce point, de l'Égypte ou de Rome.

---

[1] «Roseau élégant, plus digne de l'immortalité que le laurier d'Apollon.»
(Dureau de la Malle, *Mémoire sur le papyrus et la fabrication du papier chez les
anciens; dans les Mémoires de l'Académie des inscriptions et belles-lettres*, t. XIX,
1851, première partie, p. 141. Cf. p. 142.)

[2] «L'usage du papier, employé en Égypte dès 1872 avant l'ère vulgaire, a
passé chez les Grecs au moins dans le xᵉ ou le ixᵉ siècle avant Jésus-Christ.»
(Dureau de la Malle, *loc. cit.* p. 182.) — Homère (*Odyssée*, XXI, v. 390) parle de
cordages faits de papyrus. — Hérodote mentionne formellement le papier, τὰς
βύϐλους..... ἐν σπάνι βύϐλων. (L. V, c. LXVIII. — Voir aussi l. II, c. XCII, XCVI;
— l. VII, c. XXV.) — Quant à Eschyle, il nous montre (*Prométhée*, v. 817) le
Nil descendant des monts Byblins, «ainsi nommés, dit le scoliaste, à cause de la
grande quantité de papyrus et de roseaux qui croissaient aux environs.»

1

Parmi les substances en usage à Athènes pour recevoir l'écriture, nous trouvons d'abord les tablettes d'ivoire ou de bois (πινάκιον) enduites d'une couche de cire, sur lesquelles on écrivait avec un style ou poinçon (γραφίς). Mais ce procédé ne laissait pas que d'être très-incommode lorsqu'il s'agissait d'une œuvre un peu considérable comme étendue.

Les Athéniens employaient alors de préférence, soit des rubans de bois (ταινία ξυλίνη)[1], soit de longues feuilles de papyrus, que l'on faisait venir d'Égypte, et que l'on roulait sur elles-mêmes, après les avoir couvertes de caractères (χάρτης[2], βίβλος).

Enfin, lorsque l'un des Ptolémées, Ptolémée V Épiphane (205-181 av. J. C.), jaloux de la bibliothèque qui se fondait à Pergame, et qui menaçait d'éclipser celle d'Alexandrie, prohiba l'exportation du papyrus[3], le parchemin (περγαμηνόν, μεμβράνη), qu'il ne faut pas confondre avec ces peaux grossières (διφθέραι) dont parle Hérodote[4], fut inventé par les sujets d'Eumène II[5] (198-157 av. J. C.) et utilisé à son tour par les Athéniens.

De toutes ces substances, celle qui était le plus habituellement employée à l'époque classique, c'était le papyrus.

Qu'était-ce que le papyrus?

Autrefois on trouvait abondamment en Égypte, on trouve maintenant en Sicile, et, depuis quelques années, on a réussi à intro-

---

[1] Théophraste, *Caractères*, c. XXII.

[2] Pollux, *Onomasticon*, VII, 210.

[3] Quelques auteurs attribuent à tort cette prohibition à Ptolémée VII Évergète II ou Physcon (146-117), qui ne régna pas en même temps qu'Eumène (198-157).

Nous avons un autre témoignage de la rivalité existant entre les deux souverains. Ptolémée, ayant appris que son bibliothécaire faisait des préparatifs de départ pour aller diriger la bibliothèque de Pergame, ordonna de l'enfermer et le retint sous les verroux pendant un certain laps de temps. (Suidas, au mot Ἀριστώνυμος.)

[4] Livre V, c. LVIII, § 5 et 6.

[5] « Æmulatione circa bibliothecas regum Ptolemæi et Eumenis, supprimente chartas Ptolemæo, Varro membranas Pergami tradidit repertas. » (Pline, *Hist. nat.* XIII, xxv.)

duire dans notre pays une cypéracée qui peut acquérir une hauteur de plus de cinq mètres, et que les naturalistes désignent depuis Linné sous le nom de *cyperus papyrus*[1]. C'est sur un tissu fabriqué avec cette plante que les anciens parvinrent à fixer les œuvres qu'ils désiraient conserver.

Pline nous a indiqué de quelle manière les industriels égyptiens procédaient pour transformer en papier les tiges du souchet[2]. « On les divisait, nous dit-il, en bandes fort minces, mais aussi larges que possible (*philura*); puis, sur une table inclinée et humectée avec de l'eau du Nil, on plaçait quelques-unes de ces bandes les unes à côté des autres, de manière à former un ruban (*scheda*); on posait alors transversalement d'autres bandes, grâce auxquelles on avait une sorte de treillage (*plagula*). L'humidité décomposait assez rapidement le mucilage contenu dans ces fragments et les faisait adhérer les uns aux autres.

« La feuille de papier ainsi préparée était soumise à une forte pression, puis séchée au soleil[3].... Si des inégalités trop fortes existaient à la surface du tissu, on les faisait disparaître en les frottant avec une dent ou avec un coquillage[4]. »

Pour obtenir un rouleau (*scapus*), il suffisait de rattacher quelques *plagulæ* les unes aux autres.

Tels étaient, dans leur plus grande simplicité, les procédés de fabrication. Mais, lorsqu'on voulait obtenir du papier de qualité supérieure, on prenait de plus grandes précautions, et, surtout, on

---

[1] Quelques botanistes considèrent le cyperus d'Égypte comme tout à fait distinct du cyperus de Sicile. Telle est l'opinion de M. Ph. Parlatore, professeur au musée d'histoire naturelle de Florence, dans un *Mémoire sur le papyrus des anciens et sur le papyrus de Sicile.* (Paris, Imprimerie impériale, 1853.) D'après ce savant, les involucelles de chaque rayon de l'ombelle du papyrus d'Égypte, auquel il conserve le nom de *cyperus papyrus,* ont cinq ou six folioles, tandis qu'on en trouve seulement trois dans le papyrus de Sicile, qu'il désigne sous le nom de *cyperus syriacus.*

[2] Le texte de Pline a servi de base à un remarquable commentaire de M. Dureau de la Malle. (*Mémoires de l'Académie des inscriptions et belles-lettres,* t. XIX, première partie, p. 140-183.)

[3] Pline, *Histoire naturelle,* XIII, XXIII.

[4] Pline, *loc. cit.* XIII, XXV.

employait un encollage plus ou moins perfectionné; tantôt c'était un mélange de farine, d'eau bouillante et de vinaigre; tantôt on faisait chauffer dans de l'eau de la mie de pain, on la passait; et l'on obtenait alors, nous dit Pline, un papier aussi souple que les plus fines toiles de lin[1].

Ces diverses préparations exerçaient une très-grande influence sur la finesse, la solidité, la blancheur et le poli des produits livrés à la consommation[2], qualités que l'on tenait en haute estime, et qui ne se rencontraient point également chez tous les fabricants. La différence était grande entre le papier Auguste, dont on se servait pour les correspondances, et le papier emporétique, qui n'était bon que pour des emballages[3].

Cette grave question de l'encollage ne cessa de préoccuper les industriels. Près de deux mille ans avant notre ère, elle avait déjà reçu une solution fort satisfaisante : car on a retrouvé des papyrus contemporains de Moïse, qui ont conservé presque toute leur force et leur fraîcheur primitives[4]. Mais on n'abandonna jamais l'espérance d'accomplir, à force de recherches, de nouveaux progrès.

Ainsi l'historien Olympiodore, dans un passage que nous a conservé Photius, nous apprend que, de son temps, une statue fut élevée en l'honneur de l'un de ses amis, le grammairien Philtatius, qui avait su trouver des règles précises sur les degrés à observer dans l'encollage : τὸ μέτρον τοῦ κόλλου ἐπέδειξε[5].

Le papier ou *biblos* une fois préparé[6], on en usait comme nous usons aujourd'hui du papier sorti de nos manufactures. L'écrivain prenait un petit roseau (κάλαμος), qu'il taillait par une section

---

[1] Pline, *Hist. nat.* LIII, XXVI.

[2] Pline, *loc. cit.* XIII, XXIV.

[3] Pline, *loc. cit.* XIII, XXIII et XXIV.

[4] Champollion, dans sa *Deuxième lettre au duc de Blacas,* dit avoir déchiffré un papyrus de la cinquième année du règne de Mœris (1732 avant J. C.); les papyrus trouvés dans les hypogées forment une série presque continue depuis ces temps si anciens jusqu'à l'ère moderne.

[5] *Bibliotheca,* n° LXXX, éd. Bekker, p. 61.

[6] D'après M. de Sacy, les mots βίβλος et πάπυρος, en réalité, n'en forment qu'un seul : βίβλος=πίπλος=πίπρος=πίπυρος=πάπυρος.

oblique, analogue à celle de nos plumes. Il le trempait dans un encrier (μελανοδόχον) rempli d'une liqueur noire (τὸ μελάν), et traçait avec plus ou moins de facilité, suivant la qualité du papier, ces caractères qui exercent si bien la patience des savants chargés de les déchiffrer[1].

De nos jours, un Anglais, M. Stoddhart, a profité de son séjour en Sicile pour fabriquer, avec les papyrus qu'il avait recueillis aux environs de Syracuse, un papier semblable à celui des anciens. Quelques spécimens de ce curieux produit d'une industrie depuis longtemps oubliée se trouvent dans les grandes collections parisiennes.

La petite feuille que j'ai l'honneur de mettre sous vos yeux est bien loin de la perfection obtenue par M. Stoddhart; elle vous prouvera cependant qu'il n'est point impossible, avec les instruments les plus simples, et malgré l'inexpérience de l'opérateur, d'arriver à des résultats assez satisfaisants[2]. Le Jardin des plantes de Grenoble possédant un exemplaire très-vigoureux du *cyperus papyrus*, notre confrère, M. Verlot, a bien voulu mettre à ma disposition l'une des tiges de cette belle plante, et je l'ai utilisée en reprenant et en suivant à la lettre les procédés indiqués par Pline pour la fabrication du papier ordinaire, non collé. Cette petite *plagula* est donc d'origine complétement grenobloise, et beaucoup d'entre vous sont à même d'entreprendre avec plus de chances de succès de nouvelles expériences.

Je suis convaincu, pour ma part, que, s'il était possible d'acclimater le papyrus dans notre pays, l'industrie papetière, qui depuis longues années se plaint de l'insuffisance des matières premières, pourrait trouver dans cette cypéracée un élément pour le moins aussi facile à employer que le bois et la pierre, sur lesquels des épreuves ont été déjà faites.

---

[1] Pollux, *Onomasticon*, X, 60.

[2] «Cette plante était cultivée avec soin, et ses qualités papyracées étaient perfectionnées par une culture et des soins appropriés à leur développement. On ne devra donc point s'étonner si nous ne pouvons fabriquer avec le papyrus sicilien, détérioré par le régime de la serre chaude, un papier égal en beauté au papier Auguste, livien ou même hiératique.» (Dureau de la Malle, *loc. cit.* p. 148.)

J'ai aussi l'honneur de vous présenter quelques spécimens de κάλαμοι, taillés dans les tiges de l'*arundinaria falcata*. Il vous est aisé de vous convaincre, Messieurs, que, malgré leur apparente simplicité, ils se prêtent fort bien à une reproduction prompte et rapide des anciens caractères grecs.

II

Une question fort intéressante au point de vue économique, après l'exposé que je viens de faire des procédés de fabrication du papier, est celle de savoir quel pouvait être le prix du βίβλος chez les anciens.

L'opinion générale, que j'ai été obligé de partager pendant longtemps, est que ce produit du papyrus était à Athènes d'une cherté extrême, et, par conséquent, accessible seulement aux citoyens les plus riches[1].

On peut, en effet, invoquer en faveur de cette thèse des arguments considérables.

Il faut remarquer d'abord que, en Égypte même, c'est-à-dire dans le pays où le papier pouvait être obtenu aux conditions les moins onéreuses, on employait souvent de préférence, pour les usages ordinaires de la vie, des fragments de vases de terre, des ὄστρακα. — Si le prix du papier n'avait pas été très-élevé, quel est l'homme qui, pour un compte domestique et surtout pour une lettre, eût songé à utiliser des matériaux aussi incommodes et aussi peu appropriés à une semblable destination ?

Or le même fait se produisait à Athènes : nous en avons pour preuve le témoignage de Diogène de Laërte, qui nous apprend que le philosophe Cléanthe, trop pauvre pour acheter du papier, recueillait les leçons de son maître Zénon, non-seulement sur des tessons (ὄστρακα), mais encore sur des omoplates de bœuf (βοῶν ὠμοπλάτας)[2].

Le nom même de cette peine qu'illustrèrent Aristide, Thé-

---

[1] Voir en ce sens M. Egger, *Mémoires d'histoire ancienne et de philologie,* 1863, p. 135-140, et M. A. Firmin Didot, *De la fabrication et du prix du papier dans l'antiquité.* (*Revue contemporaine,* 1856, t. XXVIII, p. 227-236.)

[2] VII, v, § 174.

mistocle, Cimon et Thucydide, l'*ostracisme*, nous révèle que le vote des citoyens avait lieu, non pas au moyen de bulletins, comme cela se pratique chez nous, non pas même au moyen de coquilles, comme beaucoup d'historiens l'ont supposé, mais à l'aide de fragments de poterie, à l'aide d'ὄσ7ρακα[1].

De plus, on a retrouvé, il y a quelques années, dans des fouilles pratiquées à Athènes, une inscription fort curieuse, qui énumère les dépenses faites, pendant la durée d'une prytanie, pour la construction de l'Érechthéon. Parmi elles figure l'achat de deux feuilles de papier (χάρται) et de quatre planchettes (σανί-δες), destinées à recevoir les comptes de cette prytanie. Or le prix de chaque planchette est fixé à 1 drachme ou 0 fr. 90 cent. tandis que chaque feuille de papier est évaluée à 1 drachme et 2 oboles, soit 1 fr. 20 cent.[2]

D'autre part, tout porte à croire qu'une feuille de papier de format in-quarto était plus que suffisante pour recevoir le compte qu'elle était destinée à conserver.

Voilà donc des renseignements très-précis sur le prix du papier : une feuille in-quarto coûtait plus qu'une planchette de même grandeur; et, pour qu'on puisse juger de la valeur ancienne par la valeur actuelle, la planchette représentait seulement 3 fr. 60 cent. de notre monnaie, tandis que la feuille (χάρτης) équivalait à 4 fr. 80 cent. ce qui porterait à 120 francs environ le prix d'une de nos mains de papier.

A ce taux, l'observation de Juvénal, que le métier d'historien est un métier ruineux :

> . . . . . oblita modi millesima pagina surgit
> Omnibus et crescit multa damnosa papyro[3],

pourrait être prise à la lettre.

Aussi les renseignements que nous avons pu recueillir sur les

---

[1] «Ὀσ7ρακισμὸς . . . . . ὠνόμασ7αι ἀπὸ τοῦ ὀσ7ράκου, εἰς ὃ ἐνέγραΦεν ἕκασ7ος Ἀθηναίων εἰς ὃν δέων μεθίσ7ασθαι τῆς πόλεως. » (*Lexic. Rhetor.* dans les *Anecdota* de Bekker, t. I, p. 285, au mot Ὀσ7ρακισμός.)

[2] M. Egger, *Mémoires d'histoire ancienne et de philologie*, 1863, p. 135-140.

[3] Juvénal, satire VII, v. 100 et 101.

livres anciens sont d'accord pour établir que leur valeur vénale était hors de proportion avec tout ce que nous pouvons imaginer.

Pour quelques livres de Speusippe qu'Aristote tenait à mettre dans la bibliothèque qu'il forma[1], le grand philosophe eut à payer trois talents[2]! Que dirait-on aujourd'hui de l'homme qui, pour se procurer une des plus rares merveilles bibliographiques, suivrait l'exemple d'Aristote et débourserait plus de 66,000 francs?

Antérieurement déjà, Platon avait fait acheter trois petits traités pythagoriciens de Philolaüs, qui lui coûtèrent 100 mines, environ 37,000 francs de notre monnaie[3]. Il est vrai qu'un de ses amis, Dion de Syracuse, lui fournit les moyens de payer son acquisition[4], sans laquelle, si l'on devait en croire les mauvaises langues du temps, le *Timée* n'aurait pas pu être composé[5].

De pareils chiffres une fois admis, les bibliothèques devaient être rares, et l'abondance de livres ne pouvait exister chez aucun particulier.

Cependant, il faut se résigner à reconnaître que cette conclusion serait contraire à la vérité.

Athènes faisait, en effet, une très-grande consommation de βίϐλος; nous savons qu'il y avait dans cette ville un marché considérable pour le commerce des livres (τὰ βιϐλία ou τὰ βιϐλία ὤνια)[6]. C'était là que s'approvisionnaient les libraires de presque tout le monde ancien. Lorsque l'armée de Xénophon, dans sa glorieuse retraite, se fut emparée de Salmydesse, en Thrace, elle y trouva beaucoup de livres (πολλαὶ βίϐλοι γεγραμμέναι) provenant du pillage des navires échoués sur les côtes[7]. Ces livres

[1] Strabon, l. XIII.

[2] Aulu-Gelle, *Les Nuits attiques,* III, xvii, § 3. — Diogène de Laërte, IV, 1, § 5. Le texte de Diogène pourrait être entendu en ce sens qu'Aristote acheta toute la bibliothèque de Speusippe.

[3] Diogène de Laërte, III, 1, § 9. Cf. VIII, vii. § 85.

[4] Aulu-Gelle, *Les Nuits attiques,* III, xvii, § 2.

[5] Aulu-Gelle, *loc. cit.* §§ 4-6.

[6] Pollux, *Onomasticon,* IX, 47.

[7] *Anabase,* l. VII, c. v, § 14.

venaient, suivant toute vraisemblance, du marché d'Athènes, les villes riveraines du Pont-Euxin étant en relations habituelles d'importation et d'exportation avec la capitale de l'Attique. Or ce marché existait dès le temps du poëte comique Eupolis, qui le mentionne au ve siècle avant Jésus-Christ[1], et il subsista pendant fort longtemps.

D'autre part, les grammairiens nous ont conservé quelques détails sur de riches collections de livres que de simples citoyens avaient réussi à former. Pour ne citer qu'un seul exemple, la bibliothèque d'Aristote, qui passa ensuite à Théophraste, est demeurée célèbre. Elle comprenait non-seulement les manuscrits d'Aristote et ceux de l'illustre moraliste, mais encore un grand nombre d'ouvrages qui, après la mort de leur second propriétaire, allèrent enrichir son exécuteur testamentaire, Nélée de Scepsis. Celui-ci, tout en gardant les manuscrits de son maître et d'Aristote, céda cette bibliothèque à Ptolémée Philadelphe[2]; et ce fut là, sinon le point de départ, au moins l'un des fonds les plus importants de la grande collection que les Ptolémées assemblèrent à Alexandrie, et qui monta à près de sept cent mille volumes[3].

Il devient difficile, pour ne pas dire impossible, de concilier ces faits avec le prix exorbitant que l'on attribue au papier à Athènes.

Reste toutefois le témoignage précis que fournit l'inscription de l'Érechthéon. Que pouvons-nous lui opposer?

Il y a un an environ, j'étais encore sous l'impression d'un savant mémoire de M. Egger *Sur le prix du papier au siècle de Périclès,* lorsque, en ouvrant au hasard le recueil des plaidoyers de Démos-

---

[1] Pollux, *Onomasticon*, IX, 47.

[2] Athénée, *Les Deipnosophistes*, l. I, sect. 4.

[3] Aulu-Gelle, *Les Nuits attiques*, VI, XVII, § 3. — Le même auteur nous apprend (VI, XVII, § 1) qu'il y avait à Athènes une bibliothèque publique. — S'il n'existait pas dans cette ville de cabinets de lecture proprement dits, les boutiques des libraires pouvaient les suppléer. Lorsqu'on avait besoin d'un renseignement, on se rendait chez un marchand et l'on consultait sur place le livre dont on avait besoin. Un passage du *Banquet* de Xénophon (IV, XXVII) nous montre le même fait se passant également chez les copistes. L'un des interlocuteurs déclare avoir vu Socrate et Critobule occupés à des recherches dans le même ouvrage.

thène, je m'arrêtai sur le discours *Contre Dionysodore*. Grande fut ma surprise, en rencontrant dès les premières lignes de ce plaidoyer un passage fort curieux, que j'avais lu bien souvent, mais auquel, exclusivement préoccupé par des recherches juridiques, je n'avais jusqu'alors donné aucune attention.

Darius, le client de Démosthène, fait remarquer aux juges devant lesquels il plaide combien la profession de prêteur à la grosse aventure offre de dangers pour celui qui l'embrasse, et combien est préférable la situation de l'emprunteur. « Ce dernier reçoit de bel et bon argent, en échange duquel il se contente de remettre au prêteur un petit papier qui lui a coûté deux chalques, par lequel il reconnaît sa dette et promet de remplir ses engagements. *Λαβὼν γὰρ ἀργύριον φανερὸν, καὶ ὁμολογούμενον, ἐν γραμματειδίῳ δυοῖν χαλκοῖν ἐωνημένῳ καὶ βυβλιδίῳ μικρῷ πάνυ, τὴν ὁμολογίαν καταλέλοιπε τοῦ ποιήσειν τὰ δίκαια*[1].

La feuille de βίβλος nécessaire pour constater la convention ne coûtait que 2 chalques, environ 4 centimes! Or nous possédons encore le texte de plusieurs actes de prêt à la grosse. L'un des plus notables est assurément celui qui nous a été conservé dans le discours de Démosthène *Contre Lacritus*[2]. Les clauses en sont soigneusement rédigées, et je ne crois pas me tromper beaucoup en disant qu'un notaire d'aujourd'hui, appelé à le transcrire, y consacrerait aisément deux ou trois pages in-quarto. Les fac-simile des papyrus du Louvre et de la Bibliothèque impériale que l'Académie des inscriptions et belles-lettres vient de publier sont là pour justifier mon affirmation.

La différence ne serait donc pas très-grande entre l'étendue que l'on suppose aux comptes de l'Érechthéon et celle d'un acte de *nauticum fœnus*. Et cependant, dans un cas, la feuille de papier est cotée à 1 fr. 20 cent. tandis que dans l'autre elle vaut 4 centimes seulement, trente fois moins! L'écart est assez grand pour qu'il mérite de fixer l'attention des critiques.

Entre les deux conclusions l'hésitation pour moi n'est pas pos-

---

[1] S 1, éd. Reiske, p. 1283.

[2] SS 10-13, éd. Reiske, p. 925-927.

sible. Toutes les vraisemblances sont en faveur du prix indiqué par Démosthène; lui seul peut expliquer cette multitude de pièces que l'on produisait sans cesse devant les tribunaux d'Athènes, aussi bien que cette abondance de livres que l'on exportait de tous côtés [1].

Les exemples cités par les savants dont nous combattons respectueusement l'opinion ne sont rien moins que décisifs. Que Platon et Aristote aient payé fort cher une œuvre inédite, et qui n'était point dans le commerce, qu'importe au point de vue du prix du papier? De ce qu'un éditeur aura payé cent mille francs le manuscrit à lui remis par tel ou tel de nos illustres contemporains, faudra-t-il que nos descendants tirent cette conclusion que le papier était chez nous d'une valeur exorbitante?

Galien nous raconte que Ptolémée Philadelphe emprunta aux Athéniens les manuscrits d'Eschyle, de Sophocle et d'Euripide, et que, pour assurer leur restitution, il donna en gage la somme énorme de quinze talents. Une fois en possession de l'œuvre qu'il convoitait, le roi d'Égypte en fit faire des copies magnifiques; mais, le moment de remplir ses engagements venu, il ne put se résoudre à renvoyer les originaux. Il pria les Athéniens de vouloir bien conserver les quinze talents remis à titre de gage et d'accepter en outre les riches copies qui avaient été faites sous sa direction. Qui songera jamais à déduire du récit de Galien cette conséquence que les œuvres des trois poëtes tragiques se vendaient plus de trois

---

[1] On pourrait puiser un argument en faveur de cette opinion dans le fait rapporté par M. Böckh. (*Staatshaushaltung der Athener,* 2ᵉ éd. t. I, p. 68 et 153.) D'après l'érudit académicien, les œuvres d'Anaxagore ne coûtaient que 1 drachme. « Tel est, dit-il, le véritable sens d'un passage de Platon, qui le plus habituellement est mal compris. Dies ist der Sinn der meistentheils missverstandenen Stelle des Platon, *Apol.* S. 26, D. E. » (*Loc. cit.* p. 68, note c.) — Mais l'opinion générale est que « le texte témoigne non pas du prix d'un volume, mais du prix d'une place au théâtre... Le passage indiqué fait seulement dire à Socrate que ceux qui veulent apprendre la philosophie d'Anaxagore n'ont qu'à l'aller écouter pour une drachme, à l'orchestre, c'est-à-dire au théâtre, où brillait alors Euripide, disciple du célèbre philosophe, et habitué à mettre souvent les doctrines de son maître dans les chœurs de ses tragédies. » (Egger, *Mémoires d'histoire ancienne,* 1863, p. 139.)

cent trente mille francs? Et cependant le raisonnement serait tout aussi juste que pour les œuvres de Philolaüs et de Speusippe.

Quant à l'inscription de l'Érechthéon, elle ne nous dit pas quelles étaient les dimensions des deux χάρται qui figurent en ligne de compte parmi les acquisitions de la neuvième prytanie. On est donc réduit à de simples conjectures, et, d'ailleurs, des circonstances exceptionnelles pouvaient se produire, venant modifier notablement le prix courant du βίβλος[1].

Un de nos plus éminents hellénistes, M. Egger, auquel je signalai dans le temps le texte de Démosthène, ne paraît pas avoir été touché par l'objection que j'en tirais, et qui était contraire aux opinions émises par ce savant académicien dans le mémoire que j'ai déjà cité *Sur le prix du papier au siècle de Périclès* [2]. Non-seulement il n'y fait point allusion dans des travaux plus récents, notamment dans une intéressante conférence à l'asile impérial de Vincennes[3]; mais encore, dans une lettre qu'il m'a fait l'honneur de m'écrire [4], il se refuse à admettre l'existence d'une contradiction entre le document fourni par l'orateur et celui que présentent les tables de l'Érechthéon.

« La différence des prix, dit-il, s'explique par la distance des temps. D'ailleurs, quelques événements passagers peuvent avoir influé sur le prix du papyrus : par exemple, la disette dont il est parlé dans une des lettres socratiques [5] et celle dont parle Pline [6] ont dû produire de tels enchérissements. »

M. Egger aurait même pu ajouter que parfois les Égyptiens,

---

[1] M. Böckh émet cette supposition que, peut-être, le papier sur lequel on portait les comptes publics se faisait remarquer par des qualités exceptionnelles : « Das Papier, worauf Staatsrechnungen geschrieben wurden, war ausgezeichnet gutes. » (*Staatshaushaltung der Athener*, 2ᵉ éd. 1851, t. I, p. 153.)

[2] *Revue contemporaine* du 15 septembre 1856; réimprimé dans les *Mémoires d'histoire ancienne et de philologie*, 1863, p. 135-140.

[3] *Le papier dans l'antiquité et dans les temps modernes*, aperçu historique par E. Egger; Paris, Hachette, 1866, in 18 de 52 pages.

[4] 23 décembre 1865.

[5] Édition d'Orelli, n° xxx.

[6] *Histoire naturelle*, XIII, xxvii.

pour augmenter la rareté du βίβλος et accroître leurs bénéfices, savaient habilement provoquer des disettes dont la nature n'était point responsable. Ils réduisaient alors de beaucoup la culture du papyrus, et, au préjudice de l'utilité publique, ils spéculaient sur des besoins menacés de ne plus recevoir leur satisfaction[1].

Cette double réponse est-elle péremptoire?

D'abord la différence des temps. — Que le cours régulier des siècles entraîne une certaine augmentation des prix, je ne veux certainement pas le nier. Ce serait méconnaître, contre l'évidence, l'une des règles les plus certaines de l'économie publique. Il ne peut être douteux pour personne que la valeur des objets de première nécessité est beaucoup plus grande aujourd'hui qu'elle ne l'était au temps de Démosthène. L'hectolitre de blé, dans les temps ordinaires, coûtait, d'après Aristophane[2], 5 fr. 20 centimes; dans les temps de disette, il s'élevait à 9 francs[3]. Un hectolitre de vin de l'Attique était vendu 5 francs environ[4]. Un bœuf de forte taille se payait 63 francs[5]. En deux mille ans, la valeur de ces choses, que l'on peut prendre comme types puisqu'elles sont de première nécessité et ne subissent point des variations aussi brusques que celles qui atteignent les objets de luxe, a à peu près quadruplé[6]. Pour le papier, et en un siècle seulement, l'écart eût été de 1 à 30! Cela me paraît tout à fait inadmissible.

Reste l'explication fondée sur un événement tel qu'une disette. Mais, tout en admettant qu'en fait cela ait pu se produire, la disette ne peut être envisagée comme un état normal; elle se présente comme une exception, et, de même que, pour déterminer le prix

---

[1] Strabon, l. XVII.

[2] *Ecclesiazousæ*, v. 547.

[3] Démosthène, *Contre Phormion*, § 29, R. 918.

[4] Böckh, *Staatshaushaltung*, 2ᵉ éd., I, p. 138.

[5] Böckh, *loc. cit.* p. 105.

[6] Je dois me borner ici à ces courtes observations; mais le *Bulletin de la Société de statistique de l'Isère* a commencé la publication d'une série d'études sur *la valeur et les prix à Athènes*, où ma proposition reçoit tous les développements et toutes les justifications qu'elle comporte.

moyen des céréales, on ne doit pas s'attacher exclusivement aux années dans lesquelles l'hectolitre de blé atteint un chiffre hors de toute proportion avec sa valeur ordinaire; de même aussi, pour connaître le prix moyen du papier à Athènes, il vaut mieux tenir compte des prix les moins élevés que de ceux qui ont pu exceptionnellement s'établir à raison de circonstances particulières.

Pour résumer cette discussion, déjà trop longue, nous avons, dirai-je, deux témoignages : l'un qui fixe le prix de la main de papier, du *scapus* antique composé de vingt feuilles, à 80 centimes environ, soit à 3 francs 20 centimes de notre monnaie; l'autre qui le porte à 24 francs, soit, d'après nos idées modernes, à 96 francs. Tout me paraît favoriser le premier document.

Quant au papier employé à des livres qui ne trouvaient pas d'acheteurs, il avait probablement à Athènes le même sort qu'à Rome. Je ne veux point parler de cette destinée misérable, rappelée par Catulle [1], et à laquelle Alceste condamne le sonnet d'Oronte [2], ni même de quelques-uns de ces usages domestiques que mentionne le poëte :

> At vos interea venite in ignem,
> Pleni ruris et inficetiarum,
> Volusi Annales [3]...

J'ai en vue ce sort tant redouté des auteurs de tous les âges, et contre lequel le voisinage de vos savants travaux ne protégera peut-être pas cette courte dissertation : il allait chez l'épicier, le droguiste ou le marchand de poissons :

> .... In vicum vendentem thus, et odores,
> Et piper, et quidquid chartis amicitur inemptis [4]...

---

[1] Catulle, *Carm.* xxxvi :

> Annales Volusi, cacata charta.

[2] Molière, *Le Misanthrope,* acte I, scène II :

> Franchement, il est bon à mettre au cabinet.

[3] Catulle, *Carm.* xxxvi.

[4] Horace, *Ép.* II, 1, v. 269-270.

Volusi Annales.....
Laxas scombris sæpe dabunt tunicas[1]

[1] Catulle, *Carm.* xcv. — Cf. Martial, III, ii :

> Festina tibi vindicem parare,
> Ne nigram cito raptus in culinam
> Cordyllas madida tegas papyro,
> Vel thuris, piperisque sis cucullus.

Voir aussi Perse, satire I, v. 43.

IMPRIMERIE IMPÉRIALE. — 1868.

ÉTUDES

SUR LES

ANTIQUITÉS JURIDIQUES

D'ATHÈNES

PAR

Exupère CAILLEMER

PROFESSEUR A LA FACULTÉ DE DROIT DE GRENOBLE

SEPTIÈME ÉTUDE

LA PRESCRIPTION A ATHÈNES

PARIS

A. DURAND   E. THORIN
9, rue Cujas   58, boulevard St-Michel

1869

Extrait des Mémoires de l'Académie impériale des Sciences, Arts et Belles-Lettres de Caen. Année 1869.

LA

PRESCRIPTION

A ATHÈNES

———✦———

Le droit public d'Athènes a rencontré de nombreuses sympathies parmi les historiens, et la lumière
a été successivement portée sur presque toutes les
obscurités qui arrêtèrent les premiers commentateurs.

La législation civile, moins attrayante pour tous autres que les juristes, n'a pas été aussi heureuse, et
plus d'un sujet, dont l'importance prátique ne saurait pourtant être méconnue, est resté complètement
abandonné.

Est-ce à l'absence de renseignements fournis par
les textes originaux qu'il faut imputer toutes les
lacunes de la reconstitution des lois civiles de la
grande république grecque ?

Les quelques développements dans lesquels nous
allons entrer, sur une matière à peine signalée en
passant par les écrivains les plus consciencieux ,

prouveront que les documents ne sont point complètement muets lorsqu'on veut les interroger avec
soin, et qu'il est possible, au prix de quelques efforts,
de rétablir les parties du droit athénien qui ont été
jusqu'ici négligées.

La tâche est sans doute difficile. — Que cette difficulté même nous serve d'excuse pour les imperfections de notre œuvre auprès de ceux qui préfèrent
à de longues redites la courte exposition d'un petit
nombre d'idées nouvelles !

I.

La prescription, soit comme mode d'acquisition de
la propriété, soit comme mode d'extinction des obligations , fut admise par la législation d'Athènes.

Il nous serait difficile pourtant de dire sous quel
nom cette institution fut désignée dans le langage
usuel ou dans la terminologie juridique. L'expression
προθεσμία , que l'on trouve quelquefois employée,
προθεσμίας νόμος (1) , se rapportait plus exactement
au délai de la prescription qu'à la prescription elle-
même (2). — Mais qu'importe le mot, si la chose
existe certainement ?

Les motifs, qui, au point de vue philosophique et
rationnel, justifient l'établissement de la prescription,
avaient été aperçus par les Grecs, et les orateurs les
formulent très-nettement , soit pour la prescription

---

(1) Démosthène, *Pro Phormione*, § 26. R. 952. — Harpocration,
Bekker , p. 158.

(2) V. *Anecdota græca*, Bekker, t. I, p. 193 , vº προκαταβολή.

acquisitive ou *usucapion*, soit pour la prescription libératoire.

« Vous n'ignorez pas, dit Isocrate, que, de l'aveu de tous les peuples, une possession privée ou publique, qui s'est perpétuée pendant longtemps, se transforme en propriété et donne au possesseur un véritable patrimoine. » Τὰς κτήσεις, καὶ τὰς ἰδίας, καὶ τὰς κοινάς, ἂν ἐπιγένηται πολὺς χρόνος, κυρίας καὶ πατρῴας ἅπαντες εἶναι νομίζουσιν (1).

La prescription acquisitive, pour Isocrate, est donc une institution du droit naturel ; elle est aussi une institution du droit des gens, et l'orateur l'applique aux relations internationales : « Les Lacédémoniens possèdent depuis longtemps la Messénie. Soustraire ce pays à leur domination, comme le veulent les Thébains, ce serait commettre une injustice. » Ἠδίκουν ἂν... παρὰ τὸ δίκαιον (2).

Démosthène va nous indiquer à son tour les causes qui ont fait admettre la prescription, soit acquisitive, soit libératoire : « Parmi les meilleures lois de Solon, il faut placer celle qui est relative à la prescription. Elle protège les citoyens contre les réclamations injustes. Le temps qu'elle accorde à ceux qui sont vraiment lésés suffit pour obtenir justice... (3). Les hommes victimes d'une fraude ou d'un dommage en demandent aussitôt la réparation ; ils agissent au moment même et ne laissent point passer un grand laps de temps (4)..... Quant à ceux qui voudraient

---

(1) *Archidamus*, § 26, Didot, p. 77.
(2) *Loc. cit.*, § 28.
(3) Démosthène, *Pro Phormione*, § 27. R. 952.
(4) Id., *C. Pantœnetum*, § 2. R. 96

produire des réclamations mal fondées, le temps pendant lequel ils auront gardé le silence sera l'objection la meilleure, la plus décisive à leur opposer. Ceux qui peuvent nous aider de leur témoignage ne vivent pas toujours. Un moment vient où leur aide nous fait défaut. La loi, en établissant la prescription, remédie au mal que nous causerait leur absence (1). »

Essayons maintenant de démontrer, à l'aide des textes, comment fonctionnait cette institution au milieu des exigences si nombreuses de la vie pratique.

II.

I. — L'origine de la prescription instantanée des meubles, consacrée par l'article 2279 du Code Napoléon, doit être cherchée dans les plus anciennes traditions de notre jurisprudence française. Elle n'apparaît point dans les législations de l'antiquité. Mais, s'il faut en juger par le *Traité des Lois* de Platon, la matière de l'usucapion appliquée aux meubles était une de celles que la loi devait réglementer avec le plus de sollicitude. Des distinctions nombreuses avaient été faites par le philosophe entre les diverses hypothèses qui pouvaient se présenter, et le délai de la prescription variait suivant les circonstances.

Le possesseur d'un meuble l'a possédé publiquement (φανερῶς) ; il n'a point cherché à le dissimuler ; il s'en est servi dans la ville, sur les places publiques,

_____

(1) Démosthène, *Pro Phormione*, § 27. R. 953.

dans les temples, sans que personne soit venu troubler sa possession. — Après un an, l'ancien propriétaire qui réclamera sa chose devra être écarté.

Si la possession, quoique publique, s'est manifestée, non pas à la ville ni sur l'*agora*, mais à la campagne, κατ' ἀγρούς, le délai accordé au propriétaire pour la revendication sera porté à cinq ans. Mais l'action qu'il intenterait plus tard pourra être repoussée par l'exception d'usucapion.

Lorsque la possession est occulte, ἐν ἀφανεῖ, lorsqu'elle s'exerce seulement dans l'intérieur de la maison, le délai de la prescription sera de trois ans à la ville, de dix ans à la campagne.

Enfin, si le possesseur n'a fait d'actes de possession qu'à l'étranger, ἐν ἀλλοδημίᾳ, aucune prescription ne pourra être opposée au propriétaire. Celui-ci aura toujours le droit de reprendre sa chose, en quelque lieu, en quelque temps qu'il la trouve (1).

Toutes ces déterminations, si régulièrement faites et qui peuvent si bien s'expliquer rationnellement, sont-elles reproduites d'après les textes que Platon avait sous les yeux, ou bien devons-nous en attribuer l'honneur au philosophe ?

C'est à la dernière opinion que s'attachait Hermann : « *Præscriptionis terminos suo arbitrio descripsisse videtur* (2). »

En l'absence de renseignements précis, nous n'osons pas être aussi affirmatif que le professeur de Gœttingue. Pourquoi serait-il défendu d'admettre,

---

(1) *De Legibus*, XII, c. 7. Steph. 954, c. d. e.

(2) *De vestigiis institutorum veterum*, Marbourg, 1836, p. 66,

en laissant de côté les détails d'application d'une importance secondaire, que les principes rappelés par l'auteur du *Traité des Lois* étaient conformes à la législation positive de son pays ?

II. — Pour l'usucapion des immeubles, la science est encore moins avancée et les textes lui font complètement défaut.

Platon, dans son *Traité des Lois*, se borne à nous dire : Χωρίων μὲν οἰκήσεών τε τῇδε οὐκ ἔστ' ἀμφισβήτησις (1) ; — ce qui peut se traduire ainsi : « A Athènes, il n'y a aucune controverse sur les conditions de la prescription pour les fonds de terre et pour les maisons. »

Malheureusement, nous n'avons aucun éclaircissement sur ce point intéressant. Peut-être appliquait-on dans ce cas la disposition générale : Ὁ νόμος πέντε ἐτῶν τὴν προθεσμίαν δίδωσι (2).

A la même époque, la loi des XII Tables se contentait, à Rome, d'une possession de deux ans pour l'acquisition de la propriété des fonds de terre et des maisons. « Usus auctoritas fundi biennium esto », avaient dit les décemvirs; et les commentateurs ajoutaient : « Sit etiam ædium (3). » Pour toutes les autres choses, le délai était d'un an seulement : « Cæterarum omnium, annuus usus esto. »

III. — La bonne foi était-elle exigée de la part du

---

(1) *De Legibus*, XII, c. 7. Steph. 954, c.

(2) Démosthène, *C. Nausimachum*, § 27, R. 993. — Cf. *Pro Phormione*, § 26, R. 952.

(3) Cicéron, *Topica*, IV, 23.

possesseur qui voulait prescrire ? Ou bien, au contraire, le voleur lui-même pouvait-il arriver à l'usucapion ?

Hermann paraît avoir adopté l'affirmative sur
la première de ces questions, la négative sur la seconde ; il invoquait en faveur de sa thèse trois
arguments, dont l'un au moins doit être immédiatement écarté (1).

Cet érudit trouvait, dans un passage du discours
de Démosthène pour Phormion, la preuve que les
lois de Solon contenaient une disposition analogue à
celle de la loi Atinia : Τοῖς μὲν γὰρ ἀδικουμένοις τὰ
πέντε ἔτη ἱκανὸν ἡγήσατ᾽ (ὁ Σόλων) εἶναι εἰσπράξασθαι,
κατὰ δὲ τῶν ψευδομένων τὸν χρόνον ἐνόμισε σαφέστατον
ἔλεγχον ἔσεσθαι (2).

Malgré tous nos efforts, nous ne pouvons découvrir
dans ce texte le sens indiqué par Hermann ; il nous
est impossible d'y voir l'antithèse signalée entre les
défendeurs de bonne foi qui peuvent opposer la
prescription et les défendeurs de mauvaise foi auxquels elle est refusée. — L'orateur n'a en vue que
les demandeurs ; c'est à eux seulement que s'applique l'opposition. « Ceux d'entre eux qui ont réellement souffert un préjudice, ceux qui sont de bonne
foi, auront eu assez des cinq ans que leur accorde la
loi pour former leur action. Quant aux agresseurs
injustes, dont les allégations sont mensongères, on
n'aura pas la peine de se défendre contre eux par
des preuves régulières et souvent difficiles. Pour

(1) *Privatalterthumer.* Heidelberg, 1852, § 70,note 6, p. 331.
(2) *Pro Phormione ,* § 27. Reiske, 952-953.

repousser leurs iniques demandes, il suffira d'exciper
du temps pendant lequel ils auront gardé le silence. »

Voilà ce que dit Démosthène, et son raisonnement
est étranger à la question qui nous occupe. Il veut
seulement prouver que la prescription est conforme
aux principes rationnels et aux exigences de l'équité.

Restent deux autres arguments. — D'abord, l'autorité de la loi romaine, conservée par Aulu-Gelle :
« Legis veteris Atiniæ verba sunt : quod subreptum
erit, ejus rei æterna auctoritas esto (1). » Il est
permis de croire que cette disposition avait été empruntée à la loi grecque. — Pourquoi, enfin, dans
les actions héréditaires, le délai de la prescription
commençait-il à courir seulement à partir de la mort
du successible qui, le premier, avait reçu les biens ?
C'est que celui-ci pouvait *toujours* être considéré
comme un possesseur de mauvaise foi à l'égard des
héritiers, dont le droit était supérieur au sien.

Ces raisons sont-elles décisives ? — Nous devons
avouer qu'elles ne nous ont pas convaincu. Les textes
sont trop absolus pour pouvoir se concilier avec la
distinction qu'Hermann propose (2).

_____

(1) *Noctes atticæ*, XVII, c. 7.

(2) Le passage d'Hermann, auquel nous nous sommes référé
(*Privatalterthümer*, § 70, texte et note 6), laisse beaucoup à désirer au point de vue de la clarté. L'auteur nous paraît avoir mêlé
et confondu deux questions, qui sont cependant distinctes :

1° Le créancier s'est abstenu de poursuivre son débiteur dans le
délai légal, parce que ce dernier l'a frauduleusement induit en
erreur sur ses droits. Le débiteur pourra-t-il se prévaloir de cette
inaction qui est son œuvre ? — C'est l'hypothèse examinée dans le
texte, et aucun des passages cités dans la note ne la prévoit.

III.

I. — L'action en paiement d'une dette de somme d'argent (ἀφορμῆς δίκη) se prescrivait par cinq ans (1). —C'était pour repousser une demande de cette espèce que Phormion invoquait contre Apollodore la loi de prescription , νόμος προθεσμίας : ὁ νόμος πέντε ἐτῶν τὴν προθεσμίαν δίδωσι (2).

Les débiteurs du trésor public auraient-ils pu se prévaloir contre l'État de ce mode de libération ? La négative nous paraît vraisemblable.

2° Le possesseur de mauvaise foi peut-il arriver à l'usucapion ?— C'est ici que la note pourrait trouver sa place.

La situation n'est pas la même dans les deux cas , et l'on pourrait , sans se contredire, donner une solution différente à l'une et à l'autre difficulté.

Pour que le lecteur puisse juger en connaissance de cause, nous reproduisons intégralement le passage d'Hermann :

Texte. « Wo der Nichtverfolgung derselben (Ansprüche) ein von dem Gegner verschuldete Taüschung zu Grunde lag , scheint auch das attische Recht wie das rœmische keine Verjæhrung zugelassen zu haben. »

Note. « Gell. XVII, 7. *Legis veteris Atiniæ verba sunt : quod subreptum erit, ejus rei æterna auctoritas esto ;* und dass Aehnliches auch der solonische προθεσμίας νόμος enthalten habe , zeigt der Gegensatz bei Demosth., *Pro Phorm.* , § 27 : wesshalb auch für Erbklagen, wie Schœmann ad Isæum p. 432 gegen Platner richtig ausgeführt hat, die Verjæhrungsfrist erst mit dem Tode des næchsten Erben eintrat, weil dieser besseren Ansprüchen gegenüber immer als *malæ fidei possessor* gelten konnte. »

(1) Démosthène, *Pro Phormione*, § 27, R. 952.

(2) V. *Argumentum orationis pro Phormione*, R. 943-944.

Mantithée, plaidant contre Bœotus qui veut usurper
son nom , signale aux juges les inconvénients que
peut avoir pour lui la prétention de son adversaire :
« Lorsque cet autre Mantithée sera déclaré débiteur
du trésor public , pourra-t-on dire si c'est lui ou moi
dont le nom figure sur les registres de l'État. —
Chacun saura , me dites-vous , quel sera le véritable
débiteur. — Très-bien, au moment même ; mais si ,
comme cela peut arriver , *un long temps s'écoule* sans
que la dette soit acquittée , il n'y aura pas de raisons
pour que ses enfants soient considérés comme débiteurs plutôt que les miens. Car , nom , père , tribu ,
tout , en un mot, se ressemblera chez eux (1). »

Ce raisonnement suppose que , même après un
laps de temps assez considérable, la dette continuait
de figurer sur les registres du trésor.

II. — C'est encore par cinq ans que se prescrivait
l'action du pupille contre son tuteur , à raison de
faits de mauvaise administration (ἐπιτροπῆς δίκη). « La
loi décide formellement , disait Démosthène , que ,
lorsque les orphelins seront restés pendant cinq ans
sans agir , ils ne pourront plus saisir la justice de
leurs plaintes sur des faits de tutelle » : Ὁ νόμος
διαρρήδην λέγει , ἐὰν πέντ' ἔτη παρέλθῃ καὶ μὴ δικάσωνται,
μηκέτ' εἶναι τοῖς ὀρφανοῖς δίκην περὶ τῶν ἐκ τῆς ἐπιτροπῆς
ἐγκλημάτων (2).

Platon est ici d'accord avec l'orateur : « Si l'orphelin devenu majeur pense que son tuteur s'est mal

(1) Démosthène, *C. Bœotum* , I, §§ 14-15. R. 998.
(2) Id. , *C. Nausimachum*, §.17. Cf. § 18. R. 989.

acquitté de ses fonctions, il peut agir en justice contre lui pendant cinq ans, à compter du jour où la tutelle a pris fin (1). »

La loi athénienne s'était montrée si rigoureuse contre les tuteurs, que, malgré sa bienveillance habituelle envers les pupilles, elle n'avait pas voulu laisser les premiers perpétuellement exposés à de graves responsabilités pécuniaires.

IV.

I.—C'est une question controversée que celle de savoir quelle était, à Athènes, la durée de la prescription des actions en pétition d'hérédité.

Nous avons cependant, dans Isée, un texte qui semble fort clair et très-explicite : Ὁ νόμος πέντε ἐτῶν κελεύει δικάσασθαι τοῦ κλήρου, ἐπειδὰν τελευτήσῃ ὁ κληρονόμος. « La loi veut que les actions en pétition d'hérédité soient formées dans le délai de cinq ans après la mort de l'héritier (2). » — En d'autres termes, la prescription n'a pas lieu tant que vit l'héritier qui le premier a été saisi de l'hérédité. Elle ne commence à courir que lorsqu'il est lui-même décédé à son tour, lorsque les biens par lui recueillis sont passés à ses successeurs.

Il y a là, sans doute, quelque chose qui heurte nos idées modernes. Qu'importe, en effet, le décès de l'héritier ? N'est-ce pas seulement du jour de l'ouverture de la succession qu'il faut se préoccuper ?

(1) *De Legibus*, livre XI, c. 8. Steph. 928. c.
(2) *De Pyrrhi hereditate*, § 58. Didot, p. 257.

C'est à cette époque que s'ouvrent les droits des successibles ; c'est, par conséquent, à partir de cette époque qu'ils peuvent agir, et la prescription, peine de leur inertie, doit immédiatement commencer.

Aussi, lorsque, pour la première fois, nous lisions le texte que nous avons cité plus haut, nous pensions que les mots ὁ κληρονόμος se trouvaient dans la loi, par erreur, pour ceux-ci : ὁ καταλιπὼν τὸν κλῆρον. Cette impression, beaucoup de lecteurs ont dû, comme nous, l'éprouver tout naturellement. Elle a persisté même chez M. Platner, qui a proposé de lire, non pas ὁ κληρονόμος, mais bien ὁ κληροδότης (1).

A la réflexion, cependant, outre que cette correction « ὁ κληροδότης » ne s'appliquerait pas à toutes les hérédités, mais seulement aux hérédités testamentaires, il faut bien se résigner à maintenir tel qu'il nous est parvenu le texte d'Isée (2). Il est, en effet, parfaitement d'accord avec une loi que Démosthène a invoquée dans son discours contre Macartatus, et dont voici la traduction littérale :

« Si quelqu'un veut former une action en réclamation d'une hérédité ou d'une femme épiclère contre celui qui a été envoyé en possession, qu'il appelle d'abord cet envoyé en possession devant l'archonte, ainsi que cela a lieu pour les autres actions. Le demandeur devra, de plus, fournir la caution exigée

(1) Reiske avait déjà, au XVIIIᵉ siècle, fait la même proposition.

(2) Nous mentionnerons ici, pour mémoire seulement, l'opinion de Heffter, qui faisait partir le délai de cinq ans du jour où le dernier héritier de la famille était mort sans postérité : « von dem Tage, wo der letzte Erbe des Hauses ohne Deszendenz gestorben war. » *Athenœische Gerichtsverfassung*, Cologne, 1822, p. 293.

par les lois (παρακαταϐολή). Si l'action n'a pas été précédée de cet appel préalable devant l'archonte , la pétition d'hérédité sera considérée comme non avenue.

« Si celui qui a été envoyé en possession de l'hérédité n'est plus en vie, que celui contre lequel la prescription ne s'est pas encore accomplie suive les mêmes formes de procédure. »

Ἐὰν δὲ μὴ ζῆ ὁ ἐπιδικασάμενος τοῦ κλήρου, προσκαλείσθω κατὰ ταυτὰ ᾧ ἡ προθεσμία μήπω ἐξήκει (1).

L'antithèse n'est-elle pas évidente ? Si l'action est intentée contre celui qui a été envoyé en possession, il n'est point question de prescription que l'on puisse opposer au demandeur. La prescription n'apparaît que dans la seconde hypothèse prévue par le législateur : celle où la pétition d'hérédité n'est formée qu'après le décès de l'envoyé en possession, ἐὰν μὴ ζῆ ὁ ἐπιδικασάμενος τοῦ κλήρου , contre les héritiers qu'il a laissés.

Les exemples eux-mêmes viennent à l'appui du texte d'Isée.

Dans le plaidoyer sur l'hérédité d'Aristarque, l'orateur prévoit que , parmi ses auditeurs , plusieurs s'étonneront de ce que , après avoir laissé un très-long temps s'écouler sans former son action , il se ravise et vient enfin demander justice. « Mais, dit-il à ses juges, vous n'avez pas à vous préoccuper de notre long silence, qui n'est point une raison suffisante pour nous faire perdre notre procès. Ce que vous avez à rechercher , c'est si notre réclamation

(1) Démosthène, *C. Macartatum*, § 16. R. 1054-1055.

est légitime ou non (1). » — Un tel langage eût-il été possible, si la loi eût établi la prescription quinquennale pour tous les cas indistinctement?

De même dans le plaidoyer sur la succession de Pyrrhus. Il y a plus de vingt ans que le défunt est mort lorsque l'action est intentée par Xénoclès, et nous ne voyons pas qu'on oppose à celui-ci quelque déchéance (2).

Lorsque les neveux de Dicæogène réclament contre le prétendu fils adoptif de leur oncle la succession qu'il détient, vingt-deux ans au moins se sont écoulés depuis la mort de Dicæogène (3).

Enfin, le discours contre Léocharès, détenteur de l'hérédité d'Archias, fut prononcé très-longtemps après l'envoi en possession de Léocratès : Πολλὰ ἔτη ἐκληρονόμει Λεωκράτης (4).

Il faut donc s'en tenir à l'interprétation que nous avons donnée des paroles d'Isée : « Les actions en pétition d'hérédité ne sont prescrites que cinq ans après la mort de l'héritier (5). »

Nous ne nous chargerons pas, toutefois, de justifier cette disposition. M. Hermann l'a essayé vainement. « Die Verjæhrungsfrist erst mit dem Tode des næchsten Erben eintrat, *weil dieser besseren Ans-*

---

(1) Isée, *De Aristarchi hereditate*, § 18. D. 308 ; § 21, *eod. loc.*

(2) Id., *De Pyrrhi hereditate*, § 57. D. p. 257.—Cf. § 58.

(3) Id., *De Dicæogenis hereditate*, §§ 7 et 35. D. 266.

(4) Démosthène, *C. Leocharem*, § 20. R. 1087.

(5) Cf. Bunsen, *De Jure hereditario Atheniensium*, Gœttingue, 1813, p. 94.—Schœmann, *Ad Isæum*, 1831, p. 257 et 432.—Schelling, *De Solonis legibus apud oratores atticos*, 1842, p. 37. — Schneider, *De jure hereditario Atheniensium*, 1851, p. 55.

prüchen gegenüber immer als malæ fidei possessor *gelten konnte.* — Le délai de la prescription ne commençait à courir qu'après la mort du premier successeur, parce que ce successeur, possédant au mépris de droits supérieurs aux siens, pouvait toujours être considéré comme possesseur de mauvaise foi (1). »

Toujours ! *Immer!* N'est-ce pas exagérer ; et, d'ailleurs, le même raisonnement ne serait-il pas également applicable à la possession de ses représentants, et, d'une façon plus générale, à toutes les hypothèses où il peut s'agir de prescription ?

II. — On sait que la loi athénienne permettait d'intenter une action en pétition des filles épiclères, action qui offrait la plus grande ressemblance avec la pétition d'hérédité, puisque le législateur la mettait sur la même ligne que cette dernière (2).

Ces deux actions étaient-elles soumises à la même prescription ? — En d'autres termes, fallait-il appliquer à l'ἀμφισβήτησις τῆς ἐπικλήρου les règles que nous venons d'exposer pour l'ἀμφισβήτησις τοῦ κλήρου ?

Admettre l'affirmative, ce serait déclarer qu'il n'y avait jamais de fin de non-recevoir contre l'action par laquelle un parent réclamait une héritière. — Car, d'un côté, la mort du premier envoyé en possession (ἐπιδικασάμενος) de la fille, amenait la dissolution du mariage ; la femme recouvrait sa liberté. — Et, d'un autre côté, à bien plus forte raison, le prédécès de

(1) Hermann, *Privatalterthümer*, 1852, p. 331, § 70. 6.
(2) Démosthène, *C. Macartatum*, § 16. R. 1054.

l'épiclère rendait parfaitement inutile la mise en mouvement de l'action contre le mari survivant. —L'ἀμφισϐήτησις τῆς ἐπικλήρου ne pouvait donc avoir d'avantages que pendant la vie du premier adjudicataire,
et, même pendant sa vie, elle perdait ces avantages,
lorsqu'une fois la femme était décédée.

Il en résulte que, par la force même des choses,
nous devons écarter les solutions que nous avons
données pour la pétition d'hérédité (1).

Aussi, la loi que Démosthène cite dans le discours
contre Macartatus,—après avoir assimilé au point de
vue du droit d'action l'ἀμφισϐήτησις τοῦ κλήρου et l'ἀμφισϐήτησις τῆς ἐπικλήρου,—lorsqu'elle traite de la prescription, ne parle plus que d'une attaque dirigée
contre l'ἐπιδικασάμενος τοῦ κλήρου (2).

Nous devons donc admettre qu'il y avait pour l'ἀμφισϐήτησις τῆς ἐπικλήρου des règles spéciales.

Par quel délai se prescrivait cette action? — Nous
ne saurions le dire. Le délai ordinaire, cinq ans à
partir du jour de l'adjudication de l'épiclère, n'aurait-il pas été déjà trop long?

V.

Lorsqu'une personne s'oblige, non point dans son
propre intérêt, mais dans l'intérêt d'autrui, en qualité de caution (ἔγγυος, ἐγγυητής), la durée de son
engagement doit-elle être déterminée par la durée
de l'obligation principale? — Ne vaut-il pas mieux

---

(1) Meier, *Attische Process*, Halle, 1824, p. 470.
(2) Démosthène, *C. Macartatum*, § 16. R. 1055.

déclarer qu'elle est moins étroitement liée à la dette et faciliter sa libération ?

De ces deux systèmes, le dernier est celui qui semble avoir obtenu la préférence des législateurs athéniens.

Ὁ νόμος... κελεύει τὰς ἐγγύας ἐπετείους εἶναι. « La loi décide que les cautionnements ne vaudront que pour un an (1). »

Ainsi, la dette principale ne sera prescrite qu'après l'expiration d'un délai de cinq ans, tandis qu'une seule année suffira pour que la caution soit déchargée de son engagement (2).

Il peut être intéressant de rapprocher de la loi athénienne la loi *Furia*, rendue en l'an 659 de Rome, loi d'après laquelle, en Italie, certaines cautions, les *sponsores* et les *fidepromissores*, étaient libérées au bout de deux ans : « Sponsor et fidepromissor per legem Furiam biennio liberantur... Cum autem lex Furia tantum in Italia locum habeat, consequens est ut in provinciis sponsores quoque et fidepromissores, proinde ac fidejussores, in perpetuum teneantur (3). »

Nous devons nous hâter de le dire : il n'y a aucun argument à tirer de cette demi-similitude pour résoudre la question toujours controversée de l'origine de la loi des XII Tables. En admettant, en effet, que

---

(1) Démosthène, *C. Apaturium*, § 27. Reiske, 901.

.(2) Voir Heffter, *Athenæische Gerichtsverfassung*, Cologne, 1822, p. 293 ; —Schœmann, *Der attische Process*, Halle, 1824, p. 636, 637 ;—Hermann, *Privatalterthümer*, Heidelberg, 1852, § 67, n. 21, p. 319.—Bœckh, *Staatshaushaltung der Athener*, 2ᵉ éd., Berlin, 1851, t. Iᵉʳ, p. 71.

(3) Gaius, *Commentaire III*, § 121.

Rome ait envoyé une ambassade à Athènes pour y
recueillir les lois de cette république, les décemvirs
ne firent point entrer dans leur œuvre la disposition
que nous avons transcrite plus haut d'après le discours de Démosthène. La loi *Furia* ne fut votée que
trois siècles et demi plus tard. (95 av. J.-C.)

Est-il certain, d'ailleurs, qu'en l'an 453 avant Jésus-
Christ, époque présumée du voyage que firent à
Athènes les représentants de la République romaine,
la loi sur la durée de l'engagement des cautions fût
déjà en vigueur? A-t-elle même jamais été appliquée
avec la généralité qu'on s'accorde à lui attribuer (1)?

Lorsqu'on lit, dans les contrats que les inscriptions
nous ont conservés, les stipulations précises et minu-
tieuses relatives aux cautions, on est en droit de se
demander si les clauses qu'on a sous les yeux et que
les parties intéressées ont fait graver sur la pierre,
sont compatibles avec l'idée d'un engagement pre-
scriptible par un laps de temps aussi bref?

Les termes mêmes dans lesquels les cautions s'obligent répugnent à cette interprétation.—Dans un bail
perpétuel, consenti par les Cythériens au profit d'Eucrate d'Aphidna, Eucrate prend l'engagement, non-
seulement de faire certaines réparations aux immeubles loués, mais encore de payer toujours régulièrement le prix de la location. Exécias, son père,
intervient à l'acte comme caution, ἐγγυητής, et il garantit que toutes les obligations contractées par son
fils seront remplies à l'époque déterminée : ἐγγυητὴς

(1) Voir Heffter, Schœmann, Bœckh, Hermann, *loc. cit.* — Cf.
Mayer, *Die Rechte . . . der Athener*, Leipzig, t. II, 1866, p. 174
et 250.

τοῦ ποιήσειν τὰ γεγραμμένα ἐν τῷ χρόνῳ τῷ γεγραμμένῳ (1).

Que signifient de pareilles clauses si au bout d'un an la caution devait être déchargée ?

Wachsmuth sortait d'embarras en limitant l'application de la loi citée par Démosthène, dans le discours contre Apaturius, aux cautions qui avaient garanti un prêt à la grosse. « Auf wie lange Zeit eine Bürgschaft gelten sollte, hing von der Beschaffenheit der Sache ab ; einjæhrige Dauer, welche zuweilen erwæhnt wird, ist vielleicht nur in Bodmereiklagen, also von der Zeit der Schiffahrt zu verstehen (2). »

Mais le procès pendant entre Apaturius et le client de Démosthène, procès dans lequel notre loi se trouve invoquée, n'était pas relatif à un prêt à la grosse. Apaturius soutenait que, dans un compromis entre lui et Parménon, son adversaire était venu prendre l'engagement de payer, comme caution, les sommes auxquelles Parménon pourrait être condamné par l'arbitre (3). Que l'affaire fût commerciale, l'orateur le répète à chaque instant (4), et nous sommes obligés de le croire sur parole, à raison de l'incertitude qui règne encore sur les véritables caractères de la distinction entre les causes civiles et les ἐμπορικαὶ δίκαι. Mais c'est là tout ce que nous pouvons admettre, et nous cherchons en vain, en

(1) *Revue archéologique*, novembre 1866.—V. aussi notre *Étude sur le contrat de louage à Athènes*, Toulouse, 1869.

(2) *Hellenische Alterthumskunde*, 2e éd., Halle, t. II, 1846, p. 188, § 103, n. 179.

(3) Démosthène, *C. Apaturium*, § 22. Reiske, 899.

(4) *Loc. cit.*, § 1 et 5. R. 892.

lisant et en relisant le plaidoyer, le passage sur lequel Wachsmuth a fondé son affirmation.

Nous ne voyons, pour notre part, d'autre conciliation que d'appliquer la loi τὰς ἐγγύας ἐπετείους εἶναι à toutes les cautions commerciales, mais à celles-là seulement, et non pas aux cautions civiles qui restaient sous l'empire du droit commun.

VI.

I. — La prescription opérait-elle de plein droit, de telle façon que le magistrat pût la suppléer d'office, ou bien devait-elle être invoquée par les parties intéressées? — Les textes ne sont pas très-précis sur la réponse à cette question.

Les uns disent : ἐὰν ἔτη παρέλθῃ, μὴ εἶναι δίκην (1), et on serait autorisé à en conclure que le magistrat pouvait spontanément refuser l'action.

Mais, dans beaucoup d'autres hypothèses, les parties, tout en déclarant que la prescription leur est acquise, plaident sur le fond du droit, sans que les tribunaux les arrêtent. Il était honorable d'agir ainsi, et l'on s'excusait presque de faire appel à la ressource offerte par la loi : « Si j'invoque la prescription, dit un client de Démosthène, ce n'est pas pour me dispenser de payer la dette que j'aurais contractée. C'est seulement parce que la loi qui l'établit me permet de vous prouver que je ne suis pas obligé. Si j'eusse été son débiteur, mon adversaire n'eût pas

(1) Démosthène, *C. Nausimachum*, § 17. R. 989.

manqué de me poursuivre dans les délais fixés par
le législateur (1). »

La seconde opinion, plus raisonnable, plus conforme à l'équité, nous paraît être aussi la meilleure.

II. — La partie qui opposait la prescription pro-
cédait par voie d'exception, παραγραφή ; c'est ce que
nous disent les rubriques des plaidoyers contre Apaturius et pour Phormion ; c'est ce que nous apprend
aussi l'Onomasticon de Pollux : Παραγραφὴ... ὅταν τις
μὴ εἰσαγώγιμον λέγῃ εἶναι τὴν δίκην... τῶν χρόνων ἐξηκόν-
των ἐν οἷς ἔδει κρίνεσθαι (2).

Cette exception pouvait d'ailleurs être invoquée,
non-seulement *in limine litis*, mais encore jusqu'au
dénouement du procès.

VII.

Les Athéniens ne paraissent pas avoir eu de théorie
bien arrêtée sur la prescription des actions pénales.
Dans certains cas, il y avait imprescriptibilité ; dans
d'autres, au contraire, après l'expiration d'une ou
de plusieurs années, le coupable ne pouvait plus être
atteint (3).

Il serait imprudent, lorsque les textes sont si peu
explicites, de tenter une généralisation. — Nous devons nous borner à indiquer la solution donnée par
le législateur dans quelques hypothèses saillantes.

(1) Démosthène, *C. Apaturium*, § 27. Reiske. 901.

(2) VIII, 57.

(3) Voir Heffter, *Athenæische Gerichtsverfassung*, Cologne, 1822,
p. 293, et Schœmann, *Attische Process*, Halle, 1824, p. 637.

I. — Celui qui se permettait d'abattre, même sur
sa propriété privée, un olivier, un de ces arbres
consacrés par la religion à la déesse protectrice
d'Athènes (σηχός), restait sous le coup de la répres-
sion pénale, non-seulement pendant de longues années après le délit, mais encore jusqu'à la fin de sa
vie.

Un client de Lysias est accusé d'avoir, il y a bien
longtemps déjà, fait tomber un olivier qui se trouvait
sur son fonds de terre. Il se plaint que l'accusateur
Nicomaque engage la lutte à une époque si éloignée
du prétendu crime qu'on lui impute, alors qu'il était
si facile d'agir immédiatement. Ὅτου ἕνεχα, ἐξὸν ἐπ'
αὐτοφώρῳ ἐλέγξαι, τοσούτῳ χρόνῳ ὕστερον εἰς τοσοῦτόν
με κατέστησεν ἀγῶνα (1).

Puis, lorsqu'il discute le fond même du procès :
« Commettre, dit-il, le crime dont je suis accusé eût
été de ma part l'acte le plus insensé ! Mes serviteurs,
témoins de ma faute, n'auraient plus été mes esclaves ; ils seraient devenus mes maîtres *pour tout
le reste de ma vie :* Μηχέτι δούλους ἔμελλον ἕξειν, ἀλλὰ
δεσπότας τὸν λοιπὸν βίον (2). — Quelle qu'eût été l'in-
dignité de leur conduite à mon égard, je n'aurais
pu me faire rendre justice, sachant qu'il dépendait
d'eux d'appeler sur ma tête les rigueurs de la loi, et
que leur dénonciation serait récompensée par le don
de la liberté.

« Et, quand bien même je n'aurais eu aucune
crainte à leur égard, quelle eût été mon audace,

(1) Lysias, *Pro sacra olea*, VII, § 42. Didot, p. 128.
(2) Id., *Loc. cit.*, § 16. D., p. 125.

lorsque tant de personnes avaient successivement
cultivé le fonds et en connaissaient si bien l'état, de
faire disparaître un olivier sacré ! Quel mince avantage en face du danger auquel je me serais exposé !
danger qui me menacerait toujours *et contre lequel
aucune prescription ne viendrait jamais me protéger* !
προθεσμίας οὐδεμίας οὔσης τῷ κινδύνῳ (1). »

L'action d'impiété, la γραφὴ ἀσεβείας, dans laquelle
rentrait la destruction des oliviers consacrés à Minerve, était donc imprescriptible.

II.—Peut-être en était-il de même pour les actions
qui tendaient à protéger la République contre les tentatives de ses ennemis.

Agoratus, au milieu des troubles qui accompa-
gnèrent la prise d'Athènes par Lysandre, chercha à
conquérir les bonnes grâces de la faction oligar-
chique, en dénonçant comme coupables de conspi-
ration pour détruire la paix, des stratéges, des
taxiarques, et beaucoup d'autres citoyens honorables (2).

L'une des victimes de cette odieuse dénonciation
(μήνυσις), Dionysodore, au moment de mourir, appela
près de lui sa femme qu'il croyait enceinte : « Si
notre enfant est un fils, lui dit-il, n'oublie pas de
lui apprendre, lorsqu'il sera grand, qu'Agoratus a
tué son père, et ordonne-lui de le faire punir comme
mon meurtrier (3). »

Peu de temps après, Agoratus rejoignit à Phylé

(1) Lysias, *Loc. cit.*, § 17. D., 125.
(2) Id., *C. Agoratum*, XIII, § 30. Didot, 154.
(3) Id., *Loc. cit.*, § 42. Didot, 155.

Thrasybule et ses compagnons. Les proscrits vou-
lurent lui faire expier immédiatement sa faute. Any-
tus s'y opposa : « Le moment n'est pas favorable.
Si quelque jour il nous est donné de rentrer dans
Athènes, c'est alors qu'il faudra châtier les coupables (1). »

La peine se fit longtemps attendre. Lysias se dé-
cida enfin à accuser Agoratus. L'orateur ne se dissimule pas que son adversaire argumentera, pour sa
défense, des années écoulées depuis le crime : πολλῷ
χρόνῳ ὕστερον τιμωρούμεθα. « Mais je ne crois pas,
dit-il, qu'il y ait de prescription possible pour de
pareils forfaits. Οὐ γὰρ οἶμαι οὐδεμίαν τῶν τοιούτων
ἀδικημάτων προθεσμίαν εἶναι. A quelque époque que se
produise l'action, qu'elle soit immédiate ou tardive,
il faut que l'accusé prouve qu'il n'a pas commis les
actes qu'on lui reproche (2). »

III. — Nous ne pouvons rien dire ici de la φόνου
γραφή.

Mais, on sait que la loi athénienne n'avait pas
mis sur la même ligne l'homicide et les coups portés
avec l'intention de donner la mort, sans que le but
eût été atteint (3). Dans le dernier cas, le coupable
était poursuivi, non pas par l'action de meurtre,
γραφὴ φόνου, mais par une action spéciale, la γραφὴ
τραύματος ἐκ προνοίας.

---

(1) Lysias, *Loc. cit.*, § 78. Didot, 160.

(2) Id., *Ibid.*, § 83. Didot, 161.

(3) Lorsque les coups étaient portés sans intention de donner la
mort, il y avait lieu à la γραφὴ ὕβρεως ou à la δίκη αἰκίας. —
Cf. Lysias, *C. Simonem*, or. III, §§ 41-43. Didot, p. 112-113.

Un autre client de Lysias était accusé par Simon
du délit de blessures faites avec la volonté d'occa-
sionner la mort. Quatre ans s'étaient écoulés depuis
les faits sur lesquels reposait l'accusation (1). Cependant, le défendeur se borne à contester au fond les
allégations de son adversaire. Il ne lui oppose aucune
exception, basée sur ce que la prescription se serait
accomplie en sa faveur.

Nous n'osons conclure de ce fait que la γραφὴ
τραύματος ἐκ προνοίας était imprescriptible. Il faudrait
raisonnablement étendre cette solution à un grand
nombre d'autres actions présentant, au point de vue
athénien, un caractère de gravité plus marqué :
telles seraient notamment la γραφὴ φόνου (2), et la
γραφὴ φαρμακείας.

Toujours est-il que le droit d'agir existait au moins
pendant cinq années.

IV. — Toutes les fois qu'un citoyen d'Athènes proposait à l'assemblée du peuple une loi ou un décret,
il s'exposait, dans le cas même où sa motion serait
favorablement accueillie, à être poursuivi par une
action connue sous le nom de γραφὴ παρανόμων (3).
L'accusation pouvait se fonder sur ce qu'il avait, soit

(1) Lysias, *C. Simonem*, or. III, §§ 19 et 39. Didot, p. 110 et
112.

(2) Certaines procédures en matière de meurtre n'étaient admises
que pendant un temps limité (Démosthène, *C. Aristocratem*, § 80.
Reiske, p. 646.

(3) Un citoyen d'Azénia, Aristophon, fut actionné soixante-quinze
fois, et il sortit toujours vainqueur de la lutte (Eschine, *C. Ctesiphontem*, § 194. Didot, p. 132).

contredit quelque loi encore en vigueur, soit négligé quelqu'une des nombreuses formalités prescrites par la constitution athénienne pour la confection des lois, soit enfin méconnu les intérêts de la République.

La γραφὴ παρανόμων, dans la pensée de Solon (1), était un excellent remède contre les abus possibles d'une démocratie exagérée. Elle réprimait et arrêtait en même temps les propositions irréfléchies ou coupables que des hommes d'État, frivoles ou peu honnêtes, auraient voulu soumettre à l'assemblée du peuple (2). Elle permettait, de plus, aux tribunaux, sagement organisés, de réparer les fautes de l'assemblée et d'annuler les décisions fâcheuses que des hommes influents auraient fait adopter par une multitude impressionnable, trop accessible aux séductions de l'éloquence (3).

Mais cette action avait aussi ses inconvénients, et le temps ne fit que les accroître, précisément à l'époque même où les réformes de l'organisation judiciaire diminuaient ses avantages.

Les caractères du délit étaient beaucoup trop indéterminés, et les meilleurs citoyens, en intervenant dans les affaires de l'État, n'eurent pas toujours la certitude de pouvoir échapper aux poursuites plus ou moins injustes des démagogues et des syco-

---

(1) D'après M. Grote (*History of Greece*, trad. Sadous, t. VII, p. 361), la γραφὴ παρανόμων ne serait pas antérieure à Périclès.

(2) Aussi, l'un des premiers actes de Pisandre et de ses compagnons fut d'abolir la γραφὴ παρανόμων (Thucydide, VIII, 67).

(3) Schœmann, *Griechische Alterthümer*, 2ᵉ édit., Berlin, 1861, t. I, p. 498.

phantes (1). Démosthène nous apprend lui-même qu'il fut en butte à cette action ; et, s'il eut la bonne fortune d'en sortir vainqueur (2), tous ne furent pas aussi heureux que lui. De fortes amendes prononcées contre des novateurs prudents et raisonnables venaient trop souvent paralyser le zèle de ceux qui auraient été tentés de les imiter (3).

La peine pouvait être sévère ; la loi en abandonnait la détermination à la conscience des juges (4). Elle se bornait seulement à déclarer que celui qui aurait succombé trois fois dans la γραφὴ παρανόμων serait de plein droit en état d'atimie (5).

A raison de pareilles rigueurs, il était bon de ne pas laisser les citoyens sous le coup d'une menace perpétuelle. Le législateur avait donc décidé que cette action ne pourrait être intentée contre l'auteur d'une proposition que pendant une année seulement : Νόμος ἦν τὸν γράψαντα νόμον ἢ ψήφισμα μετὰ ἐνιαυτὸν μὴ εἶναι ὑπεύθυνον (6).

Quant à la loi et au décret, comme il ne peut pas être permis de prescrire contre l'intérêt public, ils pouvaient évidemment être encore utilement attaqués

---

(1) Hermann, *Staatsalterthümer*, 4ᵉ éd., Heidelberg, 1855, § 132.

(2) *Pro coronâ*, § 103. Reiske, 261.

(3) Cf. Démosthène. *C. Midiam*, § 182. R. 573.

(4) La γραφὴ παρανόμων était un τιμητὸς ἀγών. Dans le plaidoyer d'Hypéride , *Pro Euxenippo* , § 18. Didot , p. 378 , l'amende descend à vingt-cinq drachmes. Dans d'autres cas , la peine est capitale.

(5) Démosthène, *de corona trierarchiœ* , § 12. Reiske , 1231.— Athénée, *Deipnosophistœ*, X, section 73, p. 451.

(6). *II Argumentum orationis C. Leptinem*, § 2. Reiske, 453.

après l'expiration de l'année , bien que leur auteur
fut déchargé de toute responsabilité : κατὰ τῶν νόμων
ἐξῆν ποιεῖσθαι τὰς κατηγορίας, κἂν οἱ γράψαντες ἔξω
κινδύνων ὦσι (1).

Le point de départ de ce délai d'un an, après
lequel la γραφὴ παρανόμων ne pouvait plus être intentée contre le délinquant, était, d'après Hermann ,
non pas le jour de la proposition, mais le jour où
la proposition avait été acceptée, « der Annahme
des Vorschlags (2). »

V. — Enfin, un texte de Pollux nous apprend que
les magistrats n'étaient soumis que pendant un délai
limité à l'action en responsabilité pour les délits
commis par eux dans l'exercice de leurs fonctions.
Ἡ δ'εὔθυνα χρόνον εἶχεν ὡρισμένον μεθ' ὃν οὐκέτ' ἐξῆν
ἐγκαλεῖν (3).

Quel était le terme fixé par le législateur ?

Bœckh était d'avis que le demandeur devait agir
dans les trente jours qui suivaient l'expiration de la
charge : « Klæger nur binnen einer bestimmten
Zeit klagen konnte , næmlich binnen jenen dreissig
Tagen nach Niederlegung des Amtes (4). »

Les textes d'Harpocration (5) et d'Ulpien (6), celui
de Démosthène lui-même (7), conduisent-ils néces-

---

(1) *Eod. loc.*

(2) *Staatsalterthümer,* § 132, 11.

(3) *Onomasticon,* VIII, 45.

(4) *Staatshaushaltung der Athener,* 2ᵉ édit. , 1851, t. I. p. 268.

(5) V. λογισταί.

(6) *Scholia in Demosthenem.* R. 542, 15. Didot, p. 675.

(7) *C. Midiam,* § 86. Reiske, 542.

sairement à la conclusion tirée par le regrettable savant ? De ce que les magistrats devaient spontanément rendre leurs comptes dans un certain délai, de ce qu'ils étaient obligés, pendant le même temps, de se tenir constamment à la disposition de ceux qui voudraient les accuser (1), s'ensuit-il qu'aucune action n'eût été recevable plus tard ?

Meier était moins favorable que Bœckh aux anciens magistrats ; il croyait que le délai était d'une année entière : « Diese Zeit war vielleicht ein ganzes Jahr nachdem er das Amt niedergelegt hatte (2). »

En l'absence de documents positifs , nous ne croyons pas que l'on puisse donner à la difficulté une solution satisfaisante (3).

P.-S. — L'impression de notre Mémoire était terminée lorsque nous avons reçu le livre de M. Télfy, professeur à l'Université de Pesth, *Corpus juris Attici*, Pestini, 1868. — Les explications que nous avons données § II, 3°, § IV, 1°, et § VII, 2°, répondent suffisamment aux numéros 1587, 1583 et 1146 de l'œuvre du savant hongrois.

---

(1) « Diese mussten..... wahrend dieser Zeit stets des Anklægers gewærtig sein. » (Schœmann, *Griechische Alterthümer*, 2ᵉ édit., Berlin, 1861, t. I. p. 423).

(2) *Der attische Process*. Halle, 1824, p. 221-222.

(3) Voir sur la prescription en matière criminelle à Athènes : Dambach, *Beitræge zu der Lehre von der Kriminal-Verjæhrung* , p. 3 à 21 , cité par Mayer ; *Die Rechte..... der Athener* , Leipzig , t. II, 1866, p. 174, et t. Iᵉʳ, 1862, p. 133.

Caen, typ. F. Le Blanc-Hardel

ÉTUDES

SUR LES

ANTIQUITÉS JURIDIQUES

D'ATHÈNES

PAR

E. CAILLEMER,

PROFESSEUR A LA FACULTÉ DE DROIT DE GRENOBLE

———▸※◂———

HUITIÈME ÉTUDE

LE CONTRAT DE LOUAGE A ATHENES.

———▸※◂———

PARIS

A. DURAND, LIBRAIRE,
rue Cujas, 9

E. THORIN, LIBRAIRE,
boulevard St-Michel, 58.

1869

LE

CONTRAT DE LOUAGE

A ATHÈNES

Le Musée national d'Athènes s'est récemment enrichi d'une inscription qui venait d'être trouvée sur le bord de la mer, au Pirée, dans un endroit que le peuple désigne encore sous le nom de Μουνυχία. M. Carle Wescher, ancien élève de l'École d'Athènes, qui a publié le texte de cette inscription dans la *Revue archéologique*, s'est attaché à démontrer quelle était son importance au point de vue de l'histoire et de la philologie. Nous n'avons rien à ajouter aux explications pleines d'intérêt que le jeune savant a données notamment sur l'éponymie des prêtres des dieux sauveurs, mentionnée par Plutarque (1), et merveilleusement confirmée par le texte de Munychie.

Mais ce monument est plus important encore au point de vue juridique : la traduction que nous allons en donner suffira pour le démontrer.

               « A la bonne Fortune !

» Philippide étant prêtre des dieux sauveurs (2) ;

» Voici les conditions du bail que

    » Antimaque, fils d'Amphimaque ; Phidostrate, fils de Mnésicharès ;
» Démarate, fils de Léosthène ; Ctésias, fils de Ctésiphon ; Ctésippe,
« fils de Ctésiphon ; Ctésicharès, fils de Ctésiphon ; Ctésias, fils de

---

(1) **Démétrius, 10 et 46.**
(2) **306-287 av. J. C.**

» Timocrate ; Chéréas, fils de Mnésicharès, administrateurs (μεϱίται) du
» dème des Cythériens,

    » Ont fait, à perpétuité, d'un atelier situé au Pirée, d'une maison
» qui y est contiguë, et d'une petite habitation au-dessus du tas de
» fumier ,

    « Au profit d'Eucrate, fils d'Exécias, du dème d'Aphidna ,

    » Moyennant cinquante-quatre drachmes par an pour toute redevance.

    » Eucrate paiera trente drachmes en Hécatombéon et les vingt-quatre
» autres en Posidéon.

    » Il fera, dans le courant de la première année, les réparations néces-
» saires à l'atelier et à la maison.

    » S'il ne paie pas le loyer conformément à ce qui vient d'être écrit,
» et s'il ne fait pas les réparations, il sera débiteur du double et devra
» quitter l'atelier sans réclamer aucune indemnité.

    » Exécias, du dème d'Aphidna, garantit qu'Eucrate fera ce qui vient
» d'être dit dans le délai fixé, et s'engage comme caution.

    » Les administrateurs du dème des Cythériens se portent garants du
» maintien du bail envers Eucrate et ses descendants ; s'il venait à être
évincé, ils devront lui payer mille drachmes

    » Eucrate fera graver le contrat sur une stèle de pierre, et la fera
placer dans.....

    » Si une contribution, ou toute autre charge, de quelque espèce que
» ce soit, vient à être imposée, Eucrate contribuera sur l'estimation
» (τίμημα) de sept mines.

    » Que les dieux protègent ce contrat ! »

L'épigraphie, en nous fournissant le texte de contrats sur lesquels les
auteurs classiques ne nous donnaient point de renseignements suffisants,
nous permet de reconstituer certaines parties de la législation athénienne
plus complètement que n'ont pu le faire nos prédécesseurs. Le contrat
de louage, notamment, l'un des plus usuels de la vie civile, nous est
maintenant assez connu pour qu'on puisse le décrire avec exactitude ;
et nous allons essayer cette description.

C'est donc un nouveau chapitre de l'histoire du droit privé d'Athènes
que nous offrons à nos lecteurs, en attendant que de nouvelles découvertes nous mettent à même de compléter les lacunes existant encore
dans les documents par nous recueillis sur les autres parties du droit
des obligations.

CHAPITRE PREMIER.

DU LOUAGE DES CHOSES.

§ 1.

Baux à loyer ou à ferme.

1.

L'objet du contrat de louage pouvait être soit un meuble, soit un immeuble. Mais la plupart des renseignements que nous possédons sur cette partie du droit attique sont relatifs à des locations immobilières. Dans les cas même où, par exception, il est question de choses mobilières, presque toujours elles se rattachent à des immeubles dont elles sont l'accessoire. — C'est ainsi que, dans la location d'une maison de banque, les parties comprennent le mobilier qui la garnit (1).

Entre les immeubles, nous pouvons signaler les maisons comme donnant lieu à des baux très-nombreux. Les étrangers et les métèques qui voulaient se procurer un logement à Athènes étaient obligés par la loi de recourir au contrat de bail.

Pour les étrangers, cela n'a rien qui doive nous surprendre. Appelés à Athènes par la curiosité, par les exigences du commerce, ou par les procès qu'ils avaient à soutenir devant les tribunaux de la métropole, ils ne pouvaient songer à devenir propriétaires dans l'Attique. Leur séjour était de courte durée, et, lorsqu'ils avaient atteint le but de leur voyage, ils regagnaient leur domicile habituel. Une location momentanée suffisait donc à leurs besoins.

Mais, toute autre était la condition des métèques, autorisés par l'Aréopage à se fixer définitivement dans l'Attique et ayant abandonné toute pensée de retour vers leur pays d'origine. La loi leur refusait cependant le droit de devenir propriétaires d'immeubles dans l'Attique (ἔγκτησις), à moins d'une faveur exceptionnelle octroyée comme récompense à ceux qui rendaient à la République des services importants.

Xénophon exhortait ses concitoyens à faire disparaître de leur légis-

---

(1) Démosthène, *C. Stephanum*, I, § 32, R. 1111.

lation cette incapacité, qui nuisait à la splendeur de la ville et à la prospérité du commerce (1). « Nous avons, à l'intérieur des murs, beaucoup d'emplacements vides où l'on pourrait construire. Si la République accordait l'ἔγκτησις à ceux qui bâtiront des maisons et seront reconnus dignes de ce privilége, un plus grand nombre d'étrangers, et des meilleurs, voudraient fixer leur domicile à Athènes. » La prohibition ne nuisait pas moins aux affaires ; les prêts consentis par des métèques n'étant point suffisamment protégés par la loi qui refusait à l'hypothèque établie en leur faveur l'un de ses principaux attributs (2), les riches étrangers domiciliés dans l'Attique hésitaient quelquefois à confier leur argent aux citoyens.

Les métèques habitaient donc des maisons de loyer ; et, comme ils étaient fort nombreux à Athènes (les statisticiens les plus modérés en comptent au moins quarante mille), le louage des maisons était devenu une véritable industrie. Les riches spéculateurs faisaient construire de vastes édifices contenant plusieurs appartements (συνοικίαι) (3). Ces συνοικίαι ou hôtels étaient loués à un locataire principal, appelé ναύκληρος (4), qui les sous-louait aux étrangers (5) et aux métèques, et réalisait par cette opération d'assez beaux bénéfices.

II.

Nous savons, en effet, par des textes nombreux, que les placements en immeubles étaient assez productifs.

Démosthène raconte que la fortune d'un certain Antidore fut, en six ans, portée de trois talents et demi à plus de six talents par les locations qui en furent consenties, ἐκ τοῦ μισθωθῆναι (6).

Des patrimoines d'un ou deux talents seulement pouvaient être rapidement doublés et triplés par le même moyen (7).

(1) *De Vectigalibus*, II, 6.

(2) Démosthène, *Pro Phormione*, § 6, R. 946. — Cf. Aristote, *OEconomica*, II, ch. 2, sect. 3, § 3, pour Byzance.

(3) Voy. Eschine, *C. Timarchum*, § 124.

(4) Harpocration, *h. v.*

(5) Eschine, *C. Timarchum*, § 43.

(6) *C. Aphobum*, I, § 58. R. 832.

(7) *C. Aphobum*, I, § 64, R. 833, et *C. Aphobum*, III, § 60, R. 862.

Dans un Mémoire récemment présenté à l'Académie des Sciences morales et politiques, M. de la Barre Duparc a écrit que « l'on tirait parfois, à Athènes, jusqu'à vingt-neuf pour cent du loyer d'une habitation » (1). — Nous ignorons sur quels passages des auteurs classiques l'auteur fonde cette affirmation et nous ne pouvons les contrôler.

Mais nous avons recueilli dans les orateurs et dans les inscriptions quelques textes qui se confirment les uns les autres, et qui nous paraissent fixer d'une façon assez vraisemblable le taux habituel de la location des maisons et des fonds de terre.

1º Une maison située à Mélite, qui avait été achetée trois mille drachmes, et une autre maison située à Eleusis, d'une valeur de cinq cents drachmes, rapportaient ensemble, chaque année, trois mines (2). C'était un placement au denier onze deux tiers, en d'autres termes à 8,57 pour cent.

2º Un fonds de terre, situé à Thria, et estimé deux talents et demi, était loué douze mines (3). — Le placement était fait au denier douze et demi et produisait, chaque année 8 pour cent.

3º D'après l'inscription que M. Wescher vient de publier et dont nous avons donné plus haut la traduction, divers immeubles situés au Pirée, un atelier, une maison d'habitation, une maisonnette, avaient été loués moyennant cinquante-quatre drachmes. Ces immeubles, au point de vue de l'impôt ($\tau\acute{\iota}\mu\eta\mu\alpha$), étaient estimés en capital à sept mines. Si, contrairement à l'opinion de M. Böckh (4), on admet que cette somme de sept mines correspondait à leur valeur véritable, on obtient un placement au denier douze $\frac{26}{27}$, à 7,71 pour cent (5).

Nous sommes bien loin, comme on le voit, du chiffre de 29 % admis par M. de la Barre Duparc. — S'il nous est facile de reconnaître que les événements ont pu, dans certains cas, exercer une influence sur le cours régulier des baux, nous croyons cependant que les textes, indiquant un chiffre supérieur à ceux que nous venons de constater,

(1) Séances et travaux de l'Académie, 1868, tom. 83, p. 268.

(2) Isée, *De Hagniœ hereditate*, § 42, Didot, p. 316.

(3) Isée, *eod. loc.*

(4) *Staatshaushaltung der Athener*, 2e éd., I, p. 653 et suiv.

(5) Le bail impose, en outre, au locataire l'obligation de faire certaines réparations.

devraient, s'il en existe, être rapportés à des circonstances exceptionnelles (1).

III.

A quelle époque de l'année, les loyers ou fermages devaient-ils être
payés ?

M. Böckh pense qu'il faut distinguer entre les baux des biens qui
appartenaient à l'État et les baux des biens qui appartenaient à des
particuliers. Il applique aux locataires des domaines de l'État un passage
des *Ecloga* de Thomas Magister : Τοὺς μισθοὺς καὶ τὰ ἐνοίκια κατὰ τὰς
πρυτανείας, οὐ κατὰ μῆνα ἐτέλουν : « Ils payaient leurs loyers et leurs fermages par prytanies et non par mois. » Le regrettable académicien
laisse de côté, toutefois, la question de savoir si le paiement devait avoir
lieu par dixièmes, à chaque prytanie, ou s'il était effectué, par fractions
plus considérables, lors de certaines prytanies déterminées (2). Quant
aux maisons qui étaient la propriété de simples particuliers, les loyers
étaient payables par mois, comme les intérêts de l'argent : « Die
Hausmiethe wurde, wie die Zinsen, monatlich bezahlt... » (3).

M. Hermann repousse sur ce dernier point l'opinion de M. Böckh.
D'après lui, les délais accordés aux locataires des maisons étaient plus
longs que ceux qui étaient concédés à l'emprunteur d'une somme d'argent ; des facilités plus grandes encore devaient être octroyées aux
preneurs dans les baux à ferme (4).

Pour nous, qui croyons qu'en cette matière une assez grande latitude
devait être laissée à la convention des parties, nous allons nous borner
à reproduire, sans tenter une généralisation impossible, quelques renseignements fournis par les inscriptions.

1° Dans le bail consenti par le dème d'Αἰξωνή, le fermage, fixé à
cent-cinquante-deux drachmes, est stipulé payable en une seule fois,

(1) Hermann, *Privatalterthümer*, Heidelberg, 1852, § 66, 12. — Cf. Böckh,
Corpus inscriptionum, n° 93 *in fine*.

(2) *Staatshaushaltung der Athener*, 2ᵉ éd., I, p. 418.

(3) *Loc. cit.*, p. 198.

(4) *Privatalterthümer*, § 66, 13.

en Hécatombéon : Τὴν δὲ μίσθωσιν ἀποδιδόναι τοῦ Ἐκατομβαιῶνος μηνός (1).

2° Le contrat des Piréens renferme la clause suivante : Τὴν μίσθωσιν καταθήσουσι τὴν μὲν ἡμισέαν ἐν τῷ Ἐκατομβαιῶνι, τὴν δὲ ἡμισέαν ἐν τῷ Ποσιδεῶνι (2) : « Les locataires paieront leurs fermages, moitié en Hécatombéon, moitié en Posidéon. »

3° Les échéances sont les mêmes dans notre contrat de Munychie : « Sur les cinquante-quatre drachmes, prix de la location, les locataires paieront trente drachmes en Hécatombéon et vingt-quatre drachmes en Posidéon... » Ἐφ' ᾧτε διδόναι τὰς μὲν ΔΔΔ ἐν τῷ Ἐκατονβαιῶνι, τὰς δὲ εἴκοσι καὶ τέτταρας ἐν τῷ Ποσειδεῶνι.

4° Nous lisons enfin dans un fragment d'inscription reproduit par M. Böckh : Διδόναι αὐτοὺς τὸ μὲν πρῶτον μέρος τῆς μισθώσεως ἀρχομένου τοῦ ἐνιαυτοῦ, τὸ δὲ δεύτερον αὐτῆς μέρος τοῦ Γαμηλιῶνος μηνός, τὸ δὲ τρίτον καὶ τελευταῖον τοῦ Θαργηλιῶνος μηνός (3) : « Les locataires paieront la première partie du prix de la location au commencement de l'année (Hécatombéon), la seconde en Gamélion, la troisième et dernière en Thargélion. »

La seule remarque que nous voulons faire, c'est que le premier mois de l'année, Hécatombéon, figure comme terme de paiement dans les quatre textes par nous cités.

IV.

M. Hermann, recherchant quelle est celle des deux parties qui doit supporter les impositions qui grèveront la chose louée, arrive à cette conclusion : Les contributions directes étaient à la charge du propriétaire. « Fielen die directen Abgaben dem Eigenthümer zur Last... » (4).

Pouvons-nous être aussi affirmatif que l'était en 1852 le regrettable professeur de Göttingue ?

(1) *Corpus inscriptionum græcarum*, n° 93.
(2) *Corpus inscriptionum græcarum*, n° 103.
(3) *Corpus inscriptionum græcarum*, n° 104.
(4) *Privatalterthümer*, § 66, 19.

Dans presque tous les baux qui sont parvenus à notre connaissance, des clauses spéciales du contrat règlent l'obligation des parties et mettent les contributions, tantôt à la charge du propriétaire, tantôt à la charge du locataire. Nous allons en fournir la preuve en reproduisant les textes les plus importants.

1º Le contrat des Æxonéens renferme la stipulation que voici : « Si un impôt (εἰσφορά) vient à être mis sur le fonds au profit de la République, les Æxonéens (locateurs) devront le payer. S'il était acquitté par les fermiers, ceux-ci auraient le droit d'imputer la somme par eux déboursée sur le prix de leur location » (1). Ἐάν τις εἰσφορὰ ὑπὲρ τοῦ χωρίου γίγνηται εἰς τὴν πόλιν, Αἰξωνέας εἰσφέρειν, ἐὰν δὲ οἱ μισθωταὶ εἰσενεγκῶσι, ὑπολογίζεσθαι εἰς τὴν μίσθωσιν.

2º La même stipulation se retrouve dans le contrat des Piréens : « Les biens sont loués nets et exempts d'impôts. Si une contribution foncière est imposée au fonds de terre, elle sera supportée par les habitants du dème, locateurs. » Ἐὰν δέ τις εἰσφορὰ γίγνηται ἀπὸ τῶν χωρίων τοῦ τιμήματος, τοὺς δημότας εἰσφέρειν (2).

3º Mais la solution change dans le contrat de Munychie. C'est le locataire Eucrate qui, d'après les clauses du bail, sera soumis à l'εἰσφορά. Ἐὰν δέ τις εἰσφορὰ γίγνηται, εἰσφέρειν Εὐκράτην κατὰ τὸ τίμημα.

Du rapprochement de ces dispositions contradictoires, il est permis de conclure que la loi athénienne n'avait édicté aucune règle sur ce point, et qu'elle avait laissé toute liberté à la convention des parties contractantes. Nous serions porté à croire, cependant, que, dans le silence du contrat, l'impôt devait être payé par le propriétaire. Remarquons, en effet, que le bail d'Eucrate était un bail emphytéotique, εἰς τὸν ἅπαντα χρόνον, pour tout le temps à venir. Or, les droits d'un emphytéote étant plus étendus que ceux d'un fermier et présentant une certaine similitude avec ceux qui découlent de la propriété, cette circonstance pourrait expliquer la différence que nous avons signalée. La durée des deux autres baux est limitée, pour les Æxonéens, à quarante ans, pour les Piréens à dix ans seulement.

(1) *Corpus inscriptionum græcarum*, nº 93.
(2) *Corpus inscriptionum græcarum*, nº 103.

V.

Les baux à ferme des biens ruraux contiennent souvent, sur le mode de jouissance imposé au fermier, des détails qui prouvent avec quel soin les contrats étaient rédigés.

Tantôt on défend au preneur de transporter hors de la ferme aucune pièce de bois, aucune parcelle du sol : Τὴν δὲ ὕλην καὶ τὴν γῆν μὴ ἐξέστω ἐξάγειν... (1) τὴν δὲ γῆν τὴν ἐκ τῆς γεωρυχίας μὴ ἐξεῖναι ἐξάγειν μηδεμιᾷ ἀλλ' ἢ ἐς αὐτὸ τὸ χωρίον (2).

Quelquefois on se montre encore plus rigoureux, et on interdit d'une façon absolue tout déplacement d'un objet, alors même que ce déplacement ne le ferait pas sortir des biens compris dans la location. « Les locataires du Thesmophorion et du Schœnon ne pourront point porter de bois sur les autres parcelles de terre » (3).

Tantôt, après avoir permis aux fermiers d'exploiter à leur guise (ὅπως ἂν βούλωνται), en se conformant toutefois à la justice, on stipule que, pendant la dernière année du bail, ils ne pourront cultiver que la moitié des fonds, afin que leurs successeurs aient la faculté de préparer leurs labours, et on fixe l'époque à laquelle ceux-ci pourront les commencer : le 16 Anthestérion. Si, nonobstant cette clause, les fermiers exploitent plus de la moitié du fonds, les fruits du surplus ne leur appartiendront pas ; le locateur aura le droit d'en exiger la remise (4).

C'est également pour faciliter une nouvelle location que, dans un autre contrat, le bailleur stipule que, pendant les cinq dernières années de la jouissance, il pourra envoyer son vigneron sur le fonds loué ; et que la moitié des biens compris dans la location devra être remise inculte (χέρρον) (5).

Ailleurs, les parties prévoient le cas où la possession du fermier serait troublée par les expéditions militaires des ennemis. Le bailleur

(1) *Corpus inscriptionum græcarum*, n⁰ 103.
(2) *Eod. loc.*, n⁰ 93.
(3) *Eod. loc.*, n⁰ 103.
(4) *Eod. loc.*, n⁰ 103.
(5) *Eod. loc.*, n⁰ 93.

ne pourra plus alors exiger que la totalité du fermage stipulé en argent lui soit payée. Il devra se contenter de recevoir en nature la moitié des fruits produits par l'immeuble (1).

VI.

Les actions mises par la loi à la disposition des intéressés pour assurer l'exécution des obligations réciproques dérivant du bail étaient assez nombreuses. Nous allons bientôt les énumérer. — Mais les parties ne se contentaient pas des garanties que leur offrait la loi, et fréquemment elles inséraient dans leurs contrats des stipulations tendant à leur assurer une protection encore plus efficace.

Dans le bail constaté par une inscription que nous avons déjà plusieurs fois citée, le fermier exige que le bailleur s'engage expressément à ne rien faire qui puisse troubler sa jouissance, et s'interdise notamment le droit de louer et même de vendre l'immeuble avant l'expiration du bail (2).

De son côté, le locateur déclare que si le preneur ne paie pas ses fermages à l'époque fixée par la convention, ses biens et tous les fruits de l'immeuble pourront être directement saisis (ἐνεχυρασία) : « Si le locataire ne se conforme pas à ses obligations, le propriétaire aura le droit de pratiquer une saisie sur les fruits de la récolte de l'immeuble et sur tout ce qui appartiendra à son débiteur » (3).

L'inscription de Munychie nous offre, dans le même ordre d'idées, un exemple de clause pénale à joindre à ceux que nous possédions déjà (4). « Si le preneur ne se conforme pas aux obligations qui lui sont imposées, il devra payer le double et quitter les objets loués, sans pouvoir former aucune réclamation » (5).

La pratique avait même introduit au profit des bailleurs de maisons

(1) *Eod. loc.*, n⁰ 93.

(2) *Eod. loc.*, n⁰ 93. — Voy. aussi l'inscription de Munychie.

(3) *Corpus inscriptionum græcarum*, n⁰ 93.

(4) Voy. notre *Étude sur les Papyrus grecs du Louvre et de la Bibliothèque impériale*, 1867, p. 24.

(5) Cf. une inscription d'Olymos (Carie) conservée au Louvre, Fröhner, *Inscriptions grecques*, n⁰ 49, Paris, 1865, p. 108.

un moyen de contrainte, indirecte si l'on veut, mais plus énergique cependant que toutes les actions judiciaires. Le locateur faisait enlever les portes ou le toit de la maison ; il faisait fermer les puits ; et rendait par là l'immeuble inhabitable pour le débiteur récalcitrant (1).

Indépendamment de tous ces droits conventionnels ou admis par l'usage, le bailleur avait la ressource des actions judiciaires dérivant du contrat.

Parmi ces actions, nous pouvons citer en première ligne l'ἐνοικίου δίκη. — M. Westermann la définit : « Klage auf den Ertrag eines Hauses » (2), action tendant à obtenir les produits d'une maison, par opposition à la καρποῦ δίκη que l'on employait pour les produits d'un fonds de terre.

Il est vrai que les grammairiens, Harpocration entre autres (3), présentent l'ἐνοικίου δίκη comme une des phases de l'action en revendication. Mais il est impossible de ne pas admettre, en lisant un texte de Démosthène, qu'elle s'applique également au contrat de louage.

Διὰ τί σύ, Ὀλυμπιόδωρε, οὐδεπώποτέ μοι ἔλαχες ἐνοικίου δίκην τῆς οἰκίας ἧς ἔφασκες μισθῶσαί μοι, ὡς σαυτοῦ οὖσαν ; « Pourquoi, Olympiodore, ne m'avez-vous jamais attaqué par l'action ἐνοικίου, à raison de cette maison que j'ai possédée pendant longtemps, s'il est vrai, comme vous le dites, que vous en étiez propriétaire, et que vous me l'aviez louée ? » (4)

Devons-nous maintenant accepter l'antithèse établie par Heffter (5), Meier (6), Westermann, entre l'ἐνοικίου δίκη appliquée aux-maisons, et la καρποῦ δίκη appliquée aux fonds de terre, mais ayant l'une et l'autre le même objet, le paiement des loyers ? — Faut-il au contraire exclure du contrat de louage la δίκη καρποῦ et la restreindre uniquement à la revendication que lui assignent les grammairiens Suidas et Harpocration ? — Nous n'osons répondre à ces questions. La dernière opinion, développée par Hudtwalcker, a été adoptée par Hermann ; mais la brève mention du professeur de Göttingue : « *Ich mich vielmehr in diesem ganzen Puncte*

---

(1) *Stobée*, V, 67.

(2) Pauly, *Real-Encyclopädie*, III, 1844, p. 145.

(3) Vis Καρποῦ δίκη et οὐσίας δίκη.

(4) Démosthène, *C. Olympiodorum*, § 45, R. 1179. — Cf. § 44.

(5) *Athenäische Gerichtsfverfassung*, 1822, p. 264.

(6) *Attische Process*, 1824, p. 531.

der Ansicht von Hudtwalcker anschliesse » (1), ne nous permet pas de juger les raisons sur lesquelles s'appuie l'auteur, dont nous n'avons pu nous procurer le Mémoire.

On rattache encore habituellement au contrat de louage deux actions citées par les grammairiens, mais sur lesquelles nous avons trop peu de détails.

La première est l'ἀμελίου δίκη. Hésychius, qui la définit, se borne à dire : ζημίου δίκη (2).

La seconde est l'ἀγεωργίου δίκη ; voici en quels termes s'expriment Phrynichus et le Recueil connu sous le nom de Συναγωγὴ λεξέων χρησίμων : Σημαίνει ἐπειδάν τις, χωρίον παραλαβών, ἀγεώργητον καὶ ἀνέργαστον ἐάσῃ, ἔπειτα ὁ δεσπότης δικάζεται τῷ παραλαβόντι (3). « Voici le fait que prévoit cette action : Une personne ayant reçu un fonds (à titre de louage), a négligé de le labourer et l'a laissé inculte. Plus tard, le propriétaire agit contre le locataire. »

§ 2.

Emphytéose.

Nous avons dit plus haut, en parlant des impôts, que les Grecs connaissaient les baux emphytéotiques.

D'après l'opinion générale, on distingue un bail emphytéotique d'un bail ordinaire, aux caractères suivants : 1° longue durée du bail ; 2° modicité de la redevance attribuée au bailleur ; 3° obligation pour le preneur de faire sur l'immeuble certaines améliorations déterminées, et de remettre la chose au bailleur, lors de la cessation du bail, sans pouvoir réclamer aucune indemnité pour ces améliorations ; 4° enfin, transmission au preneur, pendant la durée du bail, de tous les droits utiles de propriété sur le domaine (4).

Tous ces caractères se retrouvent dans certains baux des Athéniens,

(1) *Privatalterthümer*, § 66, 14.
(2) Éd. Alberti, I, p. 271.
(3) Bekker, *Anecdota Græca,* I, p. 20 et 336.
(4) Voy. Cassation, 26 janvier 1864, *Journal du Palais*. 1864, p. 494.

dans lesquels, par conséquent, nous sommes autorisés à voir des Emphytéoses.

D'abord la longueur du bail. — Le contrat de Munychie porte que la concession est faite « pour tout le temps à venir, » εἰς τὸν ἄπαντα χρόνον. — Ἀενvάως, « éternellement, » disent, dans un cas analogue, les *Économiques* attribuées à Aristote (1). — Il est impossible que la première condition soit mieux remplie.

A première vue, d'après l'inscription de Munychie, le prix de la location n'est point de beaucoup inférieur à la moyenne habituelle des baux d'Athènes. Il est de 7,71 pour cent, en supposant que les biens loués valent sept mines. — Mais il ne faut pas oublier que le τίμημα, ou capital imposable, était fréquemment inférieur à la valeur véritable de la chose. Les savants calculs de M. Böckh, que nous ne pouvons songer à reproduire ici sur un point de détail, arrivent à cette conclusion : Un capital imposable (*Steuerkapital*) de 1000 drachmes, peut représenter à Athènes une valeur foncière (*Grundvermœgen*) de 1800 drachmes (2). En prenant cette base pour point de départ, le loyer de Munychie serait seulement d'environ 4 pour cent. Nous aurions bien là cette seconde condition requise pour qu'il y ait bail emphytéotique : la modicité de la redevance.

Elle se rencontre également dans deux baux que nous ont conservés les inscriptions de Mylasa et de Gambreion, et qui sont reproduits sous les numéros 2693, *e*, et 3561 du *Corpus inscriptionum Grœcarum* de Böckh. Dans le premier, la redevance (φόρος) n'atteint pas 5 pour cent. Elle est encore plus minime dans le second.

La troisième condition apparaît textuellement dans le contrat de Munychie. Le preneur s'engage à faire, pendant la première année de sa jouissance, des réparations à l'usine et à la maison : Ἐπισκευάσαι τὰ δεόμενα τοῦ ἐργαστηρίου καὶ τῆς οἰκήσεως ἐν τῷ πρώτῳ ἐνιαυτῷ. — Si, par hasard, le bail vient ensuite à être résolu, le bailleur ne pourra, de ce chef, être inquiété par aucune réclamation ; le locataire devra se retirer sans demander d'indemnité pour les améliorations qu'il aura faites : Ἀπιέναι ἐκ τοῦ ἐργαστηρίου μηθένα λόγον λέγοντα.

Enfin, tous les attributs utiles de la propriété passaient, dans ce cas,

---

(1) Lib. II, c. 2, sect. 3, § 1.
(2) *Staatshaushaltung der Athener,* 2ᵉ éd., I, p. 656.

au preneur. Voilà, sans doute, pourquoi, à la différence de ce qui avait lieu dans les baux proprement dits, il était juste de mettre les impôts à la charge du preneur, au lieu de les laisser peser sur le propriétaire. C'est ce que nous pouvons voir encore dans le bail de Munychie.

§ 3.

Louage des animaux et des esclaves.

Nous devons rapprocher du louage des objets inanimés le louage des êtres animés, non pas seulement celui des animaux, mais encore celui des esclaves.

Les textes nous fournissent peu de renseignements sur la location des bêtes de somme; mais on ne peut mettre en doute qu'elle était fréquemment pratiquée. — Un proverbe judiciaire d'Athènes suffirait pour l'établir.

« Sur quoi plaiderons-nous ? » demande Bdélycléon à son père; et le vieil Héliaste répond aussitôt : « Sur l'ombre de l'âne, » περὶ ὄνου σκιᾶς (1).

On racontait, en effet, qu'un voyageur, qui avait loué un âne, ayant eu l'idée de se mettre à l'ombre de sa monture pour se dérober aux ardeurs du soleil, avait été traîné en justice par un locateur, trop ami des procès, sous le prétexte que l'ombre de l'âne n'avait pas été comprise dans la location.

De ceux qui, à l'exemple de cet industriel, plaidaient sur des riens, on disait qu'ils disputaient sur l'ombre d'un âne; et leur action ne méritait pas d'être prise au sérieux plus que la βολίτου δίκη (2), dont il est parfois question.

Le nombre des esclaves d'Athènes, quatre fois plus considérable que celui des hommes libres, était hors de proportion avec les besoins des familles. Le maître qui n'employait pas ses esclaves à son service personnel, à l'exploitation de ses domaines ou de ses usines, devait chercher à les utiliser au dehors de ses propriétés, et trois moyens principaux, que nous allons rapidement indiquer, s'offraient à lui pour en retirer un avantage pécuniaire.

---

(1) Aristophane, *Vespæ*, v. 191.
(2) *Scholia in Aristophanem, Equites,* v. 658.

Il lui était d'abord loisible d'octroyer à son esclave la permission d'exercer librement une certaine industrie, à la charge par celui-ci de verser entre les mains de son maître une somme déterminée, que l'on désignait parfois sous le nom d'ἀποφορά (1). Heureuse était, relativement au moins, la condition de ces esclaves qui jouissaient d'une liberté assez grande et n'avaient presque rien à envier aux industriels d'un rang peu élevé.

D'autres esclaves, quoique ayant aussi en partage une certaine indépendance, n'étaient pas pour longtemps abandonnés par leur maître. Celui-ci les envoyait en certains lieux de la ville, vers lesquels les propriétaires, en quête de travailleurs, avaient l'habitude de diriger leurs recherches. Ils se louaient eux-mêmes pour l'office que l'on réclamait d'eux, par exemple, pour le service d'un festin (2), et rapportaient à leur maître le salaire qu'ils avaient reçu. C'étaient les μισθωτοί, que l'on appelait également Κολωνῖται, parce qu'une de leurs stations affectionnées était le monticule de Κολωνὸς ἀγοραῖος (3), à peu de distance de la place publique.

Enfin, si la législation athénienne était plus humaine envers les esclaves que ne le furent les lois de Rome, elle les rangeait cependant dans la catégorie des choses. Comme les maisons, comme les fonds de terre, comme le mobilier, les esclaves faisaient partie de la propriété ostensible, οὐσία φανερά ; et le maître avait le droit de les louer comme tous les autres éléments de son patrimoine. Ainsi, Nicias allait demander à de grands propriétaires d'esclaves jusqu'à mille ouvriers qu'il faisait travailler dans ses mines (4).

Cette dernière opération, louage proprement dit des esclaves, donnait naissance à la μισθώσεως δίκη au profit du maître pour contraindre le locataire à payer la redevance qu'il avait promise (μισθός).

Mais on a voulu, nous ne saurions dire pourquoi, rattacher aux premières combinaisons que nous avons exposées, deux actions citées par

---

(1) Andocide, *De Mysteriis*, § 38, Didot, p. 54.

(2) Théophraste, *Caractères*, c. 22.

(3) Harpocration, vᵒ Κολωναίτας.

(4) Xénophon, *De Vectigalibus*, IV, §§ 14 et 15. — Cf. Démosthène, *C. Aphobum*, I, § 20, R. 819, et *C. Nicostratum*, §§ 20 et 21, R. 1253. — Isée, *De Cironis hereditate*, § 35, Didot, p. 296.

Pollux, sur lesquelles les renseignements nous font défaut : δίκαι φορᾶς ἀφανοῦς, μεθημερινῆς (1).

D'après Kühn, ces actions auraient été dirigées contre les esclaves qui ne payaient point à leur maître la redevance qu'ils lui avaient promise. Mais est-il permis de supposer que la loi athénienne accordait au maître une action en justice contre son esclave ?

L'insuffisance des textes est si grande, que nous croyons devoir nous abstenir de toute conjecture (2).

§ 4.

Location des biens des pupilles.

En principe, un tuteur n'était pas obligé de louer les biens de son pupille ; il pouvait les administrer lui-même.

Il est vrai que deux passages du troisième discours de Démosthène contre Aphobus nous disent que la location des biens du pupille était imposée par les lois : τῶν νόμων κελευόντων μισθῶσαι (3) ; et l'on serait en droit d'en conclure que jamais le tuteur ne pouvait légalement se réserver la gestion personnelle des biens de l'incapable.

Mais cette opinion serait inexacte. L'authenticité du troisième discours contre Aphobus est fort douteuse et les inductions qu'on voudrait en tirer sont souvent contestables. Sur ce point notamment, l'auteur de la harangue se met en contradiction avec tous les autres passages des orateurs grecs, unanimes pour déclarer que la location était une simple faculté pour le tuteur. « Il lui était permis de louer, » dit Lysias : Ἐξῆν αὐτῷ μισθῶσαι (4) ; et voilà pourquoi nous voyons des mineurs, parvenus à leur majorité, réclamer la reddition de leur compte de tutelle, τὸν λόγον τῆς ἐπιτροπῆς (5). Bien plus même, il résulte d'un passage de

---

(1) *Onomasticon*, VIII, 31.

(2) Voy. Meier, *Attische Process*, p. 533, note 81.

(3) *C. Aphobum*, III, §§ 29 et 57, R. 853 et 861.

(4) *C. Diogitonem*, § 23, Didot, 231.

(5) Démosthène, *Pro Phormione*, § 20, R. 950. — Cf. Lysias, *C. Diogitonem*, § 20 et suiv., Didot, p. 230.

Démosthène que le père de famille pouvait, en mourant, enlever aux tuteurs la faculté de louer. Οὐκ εἴα μισθοῦν τὸν οἶκον (1).

Nous devons donc le reconnaître : les tuteurs avaient le droit d'administrer (2).

Mais, le plus souvent, pour se débarrasser des soucis d'une gestion plus ou moins onéreuse (3), ils usaient de la faculté que la loi leur accordait et donnaient à bail la fortune du pupille (τὸν οἶκον μισθοῦν). Quelquefois même, le testament du père leur imposait cette location comme un devoir impérieux : ἐν διαθήκαις ἐγέγραπτο... τὸν οἶκον ὅπως μισθώσοιτο (4).

Dans tous les cas, pour l'exercice de cette faculté, il n'y avait point à distinguer entre les tuteurs qui ne pouvaient point administrer par eux-mêmes et ceux qui pouvaient aisément se consacrer à cette gestion. La permission de louer existait pour tous indistinctement : ἐξῆν τοῖς ἀδυνάτοις τῶν ἐπιτρόπων καὶ τοῖς δυναμένοις (5).

Lorsque, pour une cause quelconque, les tuteurs étaient obligés de louer la fortune de leurs pupilles, et qu'ils ne se conformaient pas à cette obligation ou louaient à des conditions trop défavorables pour le mineur, il y avait lieu à une action connue sous le nom de φάσις τοῦ ὀρφανίκου οἴκου.

Harpocration (6), Photius (7), Suidas (8), l'*Etymologicum magnum* (9) nous apprennent que Lysias avait écrit un discours sur cette action. Mais l'œuvre du grand orateur n'est point parvenue jusqu'à nous.

C'est seulement à l'aide des grammairiens et d'un passage peu explicite de Démosthène (10) que l'on pourrait parvenir à reconstituer cette φάσις. Mais nous n'espérons pas être plus heureux que le regrettable Böckh,

(1) *C. Aphobum*, II, § 7, R. 837.

(2) Démosthène, *C. Onetorem*, I, § 6, R. 865.

(3) Démosthène, *C. Aphobum*, I, § 58, R. 831.

(4) Démosthène, *C. Aphobum*, I, § 40, R. 826.

(5) Lysias, *C. Diogitonem*, § 23, Didot, p. 231.

(6) Ed. Bekker, 1833, p. 182, note 7.

(7) Vᵒ φάσις, éd. Leipzig, 1823, p. 555.

(8) Vᵒ φάσις, éd. Bernhardy, II, 2ᵒ, p. 1428, 18.

(9) Pag. 788, 50.

(10) *C. Nausimachum*, § 23, R. 991.

dont l'avis était que vouloir reconstruire sur ce point le droit attique, en se fondant sur le fatras (*Wust*) des grammairiens, serait entreprendre un travail d'Hercule, ou mieux encore une œuvre de Sisyphe : *Eine Herkulische oder vielmehr des Sisyphos Arbeit* (1).

Nous sommes seulement porté à croire que cette φάσις τοῦ ὀρφανικοῦ οἴκου ne devait pas être confondue avec la δίκη μισθώσεος οἴκου que les grammairiens ont mal à propos mêlée avec elle (2). Nous pensons qu'il y avait deux actions découlant du fait de la non-location, une action publique et une action privée, le délit du tuteur étant tout à la fois un délit public et un délit privé Ce principe une fois admis, il devient dès lors assez facile de faire à chacune des deux actions la part qui, d'après les principes généraux du droit, lui revient dans les compilations des Rhéteurs (3).

Quand le tuteur se décidait à abandonner l'administration personnelle des biens du pupille, il s'adressait à l'archonte, protecteur habituel des incapables (4) et lui remettait un état détaillé de la fortune de l'enfant (5).

L'archonte faisait publier que les biens du pupille allaient être donnés à ferme (προεκήρυττεν) ; puis, il les mettait aux enchères publiques et les adjugeait à celui qui offrait les conditions les plus avantageuses (6).

Cette adjudication avait lieu devant le tribunal des Héliastes, chargé de statuer sur les contestations qui pouvaient s'élever relativement au fait même de la location (7).

D'après Samuel Petit, dont l'autorité a entraîné Platner, les locations des biens des mineurs avaient lieu au commencement de l'année : « *Hæc locatio fiebat novo ineunte anno, mense Hecatombæone...* » (8)

---

(1) *Staatshaushaltung der Athener*, 2ᵉ éd., I, p. 472. — Voy. Meier, *Attische Process*, p. 247.

(2) Voy. notamment les *Lexiques* de Séguier, édités par Bekker, *Anecdota græca*, t. I, p. 313, vᵒ φαίνειν.

(3) Voy. Böckh, *Staatshaushaltung*, p. 470-473.— Cf. Meier, *Attische Process*. p. 296.

(4) Pollux, *Onomasticon*, VIII, 89.

(5) Isée, *De Hagniæ hereditate*, § 34, Didot, p. 315. — Cf. *De Philoctemonis hereditate*, § 36, Didot, p. 278.

(6) Isée, *De Philoctemonis hereditate*, § 37, Didot, p. 278.

(7) Isée, *loc. cit.*, § 37.

(8) Éd. Wesseling, Leyde, 1742, p. 592-593.

Mais les deux textes sur lesquels cet érudit appuie sa proposition ne disent rien de pareil.

Dans le premier, emprunté à Aristophane, l'un des personnages de la comédie se moque de son voisin qui a pris à la lettre les utopies de Protagoras et de Platon, et qui apporte à la masse commune tout ce qu'il possède. « Hé ! l'ami, lui dit-il, que signifie donc tout cet étalage de meubles ? Est-ce que tu changes de demeure, ou bien vas-tu mettre en gage ton mobilier ? (1) »

Dans le second, l'orateur Isée nous apprend que le magistrat ne doit ouvrir les enchères que lorsque le tribunal est suffisamment rempli de citoyens : ἐπειδὴ πρῶτον τὰ δικαστήρια ἐπληρώθη (2).

Comment conclure des passages que nous venons de citer, que la location se faisait au commencement de l'année, « zu Anfang des Jahrs ? (3)

L'affirmation de Samuel Petit manque donc complètement de bases sérieuses. Nous ne pouvons songer à imiter l'exemple de Platner et à nous incliner devant elle (4).

Que plusieurs personnes pussent se rendre conjointement locataires des biens d'un pupille, c'est ce qui ne peut être mis en doute. S'il était besoin de le prouver, nous nous bornerions à rappeler, avec Isée, que Ménéclès s'était associé à plusieurs de ses concitoyens pour la location des biens des fils mineurs de Nicias : μετασχὼν τοῦ οἴκου τῆς μισθώσεως τῶν παίδων τοῦ Νικίου (5).

Mais y avait-il alors solidarité entre les divers locataires ? Nous ne saurions le croire.

Lorsqu'un pupille avait plusieurs tuteurs, ceux-ci n'étaient point solidairement responsables les uns des autres. Démosthène se plaint amèrement des dilapidations dont il a été victime de la part d'Aphobus, de Démophon et de Thérippide, qui se sont ligués pour le spolier de sa fortune, κοινῇ διαπεφορημένων ; et cependant, quand il poursuit Aphobus,

---

(1) *Ecclesiazusæ*, v. 753-755.

(2) *De Philoctemonis hereditate*, § 37, Didot, p. 278.

(3) Platner, II, 283.

(4) Cf. Van den Es, *De jure familiarum apud Athenienses*, Leyde, 1864, p. 183.

(5) *De Meneclis hereditate*, § 9, Didot, p. 214.

il ne lui demande que la réparation du tiers du préjudice : τὸ τρίτον δήπου μέρος παρὰ τούτου μοι προσήκει κεκομίσθαι (1).

A bien plus forte raison devait-il en être de même pour des locataires.

Chose notable ! Il arrivait parfois que le tuteur, celui-là même qui avait provoqué l'adjudication, se rendait locataire. Androclès et Antidore se sont présentés à l'archonte comme tuteurs et lui ont demandé de mettre en location la fortune de leurs pupilles. L'archonte a fait droit à leur requête, et ils se sont rendus locataires des biens : οἱ δ' ἐμισθοῦντο (2).

On ne peut se dissimuler qu'il y a dans cette opération quelque chose d'extraordinaire ; et l'on comprend que Platner ait proposé de lire : οἱ δ' ἐμίσθουν au lieu de οἱ δ' ἐμισθοῦντο, transformant ainsi les tuteurs de locataires en bailleurs. Mais le texte d'Isée répugne à cette correction. L'orateur nous a dit plus haut que les tuteurs se sont présentés à l'archonte avec la pensée de devenir locataires et de s'enrichir frauduleusement par ce moyen : ὅπως μισθωταὶ γενόμενοι, τὰς προσόδους λαμβάνοιεν (3).

Quel intérêt pouvaient avoir les tuteurs à transformer ainsi leur qualité de tuteurs en celle de locataires ? M. Van den Es, qui a prévu cette question, répond en signalant les principales différences qui existaient entre l'administration du tuteur et celle du locataire. Ce dernier était obligé de fournir une caution que l'on n'exigeait pas du tuteur ; le tuteur ne devait rendre compte que de ce qu'il avait reçu, tandis que le locataire était obligé de payer des redevances périodiques (4). — Mais ces différences sont plutôt au détriment du locataire qu'à son avantage.

Nous croyons, pour notre part, que le tuteur, qui agissait comme Androclès et Antidore, était toujours coupable d'une fraude et par conséquent peu digne d'intérêt. Il cherchait à louer à vil prix, afin d'affecter à son profit personnel une partie des revenus de l'enfant. Aussi ne sommes-nous pas surpris de l'indignation des parents des pupilles, empressés de venir demander aux juges l'annulation de ces

(1) *In Aphobum*, I, § 29, R. 822.

(2) Isée, *De Philoctemonis hereditate*, § 37, Didot, p. 278.

(3) *De Philoctemonis hereditate*, § 36, Didot, p. 278. — Cf. Schömann, *Ad Isæum*, p. 341.

(4) *De jure familiarum apud Athenienses*, 1864, p. 182.

actes frauduleux dont le but était de ruiner un incapable, malgré les protections que la loi lui accordait.

La bonne administration et la restitution des biens du pupille par le locataire étaient garanties par des cautionnements et plus souvent encore par des constitutions d'hypothèques (ἀποτιμήματα).

Des experts étaient chargés par l'archonte de procéder à la visite et à l'évaluation des fonds que le locataire proposait comme sûreté, et de déclarer si, d'après leur estimation, le gage donné était suffisant pour protéger l'incapable contre les conséquences d'une mauvaise gestion. Ces experts portaient le nom d'ἀποτιμηταί (1).

Le droit athénien, quelle que fût la faveur de la créance du pupille, n'avait pas cru devoir déroger à la règle générale qui soumettait toutes les hypothèques à des conditions de publicité. Des ὅροι devaient être placés sur l'immeuble pour apprendre aux tiers l'existence d'un droit réel au profit du mineur.

Deux de ces ὅροι sont parvenus jusqu'à nous, et nous pouvons en reproduire le texte :

ΟΡΟΣΧΩΡΙΟΥ
ΚΑΙΟΙΚΙΑΣΑΠΟΤΙ
ΜΗΜΑΠΑΙΔΙΟΡΦΑ
ΝΩΙΔΙΟΓΕΙΤΟΝΟΣ
ΠΡΟΒΑ (2).

« Borne du champ et de la maison, gages pour le fils orphelin de Diogiton de Probalinthe. »

ΟΡΟΣ
ΧΩΡΙΟΑΠΟΤΙ
ΜΗΜΑΤΟΣΘΕ
ΛΙΤΗΤΟΠΑΙΔΙ
ΚΗΦΙΣΟΦΩΝΤΙ
ΕΠΙΚΗΦΙΣΙΟ (3).

(1) Harpocration, vo ἀποτιμηταί.
(2) *Corpus inscriptionum græcarum*, t. I, no 531.
(3) *Revue archéologique*, 1867, I, p. 37.

« Borne du champ, gage pour Céphisophon , fils de Theœtète d'Epicéphisia. »

Indépendamment de la garantie résultant de l'hypothèque, le pupille était encore protégé par des actions personnelles. Le locataire qui ne se conformait pas à ses obligations pouvait être poursuivi, pendant la minorité, par la κακώσεως γραφή ; après la majorité, par la μισθώσεως δίκη.

Meier va même plus loin. Il pense que l'incapable avait la faculté d'agir directement contre le tuteur et de lui demander la réparation du préjudice, sauf le recours que ce dernier exercerait ultérieurement contre le locataire (1).

A cela nous voyons deux difficultés. La première, c'est que le locataire était choisi par le magistrat et non par le tuteur ; il y aurait eu injustice à rendre le tuteur responsable d'une nomination qui n'était pas son œuvre.

La seconde, c'est qu'à partir de la location, le tuteur n'était plus le représentant du patrimoine du pupille. Isée nous dit, en effet, que le locataire avait seul capacité pour figurer dans les instances en reven-dication relatives à un bien qui lui avait été loué (2).

§ 5.

Contrat pignoratif.

Avant de quitter le contrat de louage des choses, nous devons dire quelques mots du contrat pignoratif.

Lorsqu'une personne qui contracte un emprunt veut, sans se dépouiller de la propriété, de la possession et de la jouissance de sa fortune, conférer à son prêteur la plus solide de toutes les sûretés, voici le moyen qu'elle peut employer. Elle vend à son bailleur de fonds un immeuble moyennant un prix déterminé, égal à la somme qu'elle désire emprunter. Mais elle a soin de stipuler que, si, au jour de l'échéance, elle rembourse la somme qui lui a été avancée, l'acheteur sera obligé de lui retransférer la chose ; par là, le droit de propriété se trouve sauvegardé. Elle stipule

(1) *Der Attische Process*, 1824, p. 532.
(2) Isée, *De Hagniœ hereditate*, § 34, Didot, p. 315.

de plus que, immédiatement après la vente, l'acquéreur lui remettra la possession de la chose à titre de louage, moyennant une redevance périodique qui tiendra lieu d'intérêt.

A première vue, il y a dans l'opération deux actes distincts : une vente avec faculté de rachat, et une location immédiate consentie par l'acheteur au vendeur.

Mais, si, au lieu de s'arrêter aux apparences qui peuvent être trompeuses, on regarde attentivement le fond des choses, on reconnaît que l'acte, quoique qualifié vente, n'est en réalité pour les parties contractantes qu'un véritable prêt. Le vendeur n'a pas l'intention de se dépouiller de la propriété ; il veut au contraire rester maître de sa chose, tout en obtenant l'argent dont il a besoin. L'acheteur, de son côté, n'a pas l'intention d'acquérir ; il veut seulement prêter aux conditions les plus avantageuses, donner à sa créance la meilleure de toutes les garanties, un droit de propriété conditionnel ; et, dans les prétendus loyers qui lui seront remis aux époques fixées par la convention, il verra les intérêts d'un capital et non pas les fruits civils d'un immeuble.

Cette savante combinaison, digne de l'esprit subtil des juristes du moyen-âge, était connue des Athéniens, et nous l'avons déjà signalée en passant dans notre *Étude sur le Crédit foncier d'Athènes*.

Nous n'en citerons qu'un exemple. Pantænète, pour payer ses créanciers, cherche à emprunter une somme de cent cinq mines, et il offre comme sûreté une hypothèque sur une usine et sur les esclaves qui y sont attachés comme immeubles par destination. Evergus et Nicobule sont disposés à lui prêter la somme qu'il désire. Mais ils ne veulent point se contenter de la qualité de créanciers hypothécaires. Dans le but d'améliorer leur condition, ils donnent à l'acte les formes du contrat pignoratif. Ils achètent l'usine et les esclaves : γραμματεῖον οὐχ ὑποθήκης ἀλλὰ πράσεως γράφεται (1). Ils concèdent toutefois à Pantænète la faculté de rachat pour un temps déterminé et lui louent l'immeuble moyennant une redevance égale à l'intérêt ordinaire des capitaux : cent cinq drachmes par mois ou 12 pour cent par an (2).

_____

(1) *Arg. Orat. C. Pantœnetum*, R. 963, 12.

(2) Nous avons dit, pour ne pas compliquer inutilement notre exposition, que Nicobule et Evergus avaient acheté de Pantænète. En fait, cela n'est pas rigoureusement exact. Nicobule et Evergus avaient traité, non avec Pantænète, mais avec Mnésiclès. Toutefois, cette circonstance ne modifie en rien la position

Μισθοῦται Πανταίνετος παρ' ἡμῶν τοῦ γιγνομένου τόκου τῷ ἀργυρίῳ, πέντε καὶ ἑκατὸν δραχμῶν τοῦ μηνὸς ἑκάστου, καὶ τιθέμεθα συνθήκας ἐν αἷς ἥ τε μίσθωσις ἦν γεγραμμένη καὶ λύσις τούτῳ παρ' ἡμῶν ἔν τινι ῥητῷ χρόνῳ (1).

Ces faits se passaient en l'an 348 avant notre ère, sous l'archontat de Théophile (2).

Si grande que fût la sollicitude du législateur athénien pour les intérêts des tiers, ceux-ci ne pouvaient-ils pas éprouver quelque préjudice par suite de l'opération que nous venons de décrire ?

Voyant toujours le débiteur en possession de sa chose, ne pouvaient-ils pas ignorer les droits qui avaient été concédés à un acheteur apparent, faire de nouvelles avances sur la foi d'un crédit fictif, et se trouver dans l'impossibilité d'en obtenir le remboursement ?

C'est ce qui eut lieu, en effet, d'après Démosthène, dans le procès de Pantænète. L'acquéreur Nicobule fut en butte aux réclamations des créanciers postérieurs, qui avaient consenti des prêts sur l'usine et les esclaves, croyant que Pantænète en était toujours propriétaire (3).

Nous devons reconnaître cependant que* les créanciers trompés n'étaient pas exempts de faute, et qu'avec quelque diligence, ils pouvaient conjurer le danger qui les menaçait.

Ils avaient d'abord, comme première ressource, la faculté de consulter les registres sur lesquels les mutations de propriété étaient transcrites, et de connaître, à l'aide des énonciations de ces registres, l'aliénation faite par leur débiteur (4).

---

véritable des parties contractantes, telle que nous l'avons indiquée. Il s'agissait, en réalité, d'un bien dont Pantænète était regardé comme propriétaire et que ses créanciers successifs se transmettaient les uns aux autres à mesure qu'ils étaient désintéressés. Ainsi, de même que Mnésiclès avait vendu à Nicobule et à Evergus, de même Nicobule et Evergus revendirent à d'autres en observant les mêmes formalités (§ 16, R. 971). C'est que personne ne voulait traiter directement avec Pantænète et l'accepter comme vendeur (loc. cit., § 30, R. 975). Le nouveau prêteur s'adressait alors, sans intermédiaire, au créancier qu'il devait remplacer, et dont il faisait passer les droits sur sa tête, soit au moyen d'une cession proprement dite, soit par une sorte de subrogation.

(1) Démosthène, C. Pantænetum, § 5, R. 967.

(2) Démosthène, loc. cit., § 6, R. 968.

(3) Démosthène, loc. cit., § 12, R. 969.

(4) Voy. notre Étude sur le Crédit foncier à Athènes, 1866, p. 7 et 8. — Rapprocher l'inscription n° 2338 du Corpus inscriptionum græcarum de Böckh, notamment les lignes 92 et suiv.

De plus, lorsqu'une vente avec faculté de rachat avait été consentie, les tiers étaient prévenus que l'acquéreur n'était point définitivement propriétaire et qu'il était exposé à un réméré. Le moyen de publicité qui avait été employé dans ce but était précisément le même que celui en usage pour les hypothèques, c'est-à-dire l'ὅρος.

Les Musées et les collections particulières ont conservé quelques-uns de ces ὅροι, dont la formule est très-simple :

Ὅρος χωρίου πεπραμένου ἐπὶ λύσει.....

Ὅρος οἰκίας πεπραμένης ἐπὶ λύσει.....

Publicité matérielle, sans doute, et donnée principalement dans l'intérêt des ayants cause de l'acquéreur intérimaire, mais qui suffisait cependant pour avertir les créanciers du vendeur laissé en possession ! Par cela même que les ὅροι déclaraient que le droit de l'acquéreur n'était point très-solide, ils révélaient ce droit de l'acquéreur, et les tiers qui étaient lésés pouvaient imputer à leur négligence le préjudice qu'ils éprouvaient.

Pourquoi les créanciers de Pantænète n'avaient-ils pas visité l'usine dont leur débiteur était en possession, afin de voir si elle était chargée d'ὅροι ?

Quelle était l'action accordée dans le contrat pignoratif au vendeur avec faculté de rachat qui payait sa dette et voulait contraindre son créancier à lui retransférer la propriété de la chose ? Nous l'ignorons. Meier pense que l'action de droit commun, συνθηκῶν παραβάσεως δίκη pouvait s'appliquer à cette hypothèse (1).

CHAPITRE II.

DU LOUAGE D'OUVRAGE.

A côté du louage des choses, on place habituellement le louage d'ouvrage ou d'industrie que l'on peut définir : un contrat par lequel une personne s'oblige à faire jouir de son travail une autre personne qui s'oblige à payer un prix. Notre Code indique trois espèces principales de louages d'ouvrage : celui des entrepreneurs de travaux ou louage sur

(1) *Der Attische Process*, p. 515.

marchés ; celui des voituriers par terre ou par eau ou louage de transport ; enfin le louage de services. Nous dirons quelques mots seulement
des deux premiers, en nous reservant d'insister plus longuement sur le
troisième.

I.

Pour les artisans d'abord, nous nous bornerons à reproduire quelques
passages curieux du *Traité des Lois* de Platon, sans affirmer cependant
que le philosophe était un traducteur exact des lois positives de son
pays.

« Les artisans doivent éviter tout mensonge en ce qui concerne leur
travail... Si quelqu'un d'entre eux n'a point, par sa faute, fait son
ouvrage dans le temps convenu, il paiera le prix de l'ouvrage qu'il
s'était mensongèrement engagé à faire, et, de plus, devra l'exécuter
dans le délai qui lui sera assigné... Il ne doit pas surfaire le prix de
son travail ; il sait ce qu'il vaut ; et, dans un État libre, il ne convient
pas que l'ouvrier abuse de son art, pour tromper les citoyens qui
l'ignorent. Celui qui aura éprouvé un préjudice aura donc action contre
l'artisan. »

Réciproquement, « celui qui aura chargé un artisan de quelque
ouvrage, qui aura reçu le travail, et ne l'aura pas payé dans le temps
convenu, sera tenu au double ; si une année s'écoule, bien que les dettes
de sommes d'argent soient en général improductives d'intérêt (1), le
débiteur devra payer chaque mois une obole par drachme.

» Ces actions sont de la compétence des juges des tribus » (2).

Au même ordre d'idées, quoique dans une sphère plus élevée, se
rapportent les contrats des ἐργολάβοι (3).

L'ἐργολάβος était un entrepreneur qui se chargeait à forfait, moyennant une somme fixe, déterminée à l'avance, soit de la construction
d'un temple ou de tout autre édifice public, soit des réparations que le

---

(1) Non-seulement la législation attique admettait la légitimité de l'intérêt ;
mais encore elle n'assignait aucune limite aux intérêts conventionnels. Lysias,
C. Theomnestum, I, § 18, D. 135.

(2) Platon, *Leges*, XI, éd. Didot, p. 466 et 467.

(3) Le Code de Justinien, IV, 59, reproduit une Constitution de l'Empereur
Zénon *de artificio ergolaborum*.

temps avait rendues nécessaires (1). Callicrate, qui construisit les
longs murs d'Athènes, était un ἐργολάϐος ; μακρὸν τεῖχος ἠργολάϐησε
Καλλικράτης (2) ; et Hérodote, parlant du temple de Delphes, nous dit :
Οἱ Ἀλκμαιωνίδαι τὸν νηὸν μισθοῦνται (3).

II.

Nous ne croyons pas qu'il soit besoin de citer des textes pour établir
que l'entrepreneur de transport était responsable de la perte et des
avaries des choses confiées à sa garde, à moins qu'il ne prouvât que la
perte ou les avaries provenaient d'un cas fortuit ou de force majeure.

Les renseignements que nous avons pu recueillir sur le prix des
transports, soit à l'extérieur, soit à l'intérieur d'Athènes, sont peu
nombreux.

S'il faut en croire Platon, les voyages par mer se faisaient autrefois
dans les conditions les plus avantageuses. La traversée d'Egine au Pirée
coûtait seulement deux oboles (au temps de Lucien, ce prix avait été
doublé) (4) ; celle d'Egypte à Athènes, deux drachmes ; celle du Pont à
Athènes, deux drachmes également (5).

Ces deux derniers chiffres semblent vraiment inadmissibles quand on
songe à la distance parcourue et lorsqu'on les compare au prix du
transport des marchandises.

Pour obtenir qu'un chargement de bois fût conduit de Macédoine à
Athènes, il fallait payer jusqu'à 1,750 drachmes (6). D'après un traité
de commerce entre Athènes et Céos, pour l'exportation du μίλτος ou
minium, le fret (φόρετρον) ou nolis (ναῦλον) était fixé à une obole par
talent ou poids de vingt-six kilogrammes environ (7). Enfin, un
papyrus égyptien, que M. Egger a récemment présenté à l'Académie des
Inscriptions, constate que pour le transport (φόρετρον) de quatre-vingts

(1) Pollux, VII, 200.
(2) Plutarque, *Périclès*, 13.
(3) Hérodote, V, 62.
(4) Lucien, *Navigium*, 15.
(5) Platon, *Gorgias*, LXVII, éd. Didot, p. 375.
(6) Démosthène, *C. Timotheum*, § 29, R. 1192.
(7) Böckh, *Staatshaushaltung der Athener*, II, p. 349.

métrétes d'huile (environ 3,120 litres) dans l'intérieur de la ville de Thèbes, il avait été payé, à raison de dix drachmes par métréte, une somme de huit cents drachmes de cuivre, environ 14 fr. 40 c. (1)

Ces chiffres sont proportionnellement beaucoup plus élevés que ceux que nous avons indiqués pour les voyageurs. Deux drachmes seulement pour aller d'Egypte à Athènes ! Mais le mort des *Grenouilles* d'Aristophane ne demandait pas moins à Bacchus pour porter le paquet de Xanthias (2).

M. Böckh trouve dans ce fait la preuve que le fret des marchandises était très-productif ; si productif que l'on pouvait se contenter de demander aux passagers une somme fort minime (3).

III.

Les μισθωτοί ou Κολωνῖται, dont nous avons parlé plus haut, n'étaient point tous de condition servile. On comptait parmi eux des hommes libres qui, n'ayant pas d'autres moyens d'existence, mettaient leurs forces à la disposition d'autrui, moyennant un salaire (μισθός) (4). Quand un citoyen avait perdu sa fortune, il lui restait toujours cette dernière ressource : εἰς τοὺς μισθωτοὺς ἰέναι (5).

Cependant, quel que fût le genre de travail auquel se livraient les μισθωτοί, citoyens d'origine, ils n'étaient point confondus avec les esclaves ; et, notamment, ils ne pouvaient pas être mis à la torture (6). Leur situation offrait beaucoup de traits de similitude avec celle que les domestiques et les journaliers occupent dans notre civilisation.

IV.

On discute chez nous, on discutait déjà à Rome la question de savoir si, lorsque celui qui promet ses services exerce une profession libérale, le

---

(1) Comptes-rendus de l'Académie des Inscriptions, 1867, p. 314 et suiv.
(2) *Les Grenouilles*, v. 173.
(3) *Staatshaushaltung der Athener*, I, p. 166.
(4) Platon, *Civitas*, II, Didot, p. 32.
(5) Isée, *De Dicæogenis hereditate*, § 39, D. 310.
(6) Démosthène, *C. Timotheum*, § 52, R. 1199.

contrat est un louage, un mandat, ou un contrat *sui generis* d'une nature toute particulière. Les Athéniens ne connurent point les susceptibilités qui ont inspiré ces discussions, et, de même qu'aux beaux jours de la Renaissance, Cujas et ses émules donnaient le nom de louages ou *conduites* (*conductiones*) aux traités par lesquels ils s'engageaient à enseigner dans les Universités, de même aussi Protagoras, Isocrate, Aristippe ne rougissaient pas de réclamer leur salaire par la μισθώσεως δίκη.

Protagoras fut, nous dit Diogène Laërce, obligé de plaider contre un de ses disciples qui lui refusait son salaire (τὸν μισθόν), et, si les raisons du jeune homme ne furent point décisives, il faut bien reconnaître que les arguments du philosophe étaient dignes d'un sophiste. L'historien nous les a résumés en quelques mots qu'il a pu extraire de l'œuvre originale. Car, parmi les écrits de Protagoras qui existaient encore au temps de Diogène Laërce, figurait précisément le plaidoyer qu'il prononça dans cette circonstance et qui avait pour titre Δίκη ὑπὲρ μισθοῦ (1).

Il y avait même une sorte de prix convenu pour la fixation du salaire qui devait rémunérer les services des maîtres. Protagoras demandait cent mines à ses élèves, environ 9,268 francs (2). Le rhéteur Gorgias cotait ses leçons à la même somme (3) et Zénon suivait leur exemple (4). Cela se passait au Ve siècle.

Un siècle plus tard, les professeurs d'éloquence, Isocrate entre autres, se contentaient de mille drachmes, environ 926 fr. (5). Il est vrai que, d'après Eschine, Démosthène aurait exigé jusqu'à trois talents (6). Mais le prince des orateurs n'était pas obligé de se soumettre au tarif commun. A la même époque, les sophistes réclamaient également dix mines (7). Dans un court intervalle, les prix avaient donc subi une notable diminution. Evenus de Paros exigeait même seulement la moitié de cette somme (8).

Nous ne parlons pas du taux des leçons particulières, qui varia de

---

(1) Diogène Laërce, IX, §§ 55 et 56, Didot, p. 240 et 241.
(2) Diogène Laërce. IX, 52.
(3) Diodore, XII, 53.
(4) Platon, *Alcibiade*, I, 14, Didot, p. 478.
(5) Démosthène, *C. Lacritum*, § 43, R. 938.
(6) Eschine, *C. Timarchum*, § 172.
(7) Plutarque, *Vie des dix Orateurs, Lycurgue*, VII.
(8) Platon, *Apologie de Socrate*, IV, Didot, p. 16.

une à cinquante drachmes. Hippias, étant encore presque le disciple de Protagoras, gagna en peu de temps, par ce moyen, cent cinquante mines. Dans la seule petite ville d'Inycus, il en avait recueilli plus de vingt (1). Toutes ces sommes pouvaient être réclamées par la μισθοῦ δίκη.

Ce que nous venons de dire pour les philosophes, les grammairiens et les rhéteurs, était vrai également pour les artistes.

Quand Alcibiade voulut contraindre le peintre Agatharque à décorer sa maison, celui-ci répondit qu'il lui était impossible de se rendre immédiatement au désir du trop fameux Athénien, parce qu'il avait d'autres engagements antérieurs : ὡς οὐκ ἂν δύναιτο ταῦτα πράττειν ἤδη διὰ τὸ συγγραφὰς ἔχειν παρ' ἑτέρων (2). Agatharque se sentait si bien obligé, que, pour vaincre ses résistances, Alcibiade dut recourir à la violence et séquestrer l'artiste pendant plusieurs mois (3).

Les personnes qui avaient traité avec Agatharque auraient eu certainement le droit d'agir en dommages et intérêts (βλάϐης δίκη), sinon contre le peintre, au moins contre Alcibiade, responsable de l'inexécution par l'artiste des obligations dérivant pour lui du contrat de louage de services (4).

V.

Parlerons-nous de ces louages honteux dans lesquels l'une des parties promettait à l'autre un service que la loyauté ou les bonnes mœurs réprouvaient ? Et cependant ils étaient trop fréquents à Athènes. Stéphane est loué pour le faux serment et la calomnie, ἐπιορκῶν καὶ ψευδῆ αἰτίαν ἐπιφέρων μεμισθωμένος (5) ; Neæra, Timarque..... pour la prostitution : ἐφ' ὕϐρει μίσθωσις (6). Bien plus, ces infâmes contrats sont rédigés par écrit et les parties règlent avec un soin minutieux les conditions de leur déshonneur : ἑταίρησις κατὰ συγγραφάς, κατὰ γραμματεῖον (7).

(1) Platon, *Hippias major*, Didot, p. 739.
(2) Andocide, *C. Alcibiadem*, § 17, Didot, p. 87.
(3) Andocide, *loc. cit* — Démosthène, *C. Midiam*, § 147, R. 562. — Plutarque, *Alcibiade*, 16.
(4) Meier, *Opuscula academica*, 1861, t. I, p. 251.
(5) Démosthène, *C. Neæram*, § 10, R. 1348.
(6) Eschine, *C. Timarchum*, § 94.
(7) Eschine, *C. Timarchum*, § 160. Cf. §§ 72 et 87. — Démosthène. *C. Neæram*, § 47, R. 1361. Cf. §§ 26, 28 et 71, R. 1353, 1354 et 1369.

De pareils actes pouvaient-ils servir de base a une action judiciaire ? La δίκη μισθώσεως était-elle ouverte à celui dont on ne respectait pas les prétendus droits ?

Meier n'était pas éloigné de le croire. La réponse, au moins, lui paraissait douteuse ; « *ist zweifelhaft.* » — « J'ai montré, disait-il, que l'ἑταίρησις et la πορνεία κατὰ συγγραφήν étaient très habituelles à Athènes ; aussi je ne sais pas si je dois regarder un contrat de cette espèce comme privé de toutes suites juridiques, ou si, au contraire, le droit lui reconnaissait certains effets que je ne peux préciser (1). »

Pour l'honneur d'Athènes, n'ayons point de ces hésitations. Il était écrit dans la loi : Ἐάν τις μισθώσηταί τινα Ἀθηναίων ἐπὶ ταύτην τὴν πρᾶξιν ἢ ἐάν τις ἑαυτὸν μισθώσῃ, ἔνοχον εἶναι τοῖς μεγίστοις καὶ τοῖς ἴσοις ἐπιτιμίοις (2). Comment, devant un pareil texte, venir parler d'action en justice ?

Nous ne voulons pas le méconnaître, le débordement des mœurs fut si grand qu'il y eut des hommes assez oublieux de leur dignité pour venir étaler leur honte devant les tribunaux. Diophante, surnommé l'*Orphelin*, cita devant l'archonte un étranger qui lui faisait tort de quatre drachmes promises ὑπὲρ τῆς πράξεως ταύτης (3). Mais agissait-il par une action de louage ? Nullement. Il invoquait par facétie, — l'occasion était belle pour jouer sur les mots, — la loi qui chargeait l'archonte de veiller sur les *orphelins*.

Écoutons d'ailleurs ce que dit Eschine : « De pareils contrats n'ont aucune valeur ; οὐδὲν ὄφελος τῆς συγγραφῆς..... Si nous rédigeons des actes écrits, c'est que nous nous défions les uns des autres ; nous voulons permettre à celui qui exécute le contrat de poursuivre en justice celui qui manque à ses engagements..... Mais ici toute action judiciaire est impossible..... Vous figurez-vous bien quels procès vous auriez ?.... Supposez que vous siégez comme juges d'un semblable débat.... Le demandeur vous dira..... Mais il serait aussitôt lapidé..... Reconnaissez donc que les actes écrits n'ont pas ici d'utilité (4). »

---

(1) *Der attische Process*, p. 535-536.
(2) Eschine, *C. Timarchum,* § 72, Didot, p. 42
(3) Eschine, *C. Timarchum.* § 158, Didot, 57.
(4) Eschine, *C. Timarchum*, § 160 et suiv.

P. S. — Le Mémoire qui précède, imprimé en juin 1869, a été rédigé dans les premiers mois de l'année 1868, et aussitôt communiqué à l'Académie de Législation de Toulouse (Voir le *Recueil de l'Académie*, 1868, p. 261). Nous le publions tel qu'il fut soumis à la savante compagnie, sans y apporter aucun changement.

Si nous croyons devoir faire cette observation, c'est qu'un érudit allemand, M. Büchsenschütz, auteur d'une savante monographie qui a pour titre : *Besitz und Erwerb in griechischen Alterthume,* Halle, 1869, a, dans l'intervalle, traité incidemment plusieurs des questions que nous avons examinées (Voy. notamment *op. cit.*, p. 88-98).

En rapprochant les dates ci-dessus de la date qui termine la Préface du livre de M. Büchsenschütz (Berlin, décembre 1868), nos lecteurs comprendront pourquoi, dans le cours de notre travail, nous n'avons fait aucune allusion à une œuvre qui n'était pas encore publiée, et dans laquelle, par conséquent, il nous était impossible de puiser.

E. C.

TABLE DES MATIÈRES.

———

DIVISION DU MÉMOIRE.

Pages.

INTRODUCTION. 5

CHAPITRE Ier. — DU LOUAGE DES CHOSES

§ 1. Baux à loyer ou à ferme. 7
 I. Objet du contrat. 7
 II. Baux des loyers ou fermages. 8
 III. Termes pour le paiement. 10
 IV. Contributions. 11
 V. Mode de jouissance. 13
 VI. Actions dérivant du contrat. 14
§ 2. Emphytéose. 16
§ 3. Louage des animaux et des esclaves. 18
§ 4. Location des biens des pupilles. 20
§ 5. Contrat pignoratif. 26

CHAPITRE II. — LOUAGE D'OUVRAGE OU D'INDUSTRIE.

 I. Ouvriers et artisans. 30
 II. Voituriers par terre ou par eau. 31
 III. Gens de service. 32
 IV. Professions libérales. 32
 V. Contrats *ob turpem causam*. 34

FIN DE LA TABLE DES MATIÈRES.

———

Toulouse. — Typographie de BONNAL et GIBRAC, rue Saint-Rome, 44.

ÉTUDES

SUR LES

ANTIQUITÉS JURIDIQUES

D'ATHÈNES

PAR

Exupère CAILLEMER

PROFESSEUR A LA FACULTÉ DE DROIT DE GRENOBLE

NEUVIÈME ÉTUDE

LE CONTRAT DE PRÊT A ATHÈNES

PARIS

A DURAND
9, rue Cujas

E. THORIN
58, boulevard St-Michel

1870

Extrait des Mémoires de l'Académie impériale des Sciences , Arts et Belles-Lettres de Caen. Année 1870.

LE

CONTRAT DE PRÊT

A ATHÈNES.

~~~~~~~~~~~~~

On distingue deux sortes de prêt, le prêt à *usage* ou *commodat*, et le prêt de *consommation ;* ils se différencient surtout en ce que l'objet de la convention est, dans le premier cas, un corps certain ; dans le second cas, une chose fongible (1).

Ces deux contrats étaient connus des Athéniens et ils figurent l'un et l'autre dans l'énumération que nous donne Aristote : Τῶν συναλλαγμάτων τὰ ἑκούσιά ἐστι... δανεισμός,... χρῆσις (2).

Χρῆσις désigne le prêt à usage ; δανεισμός le prêt ordinaire ou prêt de consommation.

---

(1) Nous avons laissé en dehors de notre étude le *Prêt à la grosse*. Ce sujet, déjà traité en 1843 par M. de Vries, *De fœnoris nautici contractu apud Atticos*, Leyde, vient d'être repris par M. Dareste : *Du prêt à la grosse chez les Athéniens*, Paris, 1867.

(2) *Ethica Nicomachea*, liv. V, c. II, § 13, Didot, II, p. 55.

SECTION PREMIÈRE.

DU PRÊT A USAGE.

Le prêt à usage peut être défini : un contrat par lequel l'une des parties contractantes donne gratuitement à l'autre une chose que cette dernière emploiera à un certain usage et qu'elle s'oblige à rendre après qu'elle s'en sera servie (1).

Ce qui caractérise cette espèce de prêt et ce qui la distingue d'un prêt ordinaire, c'est que l'emprunteur ne devient pas propriétaire de la chose prêtée ; il a seulement le droit d'en user.

En outre, la gratuité est de l'essence de ce contrat, et non pas seulement de sa nature (2). — Hermann s'est donc trompé lorsqu'il a dit que l'intérêt fait souvent défaut dans le commodat : « Der Zins fællt bei χρῆσις *mehrfach* weg (3). » — Si les parties stipulaient un intérêt, il y aurait contrat de louage ; il n'y aurait pas commodat.

Les textes athéniens dans lesquels le prêt à usage est mentionné sont peu nombreux.

On peut rattacher à ce sujet le passage des *Caractères* de Théophraste, dans lequel le moraliste dépeint un personnage grossier « tout occupé pendant la nuit

(1) *Code Napoléon*, art. 1875.

(2) *Institutes de Justinien*, III, 14, § 2, et *Code Napoléon*, t. 1876.

(3) *Privatalterthümer*, § 66, 2.

d'une charrue, d'un sac, d'une faulx, d'une corbeille
et rêvant à qui il a pu prêter ces divers ustensiles (1). »

Tel serait également un fragment du discours
d'Apollodore contre Nicostrate (2). — Nicostrate avait
demandé à l'orateur de lui prêter une somme suffisante pour désintéresser ses créanciers. « Je n'ai pas
d'argent en ce moment, lui répondit Apollodore ;
mais, je mets à votre disposition, à titre de commodat, telle partie de mon bien que vous jugerez à
propos de choisir : Τῶν κτημάτων σοι τῶν ἐμῶν κίχρημι
ὅ τι βούλει ; vous l'engagerez afin de vous procurer la
somme dont vous avez besoin ; vous paierez vos
créanciers, et, dans un an, vous vous libérerez envers
moi (en me restituant les objets que vous aurez pris),
sans avoir eu à supporter aucun intérêt. » — Mais,
en fait, le commodat ne fut pas réalisé ; Apollodore
emprunta lui-même, directement et en donnant hypothèque sur un de ses immeubles, l'argent nécessaire à son ami Nicostrate (3).

Les deux textes que nous venons d'indiquer nous
fournissent bien peu de renseignements. — Mais ce
serait aller trop loin que de dire, avec Meier, que l'on
ne connaît absolument rien sur l'action relative au
commodat (4).

Timothée, le fameux général athénien, ayant reçu
la visite d'Alcétas et de Jason, voulut faire honneur

(1) *Caractères,* c. IV.

(2) Wachsmuth, *Hellenische Alterthumskunde,* Halle, t. II (1846),
p. 187.

(3) Démosthène, *C. Nicostratum,* §§ 12 et 13, Reiske, p. 1250.

(4) « Ueber eine Klage, welche sich auf Commodat bezogen hætte,
ist mir nichts bekannt. » (*Der attische Process,* Halle, 1824, p. 512.)

à ses hôtes, et pria le riche banquier Pasion de lui prêter des tapis, des vêtements et des coupes. — Au lieu de remettre à Timothée des choses appartenant à son maître, l'esclave de Pasion lui confia, par erreur, des coupes qui étaient la propriété de Timosthène et que celui-ci avait déposées chez l'associé de Pasion, le banquier Phormion.

Le commodat, quoique portant sur la chose d'autrui, n'en était pas moins très-valable. — Il est évident, en effet, que pour transporter à une personne l'*usage* d'une chose, il n'est pas nécessaire d'en être propriétaire.

Mais Timosthène vint plus tard demander à Phormion les coupes qu'il lui avait autrefois déposées. — La restitution fut impossible ; car Timothée se trouvait à cette époque éloigné d'Athènes : il était en mission près du roi de Perse.

Pasion, responsable du fait de son esclave, imagina un moyen de faire disparaître toute difficulté. Il offrit à Timosthène de lui payer la valeur des coupes, et, Timosthène ayant accepté, Pasion lui compta une somme de deux cent trente-sept drachmes.

La négligence dont Timothée avait fait preuve, en ne restituant pas, avant de partir pour l'Asie, les objets prêtés, était donc pour Pasion une cause de préjudice. Aussi porta-t-il au débit du général, à titre de dommages et intérêts, la somme qu'il venait de payer à Timosthène (1).

Timothée n'avait pas le droit de se plaindre ; il subissait la peine de sa faute ; mais il devenait en

_____

(1) Démosthène, *C. Timotheum*, §§ 31-32, Reiske, 1193.

même temps propriétaire des coupes qu'à l'origine il avait entendu seulement emprunter.

Voilà donc un véritable exemple de commodat, produisant les conséquences juridiques qui sont naturellement attachées à ce contrat.

Platner voulait voir dans le paiement fait par Pasion à Timosthène un acte de gestion d'affaires (1).—Mais ce point de vue ne nous paraît pas exact. Pasion, en transigeant avec Timosthène, agissait dans son propre intérêt, pour dégager sa responsabilité personnelle compromise par l'imprudence de son esclave. Or, pour qu'il y ait gestion d'affaires, il faut que le gérant ait agi dans l'intérêt d'autrui (2).

Nous pourrions encore citer comme exemple de commodat le prêt des esclaves en vue de la torture. Lorsqu'une partie litigante croyait avoir quelque intérêt à faire déposer l'esclave d'une tierce personne, il lui était permis de l'emprunter pour en tirer un témoignage (3).

Mais les détails sur les suites de ce triste contrat appartiennent plutôt à la procédure qu'au droit civil d'Athènes (4).

---

(1) *Process und Klagen bei den Attikern*, Darmstadt, 1824, II, p. 378.

(2) Mayer, *Das Recht der Athener*, Leipzig, 1866, t. II, p. 228.

(3) Antiphon, *Super choreuta*, § 23, Didot, p. 43.

(4) Voir Schœmann, *Der attische Process*, Halle, 1824, p. 682-686.

SECTION DEUXIÈME.

DU PRÊT DE CONSOMMATION.

Nous traiterons sous cette rubrique du prêt simple et du prêt à intérêt (1).

Le lieu serait mal choisi pour examiner si , au point de vue rationnel, cette classification généralement adoptée ne repose pas « sur un vice de méthode et sur une erreur touchant au fond même du droit » (2). — Nous admettons volontiers avec les économistes que le prêt à intérêt est un louage de capitaux (3) ; et cependant, pour nous conformer à l'usage, nous le maintenons ici dans la classe des prêts.

Le prêt simple, ou prêt sans intérêts, était peu en usage à Athènes (4). On peut à peine en citer quelques exemples dans lesquels les liens d'intimité, qui unissaient le prêteur à l'emprunteur, justifiaient une

(1) Rigoureusement, le prêt simple était appelé χρέος, le prêt à intérêt δάνειον ; mais, dans le langage habituel, les deux expressions étaient indifféremment employées. Voir Meier, *Attische Process*, p. 499.

(2) Paul Pont, *Des petits contrats*, t. I, 1863, p. 97, n° 221.

(3) Baudrillart, *Manuel d'économie politique*, liv. IV, c. 3, § 1, éd. 1857, p. 349.

(4) Dans la république idéale de Platon, le prêt devait être gratuit : ἀτόκων ὄντων χρημάτων *(De legibus,* liv. XI , Steph. 921, c, Didot, p. 467 .

dérogation à la règle générale. —Nous mentionnerons
seulement, en passant, ces prêts charitables que les
Éranistes faisaient à un de leurs confrères dans le
besoin, avec obligation pour celui-ci de rendre la
somme avancée lorsqu'il reviendrait à meilleure
fortune.

Les prêts à intérêt étaient, au contraire , bien
fréquents, et nous avons recueilli un grand nombre
de textes qui nous permettent de fournir des développements assez complets sur cette partie du droit
des obligations.

I.

Il arrivait parfois que le prêteur s'abandonnait
complètement à la discrétion de l'emprunteur ; il lui
remettait la somme d'argent demandée sans réclamer
aucune sûreté, sans exiger de reconnaissance , sans
même appeler de témoins (1). —C'était là toutefois
un fait exceptionnel et la prudence imposait aux
capitalistes plus de souci de leurs intérêts.

Ils pouvaient d'abord appeler des témoins. Le
contrat restait, il est vrai , un contrat simplement
verbal : Χειρόδοτον, δάνεισμα ἄνευ συμβολαίου (2) , ou
ἀσύγγραφον (3) ; mais il était facile de prouver son
existence en organisant une enquête et en faisant
appel aux témoignages. —Si nous devions en croire
Saumaise, cette forme très-simple n'aurait été em-

(1) Démosthène, *C. Timotheum,* § 2, R. 1185.
(2) Pollux, *Onomasticon,* II, 152.
(3) Diodore de Sicile, I.

ployée que pour les prêts sans intérêts : « Χειρόδοτον
δάνειον proprie est mutuum gratuitum et minime creditori lucrosum (1). » —Mais le passage d'Hésychius
sur lequel s'appuie l'illustre érudit : χειρόδοτον·
ἀχρημάτιστον δάνειον, n'est pas assez explicite pour
nous autoriser à proscrire toute stipulation verbale
d'intérêts. La disposition de l'article 1907 de notre
Code Napoléon n'est pas de celles qu'il est permis
d'introduire à la légère dans une législation aussi
ennemie des formules que celle d'Athènes.

Les citoyens vraiment diligents ne se contentaient
pas de réunir des témoins. En présence de ceux-ci,
ils rédigeaient un acte écrit qu'ils leur faisaient
signer (2); indépendamment des garanties de solvabilité que leur offrait l'emprunteur, ils exigeaient des
sûretés personnelles ou réelles, telles qu'une caution
ou une hypothèque (3); enfin, pour soustraire le titre
aux chances de destruction qui pouvaient le menacer,
ils le déposaient, toujours en présence de témoins,
chez un tiers, le plus souvent chez un trapézite (4).

L'acte écrit qui constatait alors le prêt était désigné
sous les noms de χειρόγραφον ou de συγγραφή. —Saumaise a cru reconnaître une différence entre ces deux
appellations, et il a défini le χειρόγραφον : « Titulus
in charta involvenda scribi consuetus, manu ut plu-
rimum ipsius debitoris, qua sola subscribebatur, non

(1) *De modo usurarum,* 1639, p. 392.

(2) Démosthène, *C. Lacritum,* § 13, R. 927.

(3) Voir Démosthène, *C. Timotheum,* § 61, R. 1202.

(4) Démosthène , *C. Phormionem,* § 6, R. 908 ; *C. Lacritum ›*
§ 14, R. 927.—Cf. Lycurgue , *C. Leocratem,* § 23, Didot, p. 5
Isocrate. *Tradeziticus,* § 20, Didot, 954.

a testibus, nec signatum, sed a creditore tantum servandum ; »—tandis que les συγγραφαί « conscribi solebant in tabulis cera inductis, neutrius partium , sed alterius manu ; obsignabantur a testibus ; obsignatæ deponebantur ac servabantur , vel in publico loco, vel penes privatum (1). »

Mais toutes ces distinctions, laborieusement constituées, nous paraissent arbitraires (2).

II.

S'il est vrai que l'intérêt représente le loyer de l'argent, c'est-à-dire une indemnité pour la privation que le prêteur s'impose, et, en outre , une prime d'assurance contre les chances de non remboursement qu'il consent à courir, on ne sera pas surpris que le taux moyen de l'intérêt fût plus élevé à Athènes qu'il ne l'est aujourd'hui. En effet, les capitaux y étaient assez rares, et surtout la condition des bailleurs de fonds laissait beaucoup à désirer. La privation étant plus grande, les risques étant plus

---

(1) *De modo usurarum*, p. 420.

(2) *Eod. loc.* p. 402 , 431 , 434.—Saumaise ajoute , p. 403 : « Syngrapharum exempla, sive apographa , quæ utrique servanda parti tradebantur, nec obsignata, nec testibus subsignata, in charta, hoc est βιβλιδίῳ, similiter ut chirographa, moris erat conscribi. »

(3) Nous n'avons pas pu nous procurer une dissertation publiée à Berlin par M. H.-R. Gneist : *Die formellen Vertræge des rœmischen Obligationenrechts in Vergleich mit den Geschæftsformen des griechischen Rechts*, 1845, in 8°.

nombreux , il était juste que la rémunération du prêteur fût aussi plus forte (1).

Solon avait merveilleusement compris que les deux éléments qui sont pris en considération pour la fixation de l'intérêt sont essentiellement variables , et que, par conséquent, le législateur ne peut tracer à l'avance une limite obligatoire pour tous les intéressés. Aussi, une loi athénienne, que les économistes contemporains seraient heureux de voir pénétrer dans nos Codes, proclamait formellement la liberté de l'intérêt.

Τὸ ἀργύριον στάσιμον εἶναι ἐφ ᾽ ὁπόσῳ ἂν βούληται ὁ δανείζων (2).

L'orateur Lysias se croyait obligé de commenter pour l'éclaircir la vieille formule de Solon (3) : Τὸ στάσιμον, τοῦτό ἐστιν οὐ ζυγῷ ἱστάναι, ἀλλὰ τόκον πράττεσθαι ὁπόσον ἂν βούληται (4). « Quand la loi emploie l'expression στάσιμον, elle ne veut pas dire qu'on placera l'argent dans une balance ; elle permet au prêteur de fixer l'intérêt au taux qui lui conviendra. »

Cette liberté illimitée pouvait, sans doute, engendrer quelques abus; on vit des usuriers qui prêtaient à la journée, les ἡμεροδανεισταί, autorisés par l'exemple du philosophe Ménippe (5); il y en avait même

_____

(1) V. Büchsenschütz, *Besitz und Erwerb*, Halle, 1859, p. 496. — Cf. Bœckh, *Staatshaushaltung der Athener*, 2ᵉ éd., Berlin, 1851, I, p. 175 et suiv.

(2) Lysias, *C. Theomnestum*, I, § 18, Didot, p. 135.

(3) *Loc. cit.*, § 15, Didot, p. 135.

(4) *Loc. cit.*, § 18, Didot, p. 135.

(5) Diogène Laërce, lib. VI, § 99, Didot, p. 157. — Cf. Scholia in Æschinem, *C. Timarchum*, Didot, p. 493, 39 : ὀβολοστάται... ἐπὶ ὀβολῷ τὴν μνᾶν δανείζοντες : environ 50 %.

parmi eux qui, pour la location d'une drachme, exigeaient une obole et demie, vingt-cinq pour cent
par jour, sept cent cinquante pour cent par mois (1) !
—Mais c'étaient là des faits exceptionnels dont nous
ne devons pas tenir compte dans la détermination
moyenne de l'intérêt en usage à Athènes.

La fixation du taux de l'intérêt par les contractants pouvait avoir lieu de deux manières différentes (2). Tantôt ils indiquaient l'intérêt mensuel
que produisait un capital d'une mine ; tantôt ils
stipulaient que, pour une certaine période de temps,
l'emprunteur verserait à titre d'intérêt une fraction
déterminée du capital. Ce dernier mode était surtout
en usage pour les prêts maritimes consentis pour le
temps d'un voyage ; mais il pouvait se rencontrer
également dans les prêts ordinaires ; et, dans ce
dernier cas, la fraction désignée représentait l'intérêt
d'une année tout entière.

Nous disons encore aujourd'hui d'un placement
qu'il est effectué « à cinq pour cent par an », ou bien
qu'il est fait « au denier vingt. »—Ces deux formules
correspondent à celles qu'employaient les Athéniens.

Nous ne connaissons pour Athènes aucun exemple
certain d'intérêt au-dessous de dix pour cent (3) ;
mais les textes abondent, soit en ce qui concerne ce

(1) Théophraste, *Caractères*, c. 6.

(2) Ostertag a publié à Ratisbonne, en 1784, une dissertation
qui a pour titre : *Ueber die Berechnung der Zinsen bei Griechen
und Ræmern*, in-4°. Nous n'avons pas pu la consulter.

(3) Voir cependant Lycurgue, *C. Leocratem*, § 23, Didot, p. 5 :
l'intérêt, probablement annuel, d'un prix de vente de 35 mines,
est fixé à une mine seulement : μίαν μνᾶν.

chiffre, soit relativement aux taux plus élevés ; nous signalerons rapidement les plus importants (1).

10 pour cent par an : τόκοι ἐπιδέκατοι (2), ou ἐπὶ πέντε ὀβολοῖς (3) ; c'est-à-dire à raison de cinq oboles pour mine par mois, ou au denier dix.— Nous rapprochons les deux formules comme synonymes; nous devons dire cependant qu'il y avait entre elles une différence tenant à l'inégalité des années athéniennes. —Pour mettre d'accord leur année lunaire avec l'année solaire , les Athéniens étaient obligés d'ajouter de temps à autre un treizième mois ; l'année s'appelait alors « année intercalaire » ; or, dans les années intercalaires, le créancier qui avait stipulé des τόκοι ἐπιδέκατοι continuait de recevoir seulement dix pour cent, tandis que le prêteur à cinq oboles par mine recevait cinq oboles de plus. La situation de ce dernier était donc préférable.—Mais, dans les années régulières, les deux modes de calcul produisaient les mêmes résultats , et voilà pourquoi nous les avons réunis.

Toutes les fois que nous rencontrerons ce taux de dix pour cent, il s'agira évidemment d'une opération

---

(1) Voir E. Lattes, *l Banchieri privati e publici della Grecia antiqua;* extrait du *Politecnico,* mai 1868, p. 455 à 457.

(2) Aristote, *Rhétorique,* III, 10, § 7, Didot, I, p. 397.

(3) Démosthène, *C. Onetorem,* I, § 7, R. 866. — Cf. Aristote, *OEconomici ,* II , c. 2 , sect. 3 , § 3 , Didot , I , p. 641 : Byzance. —*Corpus Inscriptionum græcarum,* n° 3599, 13 : τόκον δέκατον: Troade.—*Inscriptions grecques du Louvre ,* n° 37. — Bœckh , *Staatshaushaltung der Athener,* 2ᵉ édit., t. I, p. 182, n. f. : Délos.—Athénée, VII, 39, p. 292.

toute de faveur dans laquelle le créancier aura tenu à se montrer bienveillant pour le débiteur.

12 pour cent : ἐπὶ δραχμῇ (1) ; à raison d'une drachme pour mine par mois, ou au denier huit un tiers (2). —Ce chiffre est de tous celui que l'on rencontre le plus souvent, et, aux yeux des Athéniens, il était très-modéré (3). Il resta en usage à Athènes jusqu'au temps de la domination romaine.

Dans une inscription de l'époque impériale, nous lisons que les débiteurs du trésor public, qui ne satisferont pas à leurs obligations, devront payer, à titre d'intérêts moratoires, un pour cent par mois , en d'autres termes , la centésime des Romains : ὑπεύθυνοι ἔστωσαν ἑκατοστιαίων τόκων (4).

12 $\frac{1}{2}$ pour cent : τόκοι ἐπόγδοοι ; placement au denier huit (5).

Harpocration , définissant l'ἐπόγδοον , nous dit : prêt fait sous la condition que le créancier recevra la huitième partie du capital : par exemple

_____

(1) Démosthène, *C. Aphobum*, I, § 9, R. 816 ; § 23, R. 820 ; § 35, R. 824 ; II, § 13, R. 839. — Eschine, *C. Ctesiphontem*, § 104, Didot, p. 116. — *Corpus inscriptionum græcarum*, n° 93, l. 37.

(2) V. Démosthène, *C. Aphobum*, I, §§ 23 et 35; II, § 13, *sup. cit.*

(3) Athénée, VII, 39, p. 292.

(4) *Corpus inscriptionum græcarum*, n° 354, Bœckh, I, p. 423.

(5) Au temps de Justinien, la différence entre le taux de l'intérêt à 12 pour cent et le denier huit avait disparu dans la pratique ; car la novelle CVI, *Præfatio*, en autorisant dans les prêts maritimes le denier huit, τὴν ὀγδόην μοῖραν λαμβάνειν ὑπὲρ ἑκάστου νομίσματος ὀνόματι τόκων, a eu certainement en vue la centésime, maximum déterminé par la loi 26, C., *De Usuris*.

trois oboles pour quatre drachmes (1).— Ce taux
paraît avoir été surtout en usage dans le prêt à la
grosse ; car, l'un des lexiques de Séguier le définit :
δάνεισμα εἰς ἐμπορίαν φορτίων (2) ; et c'est ainsi qu'il
nous apparaît dans Démosthène , comme ναυτικὸν
ἐπόγδοον (3), pour un voyage de l'Hellespont à Athènes.

16 pour cent : ἐπ' ὀκτὼ ὀβόλοις ; placement à raison
de huit oboles pour mine par mois : ἐπὶ ὀκτὼ ὀβολοῖς
τὴν μνᾶν δανείζειν τοῦ μηνὸς ἑκάστου (4). Ce taux cor-
respond au denier six $\frac{1}{4}$.

16 $\frac{2}{3}$ pour cent : τόκοι ἔφεκτοι; placement au denier
six : ὁ ἐπὶ τῷ ἕκτῳ τοῦ κεφαλαίου (5). — S'il faut en
croire un adversaire de Démosthène, ce taux était
le taux habituel des prêts ordinaires à Cyzique :
ἦσαν ἔφεκτοι οἱ ἔγγειοι τόκοι (6). Mais nous n'en connaissons aucun exemple pour Athènes, et Saumaise
a dû être victime de quelque confusion lorsqu'il a
déclaré que les τόκοι ἔφεκτοι étaient les plus nombreux dans cette dernière ville (7).

18 pour cent : ἐπ' ἐννέα ὀβολοῖς ; placement au
denier cinq $\frac{5}{9}$, ou à raison de neuf oboles pour
mine par mois.—Ce taux, qui paraissait encore rai-

(1) Harpocration , vᵒ ἐπόγδοον.

(2) Bekker, *Anecdota græca*, I, p. 252, 19.

(3) Démosthène, *C. Polyclem*, § 17, R. 1212.

(4) Démosthène, *C. Nicostratum*, § 13, R. 1250.

(5) Harpocration, vⁱˢ ἔφεκτος τόκος.

(6) Démosthène, *C. Phormionem*, § 23, R. 914.

(7) « In Rep. Atheniensi, certum est vulgo receptum fuisse in
usuris communibus fructum quem ἔφεκτον τόκον appellarunt. »
De modo usurarum, Leyde, 1639, p. 10.

sonnable et n'avait rien d'excessif pour l'emprunteur (1), était fréquemment stipulé dans les prêts
conventionnels (2). Il avait même été consacré par
le législateur pour certains intérêts moratoires. Le
mari, qui ne restituait pas la dot immédiatement
après la dissolution du mariage, devait, jusqu'au jour
de sa libération, payer des intérêts calculés sur le
pied de neuf oboles par mois : ἐπ᾽ ἐννέ᾽ ὀβολοῖς
τοκοφορεῖν (3).

20 pour cent : τόκοι ἐπιπέμπτοι; placement au denier
cinq. — Pour augmenter les ressources financières
d'Athènes, Xénophon proposait d'ouvrir un emprunt
dans des conditions telles que chaque citoyen, en
faisant une avance de dix mines, fût assuré de recevoir au moins un intérêt annuel égal au cinquième
du capital , c'est-à-dire environ trois oboles par
jour (4).—On pourrait croire que le crédit des Républiques avait besoin pour s'établir d'une prime considérable ; car la cité de Clazomène, s'étant trouvée
dans l'impossibilité de payer vingt talents qu'elle
devait à son armée, fut obligée de lui servir à titre
d'intérêts quatre talents par an, en d'autres termes
vingt pour cent (5).

---

(1) Lysias, *C. Æschinem socraticum*, fr. 1ᵉʳ, Didot, II , p. 252 ,
ex Athenæo, XIII, sect. 94, p. 611.

(2) Iséc, *De Hagniæ hereditate*, § 42. Didot, p. 316.—Eschine ,
C. Timarchum, § 107, Didot, p. 48.

(3) Démosthène, *C. Neæram*, § 52 , R. 1362.— *C. Aphobum*, I,
§ 17, R. 818. --V. notre *Étude sur la restitution de la dot*, 1867,
p. 40-41.

(4) Xénophon, *De vectigalibus*, III, § 9.

(5) Aristote, *OEconomici*, lib. II, c. 2, sect. 16, § 1 , Didot, t.
I, p. 643.

22 $\frac{1}{2}$ pour cent. —Nous ne trouvons ce chiffre que dans un contrat de prêt à la grosse. Une somme de trois mille drachmes a été prêtée à raison de deux cent vingt-cinq drachmes par mille pour un voyage d'Athènes à l'embouchure du Borysthène, aller et retour, sous la condition toutefois que les assurés reviendront avant l'Ourse ; car, si le retour n'était effectué qu'après cette époque, à un moment où la navigation offre plus de dangers, l'intérêt serait de trois cents drachmes par mille (1).

24 pour cent : ἐπὶ δυσὶ δραχμαῖς ; à raison de deux drachmes pour mine par mois. —Dans une inscription de Corcyre, on lit : l'intérêt du prêt ne pourra pas être supérieur à deux drachmes chaque mois pour chaque mine : μὴ πλείονος τόχου δανείζοντες ἢ δύο δραχμᾶν τὸν μῆνα ἕχαστον τὰν μνᾶν ἑχάσταν (2). — Il en est de même, d'après une conjecture vraisemblable, pour une inscription d'Orchomène : τόχον φερέτω δράχμας δούω τὰς μνᾶς ἑχάστας κατὰ μεῖνα ἕχαστον (3).

25 pour cent : τόχοι ἐπιτέταρτοι ; placement au denier quatre. —Démus, fils de Pyrilampe, au moment de partir d'Athènes pour Chypre, demandait à emprunter seize mines, et promettait d'en rendre vingt aussitôt qu'il serait arrivé dans cette île. Un prêteur pouvait ainsi en quelques jours réaliser un profit de vingt-cinq pour cent. Malgré ses propositions avantageuses, Démus échoua près d'Aristophane (4).

(1) Démosthène, *C. Lacritum*, § 10, R. 926.
(2) Bœckh, *Corpus inscriptionum græcarum*, t. I, p. 745. —Cf, n° 1845.
(3) Bœckh, *eod. loc.*, t. I, p. 741, n° 1569, l. 52.
(4) Lysias, *De bonis Aristophanis*, § 25, Didot, p. 181.

30 pour cent. — Nous avons déjà cité un exemple
de prêt fait dans ces conditions par contrat à la
grosse (1). — Démosthène nous en offre un second.
Pour un voyage au Bosphore, aller et retour,
Phormion avait emprunté deux mille drachmes et
pris l'obligation d'en rendre deux mille six cents à
l'époque où il reviendrait à Athènes (2).

33 $\frac{1}{3}$ pour cent : τόκοι ἐπίτριτοι; placement au
denier trois (3). — On pouvait encore être un homme
honorable (ἐπιεικής) en prêtant à un taux si élevé (4).

36 pour cent : ἐπὶ τρισὶ δραχμαῖς; à raison de trois
drachmes pour mine par mois. — Arrivé à cette hauteur, l'intérêt était excessif, et celui qui l'acceptait
s'exposait à une ruine presque certaine, διὰ τοὺς
τόκους ἐκ τῶν ὄντων ἐκπέσων (5). Et pourtant les banquiers l'exigeaient sans scrupule (6).

Nous nous arrêterons à 48 pour cent, ἐπὶ τέτταρσι
δραχμαῖς. Ici, il n'y avait plus seulement excès de la
part du prêteur, il y avait infamie, et les philosophes
ne faisaient guère de différence entre l'usurier qui
place son argent pour en retirer de pareils produits,
et le misérable qui trafique de l'honneur de sa femme
ou qui viole les dépôts à lui confiés (7).

Aucun des chiffres que nous venons d'indiquer,

(1) Démosthène, C. Lacritum, § 10, R. 926.

(2) Démosthène, C. Phormionem, § 23, R. 914.

(3) Harpocration, vᵒ ἐπιτρίταις.

(4) Aristote, Rhétorique, III, 10, § 7, Didot, I, p. 397.

(5) Lysias, C. Æschinem socraticum, ex Athenæo, XIII, sect.
94, p. 611.

(6) Eod. loc.

(7) Lucien, Le banquet, c. 32

même le plus faible, dix pour cent, ne se rencontre dans les prêts que les temples faisaient à la République. L'intérêt était alors de un trente-millième par jour, soit un millième par mois, un peu plus d'un pour cent $\left(1 \frac{1}{5} \right)$ par an (1). En payant cette faible redevance, on reconnaissait le droit de propriété du Dieu. Il y avait même cet avantage que les gouvernants d'Athènes pouvaient se croire autorisés à mettre de côté tout scrupule religieux, et à puiser à pleines mains, sans aucun remords de conscience, dans les trésors des sanctuaires. De quoi le Dieu aurait-il pu se plaindre? Ne recevrait-il pas comme tout autre prêteur l'intérêt de ses avances?

Pour le placement des sommes appartenant aux dèmes, on se conformait aux règles ordinaires. Une inscription du Louvre porte textuellement que les magistrats du dème de Plothée devront prêter l'argent du dème aux personnes qui leur inspireront confiance par l'offre d'un gage ou d'une caution, de telle manière que chaque capital rapporte le plus d'intérêts possible : δανείζοντας ὅπως ἂν πλεῖστον τόκον διδῷ ὃς ἂν πείθῃ τοὺς ἄρχοντας τιμήματι ἢ ἐγγυητῇ (2).

III.

La liberté illimitée de l'intérêt proclamée par Solon fut-elle restreinte plus tard?

M. Télfy, auteur d'un *Corpus juris attici* récem-

(1) Rangabé, *Antiquités helléniques*, t. I, p. 195.

(2) Frœhner, *Inscriptions grecques du Louvre*, nᵒ 36. — Bœckh, *Corpus inscriptionum græcarum*, nᵒ 82.

ment publié, l'affirme sans aucune hésitation, sur la foi du Scholiaste de Démosthène : εἰσὶ καὶ ἰδιωτικοὶ νόμοι, οἷον μὴ λαμβάνειν πόλλους τόκους (1). Il reconnaît toutefois que cette loi restrictive fut certainement postérieure à Démosthène « lex certe post Demosthenis ætatem lata (2). »

Nous avons déjà combattu l'opinion du professeur hongrois (3), et, malgré la vive réplique de notre adversaire (4), nous persistons à croire que la prétendue loi qu'il a empruntée à Ulpien n'était qu'un simple précepte de morale.

Qu'il nous soit permis d'invoquer et de citer en faveur de notre thèse un témoignage que M. Télfy n'a pas le droit de récuser. C'est lui-même qui nous l'indique (5).

Or, voici ce que dit Saumaise : « In multis provinciis ac civitatibus olim non lege ulla, sed *more*, modus usurarum statuebatur. Sic Athenis, cum lex Solonis in infinitum capere eas permitteret, *mos* tamen et *consuetudo non scripta* non maximas capi debere instituit. Nec aliter sane possunt exponi verba Ulpiani, si de Atheniensium legibus et moribus eum loquutum intelligere libeat ; quod vix aliter mihi sit verisimile. Certum quippe est nullam legem

---

(1) *Corpus juris attici*, Pest, 1868, n° 1505, p. 387.—Scholia in Demosthenem, *C. Timocratem*, 766, 5.

(2) *Eod. loc.*, p. 631.

(3) *Revue critique d'histoire et de littérature*, 1869, t. VII, p. 181 et 398.

(4) *Eod. loc.*, p. 398.

(5) *Corpus juris attici*, p. 631.

scriptam modum apud Athenienses usuris sta-
tuisse (1)... »

L'illustre érudit ne s'est même pas contenté de
celte déclaration si précise. Il l'a bientôt reproduite
pour écarter encore l'argument que M. Télfy déclare
trouver dans le Scholiaste : « Nulla alia lex de
usuris legitur Athenis unquam sancita præter eam
Solonis quæ liberum fœnus permittit voluntati fœne-
rantium. Huic contraria ex diametro foret quæ
modum aliquem ei licentiæ, quam Solon indulsit, im-
poneret. Νόμος itaque ille ἰδιωτικὸς , de quo Ulpianus
ad Demosthenem scribit introductum fuisse ne quis
multiplices caperet usuras, ἄγραφος plane exstitit, et
consuetudini, non legi ulli scriptæ , modum illum
usuris præscriptum debet (2). »

Que pourrions-nous ajouter à l'autorité de celui
que l'on a justement appelé le prince des commentateurs (3) ?

IV.

Les prêteurs Athéniens, qui, tout en recevant un
intérêt supérieur au taux ordinaire, tenaient à sauver
les apparences, avaient imaginé une combinaison
que les usuriers du XIX⁰ siècle n'ont pas oubliée.

---

(1) *De modo usurarum*, Leyde, 1639, p. 132.

(2) *Eod. loc.,* p. 138.

(3) Une autre opinion, que Saumaise avait déjà indiquée, mais
sans s'y arrêter, a encore des partisans. Ulpien aurait eu en vue
l'époque à laquelle il écrivait et les dispositions du droit romain : « Ad
sua tempora respexit et jus romanum » (Saumaise, *loc. cit.,* p. 132).
Elle a été adoptée par Hermann, *Privatalterthümer*, § 49, note 2.

Ils prenaient l'intérêt en dedans ; c'est-à-dire qu'au moment où ils remettaient à l'emprunteur la somme que celui-ci leur avait empruntée, ils en prélevaient une partie, sous prétexte d'intérêts, alors que pourtant les intérêts ne devaient courir qu'à partir de cette époque et ne devenir exigibles que plus tard.

Les moralistes ne cherchaient pas à dissimuler leur indignation en face de pareils actes. « Les prêteurs, dit Plutarque, font figurer dans la somme qu'ils prêtent ce qu'ils retiennent à titre d'intérêt; δανείζουσιν ὃ λαμβάνουσιν ὑπὲρ τοῦ δανεῖσαι (1). »

« Il y a, en Messénie, un proverbe qui dit :

Ἔστι Πύλος πρὸ Πύλοιο, Πύλος γε μὲν ἐστι καὶ ἄλλος.

« On pourrait fort bien l'appliquer aux prêteurs et dire :

Ἔστι τόκος πρὸ τόκοιο, τόκος γε μὲν ἐστι καὶ ἄλλος.

« Ils se raillent des physiciens qui soutiennent que rien ne se fait de rien, et ils tirent un intérêt de ce qui n'existe pas encore. Pour eux, recevoir les impôts, quand la loi l'autorise , est une honte ; et ils perçoivent, malgré le législateur , un impôt sur l'argent qu'ils prêtent. A dire le vrai, leurs prêts ne sont que pures fraudes; car un débiteur qui reçoit moins que son obligation ne porte est certainement lésé.

« Les Perses mettent, parmi les fautes, au second

_____

(1) *De vitando œre alieno,* IV, § 4.

rang le mensonge, au premier l'emprunt, parce que tout débiteur est enclin à mentir. Mais les prêteurs mentent bien davantage, faussaires qui inscrivent sur leurs registres qu'ils ont remis telle somme à un tel, lorsqu'en réalité celui-ci a reçu beaucoup moins. Leur mensonge n'a pas l'excuse de la nécessité ou de l'indigence. Leur seul mobile, c'est une cupidité et une avarice insatiables, qui, sans aucun profit pour eux-mêmes, causent la ruine de leurs victimes (1). »

L'acte déloyal que Plutarque reprochait si vivement aux prêteurs échappait pourtant à toute pénalité. Puisque la loi autorisait la liberté de l'intérêt, la logique exigeait l'impunité.—Il faut reconnaître, en effet, que l'escompte en dedans n'aurait pas été traité comme un délit avant la loi du 3 septembre 1807 ; il ne le serait pas même aujourd'hui, si le prêteur, dans la fixation de l'intérêt, restait notablement en deçà du taux légal.

V.

L'époque habituelle pour le paiement des intérêts était le dernier jour de chaque mois, et l'on sait que, d'après le calendrier Athénien, les mois étaient lunaires. De là la remarque du scholiaste : ἐδίδοντο ἐν τῷ τέλει τῆς σελήνης οἱ τόκοι (2).

---

(1) Plutarque, De vitando œre alieno, V, §§ 1-4, Didot, II, p. 1010-1011.

(2) Scholia in Aristophanem, Nubes, v. 17, Didot, p. 81.

Cet usage nous permet de comprendre quelques plaisanteries d'Aristophane.

Le vieux Strepsiade était allé demander à Socrate une recette pour frustrer ses créanciers et ne pas payer ses dettes, lorsque tout à coup une idée lumineuse traversa son esprit : si, grâce aux sortiléges d'une magicienne de Thessalie, il pouvait s'emparer de la lune ! il l'enfermerait avec précaution dans un étui, comme un miroir, et se garderait bien de lui rendre sa liberté.—Et pourquoi cela? dit Socrate. —Mais, réplique le vieillard, si la lune ne se levait plus, je ne paierais plus d'intérêts (1).

Aussi, le bonhomme ne vit plus, tant il est inquiet, lorsqu'il voit la lune ramener la troisième décade ; c'est qu'elle lui rappelle que le moment de payer les intérêts approche (2).

Telle était la règle.—Nous croyons cependant que, lorsque les parties avaient stipulé pour intérêts une partie du capital, le paiement ne devait avoir lieu qu'à la fin de l'année ou à l'expiration de la période pour laquelle le prêt avait été consenti. Il en était certainement ainsi dans le contrat de prêt à la grosse, ou lorsque l'emprunteur s'absentait d'Athènes. Οἱ δεδανεικότες ἧκον ἐπὶ τοὺς τόκους ἐπειδὴ ὁ ἐνιαυτὸς ἐξῆλθεν (3).—Il pouvait en être de même dans les prêts ordinaires (4).

---

(1) Aristophane, *Nubes,* v. 749 et suiv.

(2) Idem, *ibidem,* v. 16 et suiv.

(3) Démosthène, *C. Polyclem,* § 61, Reiske, 1125.

(4) Cf. *Corpus inscriptionum græcarum*, n° 1569, a, l. 51.— V. aussi n° 1845.

VI.

L'anatocisme,—production d'intérêts par des intérêts échus qui restent entre les mains du débiteur et y forment un nouveau capital, — était connu des Athéniens. Son nom seul suffirait pour nous révéler son origine grecque (ἀνὰ-τόκος, ἀνὰ-τοκισμός), lors même qu'il ne serait pas formellement mentionné dans une comédie d'Aristophane.

Socrate a appris à Phidippide l'art de gagner autant de procès qu'il le voudra : « Maintenant, dit Strepsiade, gare aux usuriers avec leurs capitaux et leurs intérêts d'intérêts (1) ! »

L'anatocisme était-il la règle générale ? Tout débiteur qui mettait quelque retard à payer les intérêts devait-il, en principe, subir cette aggravation ?

On l'a soutenu (2) ; on a fait remarquer d'abord que les intérêts d'intérêts se rencontrent assez fréquemment dans les textes ; ils figurent jusque dans les contrats qui intéressent les cités (3) ; en outre, dans certains monuments qui parlent d'intérêts, le rédacteur a pris soin d'indiquer que ces intérêts ont été produits *directement* par un capital : εὐθυτοκία (4).

Il nous est bien permis de conserver quelques

(1) *Nubes*, v. 1155-1156.—V. notre *Étude sur les Intérêts*, 1861, p. 245.

(2) Büchsenschütz, *Besitz und Erwerb im griechischen Alterthume*, Halle, 1869, p. 499.

(3) Rangabé, *Antiquités helléniques*, n° 902.

(4) *Corpus inscriptionum græcarum*, n° 2335.

doutes, lorsque nous lisons dans les *Caractères* de Théophraste : « Les avares sordides tirent intérêt de l'intérêt même, et ce n'est qu'à cette condition qu'ils accordent du temps à leurs débiteurs. » — Ainsi , l'anatocisme n'avait pas lieu de plein droit à l'échéance; il fallait une convention spéciale entre les parties. Ajoutons que les personnes, plus soucieuses de leur honorabilité que de leurs intérêts pécuniaires , s'abstenaient de toutes les stipulations de ce genre, que le moraliste flétrit énergiquement.

Comment se calculait l'anatocisme? Les intérêts étaient-ils capitalisés à la fin de chaque mois, lorsqu'ils étaient payables à de courtes échéances, ou bien la capitalisation ne se faisait-elle qu'à l'expiration de chaque année ?

Une inscription grecque nous apprend que vingt-deux talents, trois mille cinq cent trente drachmes , prêtés par les habitants de Chios à ceux de Paros , pendant onze ans et trente jours , avaient produit trente talents d'intérêts composés (1) : τόκος καὶ ἀπὸ τόκου τόκος.

Mais ce monument ne nous indique ni le taux des intérêts, ni s'ils étaient calculés mensuellement, ni à quelles époques se faisaient les capitalisations. — Il y a là matière à de nombreuses conjectures et à de savantes combinaisons pour les mathématiciens.

M. Rangabé l'a prouvé; sa dissertation est de celles qui ne peuvent être analysées; nous devons nous borner à la signaler à nos lecteurs (2).

(1) *Antiquités helléniques,* n° 902.
(2) *Ibid.*, t. II, p. 603-608.

Nous croyons que la loi avait laissé aux parties la plus grande liberté , et que leurs déterminations n'étaient point entravées par des textes analogues à l'article 1154 de notre code Napoléon.

VII.

Lorsque le débiteur négligeait de remplir ses engagements, ὑπερημερία (1), ὑπερήμερος (2), le créancier avait le droit de diriger des poursuites contre sa fortune afin d'obtenir le paiement de sa créance. — Mais par quelles actions devait-il faire valoir son droit ?

Meier en énumère cinq, qui, si nous devons l'en croire , pouvaient être indifféremment appliquées : 1° l'action générale commune à tous les contrats et désignée sous les noms de συνθηκῶν ou συμβολαίων παραβάσεως δίκη (3); 2° la δίκη χρέους ; 3° la δίκη ἀργυρίου; 4° la δίκη ἀφορμῆς ; 5° enfin la δίκη βλάβης (4).

Nous croyons qu'il y a lieu de faire certaines réserves contre la généralité de cette énumération.

L'ἀφορμή, d'abord, a été définie par Saumaise : « certa pecuniæ summa, quam destinant mercatores ad merces emendas, aut quam trapezita in mensa sua constituit ad fœnus exercendum (5) , quæcunque denique pecunia reponitur ac paratur ad aliquid

---

(1) Démosthène, *C. Apaturium*, § 6, R. 894.

(2) Idem, *C. Stephanum*, I, § 70, R. 1123.

(3) Pollux, *Onomasticon*, VIII, 31.

(4) *Der attische Process*, Halle, 1824, p. 511-512.

(5) Voir Pollux, *Onomasticon*, III, 84.

comparandum, aut ad impendendum ad sumptus quotidianos (1). »

Ainsi, lorsqu'un commanditaire fournissait à un négociant une somme d'argent que celui-ci devait employer à son commerce, la somme d'argent prenait le nom d'ἀφορμή. Ὅταν τις ἀργύριον δῷ ἐνθήκην, ἀφορμὴ καλεῖται ἰδίως παρὰ τοῖς Ἀττικοῖς (2).

La δίκη ἀφορμῆς était donc l'action qu'un commanditaire intentait contre le gérant d'une entreprise commerciale, afin d'obtenir la restitution de la mise qu'il avait versée dans le fonds social.

Aussi, lorsqu'Apollodore réclamait à Phormion une somme de vingt talents, que Pasion, père du demandeur, avait remise à Phormion, pour que celui-ci l'employât à ses affaires de banque, il agissait par l'ἀφορμῆς δίκη (3).

Cette action n'était donc pas une action générale en matière de prêt ; elle s'appliquait seulement à une hypothèse toute particulière.

Quant à la δίκη βλάβης, c'était l'action de droit commun qu'intentaient ceux qui réclamaient des dommages et intérêts. — Il est vrai qu'on lit dans une formule d'action : ἔβλαψέ με ὁ δεῖνα οὐκ ἀποδιδοὺς ἐμοὶ τὸ ἀργύριον, ὃ κατέλειπεν ὁ πατὴρ ὀφείλοντα αὐτὸν ἐν

---

(1) *De modo usurarum*, 1639, p. 24.

(2) Harpocration, vᵒ ἀφορμή. —Cf. Bekker, *Anecdota græca*, I, 472 : ἡ πάροδος, ἣν νῦν πολλοὶ πρόχρειαν καὶ ἐνθήκην λέγουσι, κτλ.—Suidas, vᵒ ἀφορμή, Bernhardy, p. 902.—Hesychius, vᵒ ἀφορμή, Alberti, p. 647, et la note de Kuster.

(3) *Argumentum orationis pro Phormione*, Reiske, p. 944.

τοῖς γράμμασιν (1) ; mais faut-il en conclure que la
δίκη βλάβης fût applicable au cas où un créancier ne
pouvait obtenir le paiement des sommes qui lui
étaient dues?—Il est vrai également que, dans l'argument du discours de Démosthène contre Callippe,
les deux actions βλάβης δίκη et ἀργυρίου δίκη sont
rapprochées l'une de l'autre ; elles sont successivement intentées par le même demandeur contre le
même défendeur et à raison des mêmes faits (2).
Mais la preuve que les deux actions différaient l'une
de l'autre résulte du plaidoyer. — Apollodore , poursuivi par l'ἀργυρίου δίκη, fait remarquer aux juges que
l'action qui a été jadis intentée contre son auteur
Pasion était la βλάβης δίκη (3). C'est que, au moment
où il actionnait Pasion, Callippe ne prétendait pas
être créancier du banquier ; il soutenait seulement
que Pasion, en remettant à Céphisiade l'argent que
lui avait déposé Lycon, avait manqué à un engagement pris envers Callippe : l'engagement de ne
pas restituer le dépôt hors de la présence de Callippe;
et, de ce chef, il ne pouvait obtenir que des dommages et intérêts.—Plus tard , après la mort de
Pasion , Callippe, agissant contre Apollodore , abandonna sa réserve primitive et se déclara nettement
créancier de celui-ci : Lycon, disait-il, en déposant
une somme d'argent chez Pasion avait stipulé que
cette somme serait remise à Callippe ; et, comme le
paiement n'en avait pas été effectué entre les mains

(1) Démosthène, *Pro Phormione*, § 20, Reiske, 950.
(2) Reiske, 1235.
(3) Démosthène, *C. Callippum*, § 14, R. 1240.

de Callippe, la succession de Pasion en était toujours
débitrice (1).

La δίκη βλάβης était donc étrangère aux relations
qui pouvaient dériver du contrat de prêt.

Toute autre était la δίκη χρέους (2) ; le nom même
qu'elle porte l'indique suffisamment ; c'était l'action
naturellement indiquée aux prêteurs.

L'ἀργυρίου δίκη pouvait aussi s'appliquer (3) ; mais
les définitions qu'en donnent les grammairiens lui
attribuent un caractère de généralité tel que des
créanciers à un titre autre que le prêt auraient eu le
droit de s'en prévaloir également : un des lexiques
de Séguier dit : Ὄνομα δίκης, ὁπότε τις ἀπαιτοίη ἀργύριον
ὡς προσῆκον αὐτῷ καὶ μὴ λαμβάνων, δίκην λαγχάνει
ἀργυρίου τῷ ἔχοντι (4). Un autre grammairien s'exprime
en termes presque identiques : Ὅταν τις προσήκειν
αὐτῷ παρά τινος ἀργύριον ᾤετο, δίκην αὐτῷ ἐλάγχανε καὶ
ἐκαλεῖτο ἀργυρίου δίκη (5).

VIII.

Lorsqu'une décision judiciaire avait reconnu les
droits du créancier, et condamné le débiteur à payer
la somme réclamée, ce dernier devait se libérer dans
un délai qui lui était assigné par le juge (προθεσμία).

(1) *Eod. loc.*, § 18, Reiske, 1241.

(2) Pollux, *Onomasticon*, VIII, 31, l'appelle χρέως δίκη.

(3) Démosthène, *C. Olympiodorum*, § 45, Reiske, 1179. —Cf.
C. Bœotum, I, § 25, R. 1002.

(4) Bekker, *Anecdota græca*, I, p. 201.

(5) Idem, *ibidem*, I, p. 443.

A défaut de libération, le créancier avait le droit de saisir les biens de son débiteur par l'ἐνεχυρασία (1), ou de se mettre en possession par l'ἐμβατεία (2).

Pouvait-il de son autorité privée et sans l'intervention d'aucun fonctionnaire recourir à ces graves mesures?—La question est controversée. Hudtwalcker (3), Schœmann (4), Wachsmuth (5), sont d'avis qu'il n'était pas nécessaire que le créancier fût accompagné par un magistrat, bien qu'habituellement il fît appel au démarque. Hermann exige au contraire la présence d'un fonctionnaire public (6).—Les textes, on ne peut le nier, sont très-favorables à cette dernière opinion : Ἔδει τὸν δήμαρχον ἀγαγεῖν εἰς τοὺς οἴκους τοὺς ἐνεχυριαζομένους (7).

Si la saisie ou la prise de possession rencontrait des obstacles, soit de la part du débiteur, soit même

---

(1) « Apud Græcos, si de pignoribus dandis ab initio nihil convenisset, jus erat creditori, non solvente ad diem debitore, pignora ab eo capere, atque illa vendere, ut ex venditis summa debiti sarciretur ; si non sufficerent, alia etiam auferre, ex quorum venditione summam integram reciperet. » Saumaise, *De modo usurarum*, Leyde, 1639, p. 548-549. — Pour les immeubles, la saisie s'appelait ἅπτεσθαι κτημάτων, Scholia in Demosthenem, *C. Midiam.*

(2) Saumaise, *Loc. cit.*, p. 574-575.

(3) *Ueber die Diæteten*, 1812, p. 131.

(4) *Der attische Process*, 1824, p. 747-748.

(5) *Hellenische Alterthumskunde*, 2ᵉ éd., t. II, 1846, p. 279.— V. cependant p. 226.

(6) *Privatalterthümer*, § 71, note 15.

(7) Scholia in Aristophanem, *Nubes*, v. 37, Didot, p. 82.—Cf. Harpocration, vᵒ δήμαρχος· ὅτι ἠνεχυρίαζον οἱ δήμαρχοι δηλοῖ

de la part d'un tiers, il y avait lieu à l'action connue sous le nom d'ἐξούλης δίκη.

Une fois en possession, le créancier faisait vendre les biens saisis, et, lorsqu'il y avait un excédant, il le restituait au débiteur (1).

IX.

La législation athénienne admit pendant longtemps la contrainte par corps et même l'esclavage pour dettes. « Les débiteurs, nous dit Plutarque, étaient réduits à engager leurs personnes et à se livrer au pouvoir de leurs créanciers, qui les faisaient travailler comme esclaves, ou même les vendaient à l'étranger (2). » Solon crut devoir faire de ce point l'objet d'une de ses premières réformes.

En étudiant les législations étrangères, il avait remarqué une loi de Bocchoris, qui, tout en autorisant les créanciers à diriger des poursuites contre les biens de leurs débiteurs, leur défendait d'employer en aucun cas des moyens d'exécution s'adressant à la personne (3). « Les biens appartiennent à

Ἀριστοφάνης. Aussi, Démosthène écrit-il, *C. Evergum et Mnesibulum*, § 35, R. 1149 : λαβὼν παρὰ τῆς ἀρχῆς ὑπηρέτην, ἦλθον ἐπὶ τὴν οἰκίαν.

(1) Nous nous bornons ici à quelques indications sommaires ; nous nous proposons de consacrer plus tard une étude spéciale à la saisie et à l'expropriation.

(2) Plutarque, *Solon*, 13.

(3) M. Grote, *History of Greece,* trad. Sadous, t. IV, p. 158

ceux qui les ont acquis, soit par leurs travaux, soit
par succession, soit par donation, tandis que la personne du citoyen appartient à l'État. Comprend-on
qu'un guerrier, au moment de combattre pour sa
patrie, soit enlevé par son créancier, et que la cupidité d'un seul compromette le salut de tous ? Il est
défendu de saisir les armes, la charrue, les autres
instruments nécessaires au débiteur, et l'on pourrait
priver de sa liberté le débiteur lui-même pour lequel
ces objets ont été faits (1) ! »

L'un des premiers soins de Solon, pour conjurer le
péril social qui menaçait Athènes, fut donc d'abolir
ou au moins de réduire les dettes existantes (2). Puis il
déclara qu'à l'avenir le corps du débiteur ne pourrait
pas répondre de ses engagements : Πρὸς τὸ λοιπὸν ἐπὶ
τοῖς σώμασι μηδένα δανείζειν (3).

Solon fut toutefois moins radical que ne l'avait été
Bocchoris. La réduction en esclavage continua d'être
autorisée pour un cas exceptionnel ; le citoyen qui
avait été fait prisonnier par les ennemis, et qui avait
emprunté pour payer sa rançon, devenait l'esclave de
son créancier s'il ne le remboursait pas dans les délais
convenus : Οἱ νόμοι κελεύουσι τοῦ λυσαμένου ἐκ τῶν

---

déclare supposée la loi égyptienne que nous reproduisons.—M. Duverdy, *Contrainte par corps*, Paris, 1852, tout en admettant, p. 6,
la loi de Bocchoris, lui refuse, p. 8, toute influence sur la détermination de Solon.

(1) Diodore de Sicile, I, 79.

(2) Sur la Seisachtheia de Solon, voir la remarquable dissertation
de M. Grote, *Loc. cit.*, p. 143-169.

(3) Plutarque, *Solon*, 15. — Diodore de Sicile, I, 79. — Diogène
Laërce, I, § 45.

πολεμίων εἶναι τὸν λυθέντα, ἐὰν μὴ ἀποδιδῷ τὰ λύτρα (1).

En outre, la contrainte par corps fut permise dans quelques hypothèses spéciales limitativement déterminées, qui intéressaient l'ordre public, mais en dehors desquelles il était interdit d'y avoir recours. — Nous ne saurions admettre, en effet, l'opinion de Meier, qui enseignait que, même à l'époque classique, les actions personnelles étaient corroborées par le droit de jeter le débiteur en prison : « Personalis actio eum effectum habuit, ut, si bona debitoris vendita ad solvendum debitum non sufficerent, creditor debitorem posset in carcerem immittere et quamdiu ipse vellet, nisi alius pro eo solveret, retinere. Id docet tum analogia debitoris publici, tum Antipho de cæde Herodis (2). »—Il nous suffira de répondre que l'analogie en pareille matière n'est pas un argument suffisant, et que le passage d'Antiphon est relatif, non pas à un citoyen, mais à un étranger.

La première espèce de dettes, pour laquelle l'intérêt général avait paru exiger le maintien de la contrainte par corps, était celle des dettes commerciales. « La loi, disait Démosthène, enjoint aux commerçants et aux armateurs qui ont éprouvé un préjudice d'intenter une action devant les Thesmothètes ; elle déclare que les auteurs du préjudice seront retenus en prison jusqu'à ce qu'ils aient payé le montant des condamnations prononcées contre eux : Ὁ νόμος τοῖς ἀδικοῦσι δεσμὸν ἔταξε τοὐπιτίμιον

_____

(1) Démosthène, _C. Nicostratum_, § 11, Reiske, 1250. — Voir notre _Étude sur la restitution de la dot à Athènes_, p. 25.

(2) _De bonis damnatorum_, Berlin, 1819, p. 27. — Voir aussi Sauzet, _La querelle des dettes_. Lyon, 1864, p. 55.

ἕως ἂν ἐκτίσωσιν ὅ τι ἂν αὐτῶν καταγνωσθῇ (1). Il ne faut pas, en effet, qu'une personne fasse impunément tort à un commerçant. »

La seconde exception avait été commandée par la nécessité d'assurer les recouvrements du trésor public.

— « Vous avez, dit encore Démosthène, une maîtresse loi, une loi belle s'il en fut jamais, celle qui oblige tous les détenteurs de biens sacrés ou profanes à se libérer entre les mains du Sénat, et qui enjoint aux sénateurs, si les débiteurs manquent à leurs obligations, de les poursuivre rigoureusement en leur appliquant les lois relatives aux impôts (2). »

Or, ces lois, οἱ νόμοι τελωνικοί, prononçaient la contrainte par corps contre les débiteurs en retard (3). Qui ne connaît l'exemple de Miltiade (4) ?

Aussi, dans la formule du serment que les sénateurs prêtaient à leur entrée en fonctions et qui proclamait l'inviolabilité de la liberté des citoyens, οὐδὲ δήσω Ἀθηναίων οὐδένα, on avait formellement excepté les fermiers des impôts, leurs cautions et les percepteurs : Πλὴν ἐάν τις τέλος πριάμενος ἢ ἐγγυησάμενος ἢ ἐκλέγων μὴ καταβάλλῃ (5).

Cette rigueur paraissait si légitime que Timocrate

(1) Démosthène, *C. Apaturium*, § 1, Reiske, 892.— Cf. *C. Lacritum*, § 46, Reiske, 939, et *C. Dionysodorum*, § 4, R. 1284.

(2) Idem, *C. Timocratem*, § 96, Reiske, 730.

(3) Idem, *C. Androtionem*, § 56, Reiske, 610.

(4) Miltiade fut-il réellement emprisonné, comme le dit la tradition, appuyée sur le témoignage de Cornélius Népos, de Diodore et de Plutarque? Il est permis d'en douter. V. M. Grote, *Histoire de la Grèce*, t. VI, p. 218-220.

(5) Démosthène, *C. Timocratem*, § 144, Reiske, 745. — Andocide, *De Mysteriis*, § 93, Didot, p. 63.

fut poursuivi en justice pour avoir proposé au peuple d'adoucir les sévérités de la loi à l'égard des débiteurs du trésor public (1).

Enfin, la contrainte par corps était admise envers les étrangers, et voilà pourquoi, d'après le discours d'Antiphon sur le meurtre d'Hérode , Lycinus de Mytilène était à la discrétion de son créancier Hélus, qui lui-même était étranger : δυνατὸς ἦν λύσασθαι (2).

Dans l'une au moins des trois exceptions que nous venons d'indiquer, le débiteur menacé ou atteint par l'incarcération pouvait encore y échapper en offrant à son créancier des cautions. Ce droit lui est accordé par des textes en matière commerciale (3) ; peut-être même existait-il aussi pour les étrangers. Mais, assurément, les débiteurs du trésor public n'étaient pas admis à s'en prévaloir; l'indignation que causa la motion de Timocrate suffit pour nous en convaincre. Elle accordait précisément à ces malheureux la faculté de conjurer pour quelque temps l'emprisonnement en faisant agréer des répondants par le peuple (4).

Ainsi, grâce aux réformes de Solon, Athènes était de bonne heure arrivée presque au point où notre législation se trouvait encore en 1867 (5). On

---

(1) *Argumentum orationis c. Timocratem*, R. 694.

(2) Antiphon, *De cæde Herodis*, § 63, Didot, p. 33.

(3) Isocrate, *Trapeziticus*, §12, Didot, p. 253.—Cf. Démosthène, *C. Zenothemim*, § 29, Reiske, 890.

(4) *Argumentum or. c. Timocratem*, Reiske, 694 et 697.

(5) La loi du 22 juillet 1867 a supprimé la contrainte par corps en matière commerciale , civile et contre les étrangers ; elle l'a maintenue en matière criminelle, correctionnelle et de simple police.

avait déjà compris que, si, dans quelques cas, il
est permis de porter atteinte à la liberté indivi-
duelle d'un débiteur , ce ne peut être que pour
triompher de la mauvaise foi, et pour obtenir par la
menace de l'emprisonnement une exécution fidèle
des engagements contractés (1).

X.

Quand un débiteur se trouvait hors d'état de satisfaire ses créanciers, parce que son passif était supérieur à son actif, il pouvait faire cession de biens :
Ἐξίστασθαι τῆς οὐσίας, ὡς μὴ δυναμένος ἀποδοῦναι ; ἐξίστασθαι ἁπάντων τῶν ὄντων (2). Cette suprême ressource
avait même été laissée aux commerçants et aux trapézites (3).

Les créanciers faisaient alors vendre les biens et
s'en distribuaient le prix.

Comment se faisait cette distribution ? On ne saurait
mettre en doute que les créanciers hypothécaires ou
les créanciers gagistes, investis d'un droit réel sur
la chose, ne fussent payés avant les créanciers sim-

---

(1) Duverdy, *Contrainte par corps*, 1852, p. 12. — Sur la condition des débiteurs dans les autres États grecs, voir, pour la Béotie,
Stobée, 44, 41 ; pour Rhodes , Sextus Empiricus, *Hypot.*, I, 149 ;
et, en général, Diodore, I, 79. — Cf. Isocrate, *Plataïcus*, § 48,
Didot, p. 189.

(2) Scholia in Aristophanem, *Acharnenses*, v. 617, Didot, p. 18.
--Démosthène, *C. Apaturium*, § 25, Reiske, 900; *C. Pantænetum*,
§ 49, R. 981 ; *C. Stephanum*, I, § 64, R. 1120. — Cf. Pollux ,
VIII, 145.

(3) Démosthène, *Pro Phormione*, § 50, Reiske, 959.

plement chirographaires. Il nous paraît également certain que, parmi les créanciers hypothécaires, les plus anciens étaient préférés aux plus récents. Entre créanciers chirographaires, la répartition devait être faite au marc le franc (1).

(1) V. Heffter, *Die Athenæische Gerichtsverfassung*, Cœln, 1822, p. 466-468.—Meier, *Der attische Process*, Halle, 1824, p. 511-512.

~~~~~~~~~~~~~~~~~~~~~~~

Caen. — Impr. F. Le Blanc-Hardel.

ÉTUDES

SUR LES

ANTIQUITÉS JURIDIQUES

D'ATHÈNES

PAR

E. CAILLEMER

PROFESSEUR A LA FACULTÉ DE DROIT DE GRENOBLE

DIXIEME ÉTUDE

LE CONTRAT DE SOCIÉTÉ A ATHÈNES

PARIS

A. DURAND
Rue Cujas , 9

E. THORIN
Rue de Médicis , 7.

1872

Extrait des Mémoires de l'Académie des Sciences, Arts et Belles-Lettres de Caen. — Année 1872.

LE
CONTRAT DE SOCIÉTÉ
A ATHÈNES.

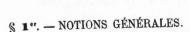

§ 1ᵉʳ. — NOTIONS GÉNÉRALES.

« Les associations (κοινωνίαι), dit Aristote, sont,
en quelque sorte, des démembrements de la société
politique. On s'associe pour donner satisfaction à
quelque intérêt, pour se procurer quelqu'une des
choses nécessaires à la vie. Ainsi la société politique
a été originairement établie et subsiste pour l'intérêt
commun ; les législateurs ne perdent jamais de vue cet
objet, et ils déclarent juste tout ce qui est conforme
à l'utilité générale. Les autres associations se pro-
posent comme but une partie de cet intérêt commun.
Les marins, par exemple, ont en vue l'intérêt qui
résulte de la navigation, l'acquisition des richesses
ou quelque autre avantage. Les soldats ont en vue
l'intérêt qui résulte de la guerre ; ils aspirent à la
fortune, à la gloire ou aux conquêtes. Il en est de
même des associations formées par les membres de
la même tribu ou par les membres du même dème.
D'autres associations semblent n'avoir pour but que

1

le plaisir (ἡδονήν) : telles sont celles des Thiasotes et des Éranistes ; elles se sont formées pour offrir des sacrifices et pour fournir à leurs membres des occasions de réunion. Ces sociétés, en faisant des sacrifices, en prescrivant des réunions, en honorant les dieux et en donnant aux citoyens des prétextes pour se délasser agréablement, sont, comme les précédentes, subordonnées à la société politique ; car ce n'est pas seulement l'intérêt présent que la société politique s'applique à protéger : elle se préoccupe de l'intérêt de la vie entière. — Toutes les associations semblent donc n'être que des parties de la société politique » (1).

Aristote, en montrant ainsi à ses contemporains les avantages qu'offrent les sociétés particulières formées dans la grande société à laquelle nous appartenons tous, se bornait à décrire le beau spectacle que lui présentait la République athénienne. Aucun peuple de l'antiquité ne mit plus largement en pratique le principe d'association, et le contrat de société (κοινωνία, ἑταιρία) est un de ceux que l'on rencontre le plus fréquemment dans les monuments de la littérature classique. Sociétés civiles, sociétés de commerce ou d'industrie, sociétés religieuses, sociétés de secours mutuels, en un mot, sociétés de tout genre apparaissent à chaque instant dans l'histoire d'Athènes.

Les associés avaient toute liberté pour régler, comme ils le jugeaient à propos, les conditions de leur association. Une seule restriction leur avait été

_____

(1) Aristote, *Ethica Nicomachea*, lib. VIII, c. ix, §§ 4-7.

imposée : ils ne pouvaient pas déroger aux lois
d'ordre public. — Le jurisconsulte Gaius, dans son
Commentaire sur la loi des Douze Tables, nous a
conservé le texte d'une loi, qu'il attribue à Solon, et
qui avait, suivant lui, inspiré les Décemvirs, lorsqu'ils
accordèrent aux *sodales*, ou membres d'un même
collége, le droit de se donner les règlements qui leur
plaisaient, pourvu que ces règlements n'eussent rien
de contraire aux lois générales (1) : Ἐὰν δὲ δῆμος ἢ
φράτορες, ἢ ἱερῶν ὀργίων, ἢ ναῦται, ἢ σύσσιτοι, ἢ ὁμόταφοι,
ἢ θιασῶται, ἢ ἐπὶ λείαν οἰχόμενοι ἢ εἰς ἐμπορίαν, ὅτι ἂν
τούτων διαθῶνται πρὸς ἀλλήλους, κύριον εἶναι, ἐὰν μὴ
ἀπαγορεύσῃ δημόσια γράμματα (2).

Il est inutile de faire remarquer longuement que
les clauses du contrat de société sur les droits et sur
les devoirs des associés étaient, le plus souvent, sinon
même toujours, constatées par des actes écrits. La

(1) L. 4, Dig., *De collegiis et corporibus*, 47, 22.

(2) Le texte que nous avons reproduit est le texte adopté par
M. Mommsen, dans la belle édition qu'il vient de publier des JUSTI-
NIANI DIGESTA. Les mots ἱερῶν ὀργίων ἢ ναῦται ont beaucoup
embarrassé les interprètes ; quelques-uns ont proposé de lire
ἱερῶν ὀργίων μηνυταί, proposition conforme au texte des Basiliques, liv. LX, tit. XXXII, n° 4 (Voir Cujas, *Observat.*,
l. VII, 31, et le *Corpus juris civilis* de Kriegel, l. 4, Dig., 47, 22);
d'autres, comme Héraud (*Observationes et emendationes*, c. XLII,
dans le THESAURUS d'Otto, t. II, p. 1365), lisent ἱερῶν ὀργίων
μυσταί. Hermann (*Griechische Privatalterthümer*, 2e éd., § 69,
10), se borne à remplacer ὀργίων par ὀργεῶνες, et M. van Holst
(*de Eranis veterum græcorum*, p. 37) arrive au même résultat
pratique en introduisant dans le texte un mot que les copistes
ont pu oublier : ἱερῶν ὀργίων κοινωνοὶ ἢ ναῦται.

rédaction de ces actes tendait à prévenir, autant que possible, les nombreuses contestations qui n'auraient pas manqué de surgir entre les associés, pendant l'existence et lors de la liquidation de la société.

Nous ne savons presque rien sur les effets généraux de ce contrat. Nous voyons, il est vrai, dans un discours de Lycurgue, que l'associé qui causait un dommage à ses coassociés en devait la réparation et pouvait être actionné en justice (1) ; mais l'évidence même de cette règle nous aurait permis de la suppléer, en l'absence de tout renseignement.—Aristote nous dit aussi qu'entre associés tout doit se passer comme entre amis : ἐν κοινωνίᾳ γὰρ ἡ φιλία (2), maxime qui fut, plus tard, reproduite par les jurisconsultes romains : « Societas jus quodammodo fraternitatis in se habet (3). » — Il nous dit encore que le mal est plus grand, lorsqu'on se rend coupable de fraude envers un associé, que lorsqu'on fait tort au premier venu : Χρήματα ἀποστερῆσαι ἑταῖρον δεινότερον ἢ πολίτην (4). — Mais tous les textes sont muets sur ce qu'il nous importerait surtout de connaître : quelles actions dérivaient du contrat, permettant à chaque associé de faire valoir ses droits et d'obtenir l'exécution des obligations contractées par ses coassociés ou la réparation du préjudice souffert par la société?

---

(1) Lycurgue, *C. Leocratem,* § 19, Didot, p. 4. — Le texte semble même dire que l'action dirigée contre Léocrate fut portée devant l'assemblée du peuple : κατηγοροῦντα ἐν τῷ δήμῳ.

(2) Aristote, *Ethica Nicomachea*, VIII, 9, § 1, Didot, II, 98.

(3) L. 63, pr., Dig., *Pro socio*, 17, 2.

4) Aristote, *Ethica Nicomachea*, VIII, 9, § 3, Didot, II, 98.

Meier pense, et ses conjectures sont vraisemblables, que l'on pouvait employer l'action générale dérivant des contrats (συνθηκῶν παραβάσεως δίκη) et l'action en dommages et intérêts (βλάβης δίκη) (1).

Lorsque la durée de la société n'avait pas été déterminée par l'acte constitutif, et que l'un des associés voulait sortir de l'indivision, il y avait lieu de liquider l'actif et le passif de la société et de procéder au partage. La même nécessité se présentait, lorsque le délai pour lequel la société avait été contractée était expiré.

Le partage pouvait être fait à l'amiable, lors même que, parmi les intéressés, il y avait des incapables ; par exemple, des mineurs. Nous savons, en effet, que les tuteurs du jeune Apollodore procédèrent extra-judiciairement au partage de l'actif de la société financière qui avait existé entre le riche banquier Pasion, père d'Apollodore, et Phormion, son affranchi (2).

Si les associés ne pouvaient pas se mettre d'accord pour arriver à une liquidation et à un partage amiables, il fallait alors intenter contre les associés récalcitrants une action privée, que les Athéniens appelaient εἰς δατητῶν αἵρεσιν δίκη. Nous avons, sur ce point, le témoignage exprès d'Harpocration : Ὁπότε γὰρ κοινωνοῖέν τινες ἀλλήλοις, καὶ οἱ μὲν βούλοιντο διανέμεσθαι τὰ κοινά, οἱ δὲ μή, ἐδικάζοντο οἱ βουλόμενοι τοῖς μὴ βουλομένοις προσκαλούμενοι εἰς δατητῶν αἵρεσιν (3).

---

(1) Meier, *Der attische process*, p. 537.

(2) Démosthène, *Pro Phormione*, §§ 8-9, Reiske, 947.

(3) Harpocration, vᵒ δατεῖσθαι, éd. Bekker, p. 53. — Cf.

Pollux dit que cette action εἰς δατητῶν αἴρεσιν appartenait à la compétence de l'archonte éponyme (1). — Pour s'expliquer cette affirmation du grammairien, il faut savoir que la δίκη εἰς δατητῶν αἴρεσιν n'était pas spéciale au partage d'une société ; elle s'appliquait dans tous les cas où il y avait indivision (2). Nous admettons volontiers, avec Pollux, que l'action en partage d'une hérédité rentrait dans les pouvoirs de l'archonte éponyme. Mais, lorsque l'indivision résultait d'une société ayant pour objet l'exploitation d'une usine, d'une mine, d'une maison de banque ou toute autre entreprise commerciale, il fallait certainement s'adresser, non pas à l'archonte éponyme, mais aux Thesmothètes ou aux autres magistrats dans l'hégémonie desquels rentrait l'objet de l'association.

Le magistrat compétent, quel qu'il fût, désignait des experts, δατηταί, qui procédaient à la composition des lots. Δατηταί κυρίως οἱ τὰ κοινὰ διανέμοντες τοῖς μὴ βουλομένοις (3). Peut-être, au moins dans les circonstances ordinaires et lorsque des aptitudes spéciales n'étaient pas requises des experts, les δατηταί étaient-ils pris dans les διαιτηταί ou arbitres publics (4). Cela nous expliquerait la confusion qui s'est faite dans les

---

Suidas, *eod. v°.*, éd. Bernhardy, p. 1177. — Bekker, *Anecdota græca*, I, p. 235.

(1) Pollux, *Onomasticon*, VIII, 89.

(2) Elle comprenait les actions *communi dividundo, familiæ erciscundæ* et *pro socio* des Romains.

(3) Suidas, v° δατεῖσθαι, éd. Bernhardy, p. 1177. — Cf. Pollux, VIII, 136.

(4) Meier, *Der attische process*, p. 378.

œuvres des lexicographes et dans les manuscrits, où nous lisons fréquemment les mots διαιτητῶν αἵρεσις pour désigner notre action (1), et le nom de διαιτηταί donné à nos experts (2).

Quelles étaient les particularités de la procédure ? Les textes sont trop peu explicites pour qu'il soit possible d'entrer dans de longs détails. Nous dirons seulement que, par la force même des choses, l'*épobélie*, ou peine des plaideurs téméraires, ne pouvait pas être exigée de l'une des parties, puisqu'il n'y avait pas, à proprement parler, de partie perdante. Quant aux *prytanies*, ou consignations judiciaires, que les parties déposaient habituellement au début de l'instance, et que rappelle le *sacramentum* des Romains, il n'en pouvait pas être question dans la δίκη εἰς δατητῶν αἵρεσιν ; car elles n'étaient dues que lorsque l'affaire devait être portée devant un tribunal. Mais, en revanche, la παράστασις, ou drachme affectée au salaire des arbitres et des δατηταί, devait être payée par chacune des deux parties.

Les δατηταί procédaient à la formation des lots, en tenant compte des droits des associés et en suivant les inspirations de leur conscience. Si l'un des copartageants était mécontent de la part qui lui était attribuée, il est permis de croire qu'il pouvait interjeter appel pour faire réformer par les Héliastes la décision des δατηταί.

Nous avons toujours supposé jusqu'ici que l'associé récalcitrant, tout en refusant de procéder au partage

---

(1) Bekker, *Anecdota græca*, I, p. 235.
(2) Id., *ibid.*, I, p. 311.

amiable, ne contestait pas la prétention de son adversaire de faire liquider la société et de prendre part dans l'actif. Car, lorsqu'une contestation de ce genre se produisait, il fallait évidemment, avant de nommer des δαιτηταί, statuer sur la légitimité de la réclamation du demandeur en partage, et cette question préalable devait être jugée conformément aux règles du droit commun.

Après avoir brièvement exposé ces notions générales, nous allons étudier successivement quelques associations particulières, que leur importance signale à notre attention.

§ 2. — SOCIÉTÉS D'ÉRANISTES.

Ce sujet a déjà été plusieurs fois étudié ; c'est même à son occasion que deux érudits du XVIIe siècle, Saumaise et Héraud (1), engagèrent une lutte plus honorable pour leur science que pour leur courtoisie ; et, cependant, il est encore aujourd'hui plein d'obscurités et de confusions. — Sans entrer dans les détails minutieux d'érudition et de philologie que l'on rencontre trop abondamment dans les travaux de nos prédécesseurs (2), et qui nuisent à une

---

(1) Héraud, *Observationes et emendationes*.—Saumaise , *Miscellæ defensiones*. — Héraud , *Animadversiones in Salmasii defensiones*, etc., etc.

(2) Voir notamment J. van Holst, *De Eranis veterum Græcorum*, Leyde, 1832. — Nous n'avons pas pu consulter une dissertation, publiée à Copenhague, en 1833, sous ce titre : περὶ τῶν ἐράνων.

exposition méthodique, nous indiquerons simplement, et avec toute la clarté que nous pourrons y apporter, l'origine, le développement progressif de l'institution des ÉRANES et les effets juridiques attachés à cette espèce de société.

I. — Au point de départ, l'ἔρανος fut ce que, par une expression familière empruntée à nos voisins d'Outre-Manche, nous appellerions aujourd'hui un *pique-nique*. A l'occasion d'une fête religieuse, ou de toute autre circonstance solennelle, un certain nombre de personnes se réunissaient pour prendre en commun leur repas, et chacune d'elles apportait son écot (1). — C'est ainsi que l'ἔρανος apparaît au temps d'Homère. Minerve entre dans le palais de Télémaque au milieu des préparatifs d'un festin, et, voyant les serviteurs occupés à dresser des tables somptueuses, elle demande si l'on célèbre une fête ou un hyménée; elle reconnaît, dit-elle, que ces apprêts n'annoncent pas un ἔρανος : Επεὶ οὐκ ἔρανος τάδε γ' ἐστίν (2). Ce genre de repas se distinguait, en effet, de tous les autres par sa simplicité et sa frugalité. Les convives n'apportaient que des mets vulgaires et faciles à transporter ; ils s'amusaient beaucoup ; mais ils faisaient peu de dépense : Πλείστη δὲ χάρις, δαπάνη τ' ὀλιγίστη (3).

(1) Cf. Xénophon, *Memorabilia*, III, 14, 1. — Aristophane, *Acharnenses*, v. 1085 et suiv. — Athénée, *Deipnosophistæ*, VIII, sect. 68, p. 365.

(2) Homère, *Odyssée*, I, 226. — Cf. XI, 415.

(3) Hésiode, *Opera et Dies*, v. 723. — Cf. Aristote, *Ethica Nicomachea*, IV, 2, § 20, Didot, II, p. 43. — Cicéron, *De Senectute*, c. XIII.

Plus tard, lorsque l'emploi des métaux précieux fut généralisé, une contribution en argent remplaça la contribution en nature. L'un des convives fut chargé de recevoir les cotisations, de faire toutes les démarches nécessaires pour la préparation du festin et de solder les dépenses.

> Heri aliquot adulescentuli coiimus in Piræo,
> In hunc diem ut de symbolis essemus. Chæream ei rei
> Præfecimus : dati anuli : locus, tempus constitutum'st (1).

Peu à peu, ces réunions, d'exceptionnelles qu'elles étaient, devinrent régulières. Les mêmes personnes prirent l'engagement de s'assembler à des époques déterminées et se formèrent en société. Les associés placèrent leurs réunions sous le patronage d'une divinité, en l'honneur de laquelle des sacrifices furent offerts avant ou après le festin. Pour faire face aux dépenses de ces assemblées périodiques, les membres de la société s'obligèrent à verser une contribution, dont le montant et les époques d'exigibilité furent réglés par les statuts.

Enfin, les rapports fréquents que les associés avaient les uns avec les autres ayant établi entre eux des liens d'affection et une sorte de fraternité, l'éranos, sans perdre ses anciens caractères, devint une société de secours mutuels. Le membre de l'association qui éprouva des revers de fortune fut assisté par la caisse de la société, et, au besoin, par une contribution extraordinaire imposée à ses confrères.

(1) Térence, *Eunuchus*, III, 5, v. 1-3.

Arrivés à ce degré d'organisation, les ἔρανοι mé-
ritaient d'occuper une place dans l'ensemble du droit
civil, et nous allons voir que cette place ne leur fut
pas refusée.

II. — M. Carle Wescher a écrit : « Les sociétés
d'éranistes, libres de s'administrer intérieurement
elles-mêmes, étaient tenues de se faire autoriser par
l'État, et elles ne devenaient des personnes civiles,
capables de plaider en justice, que lorsqu'elles avaient
obtenu la reconnaissance officielle (1). »

N'y a-t-il pas là une idée empruntée à l'Empire
romain, et tout à fait étrangère à la République
d'Athènes ?

Nous savons, en effet, que, à Rome, un sénatus-
consulte, qui peut, avec quelque vraisemblance,
être attribué à l'année 690 (64 avant Jésus-Christ),
supprima presque tous les colléges : « Collegia sunt
sublata, præter pauca atque certa quæ utilitas civi-
tatis desiderasset. » La prohibition, abrogée momen-
tanément par la loi Clodia, en 696 (58 avant Jésus-
Christ), fut bientôt étendue par César, qui « cuncta
collegia, præter antiquitus constituta, distraxit », et
par Auguste (2). Sous les empereurs, un collége ne
put régulièrement s'établir qu'en vertu d'une autorisation spéciale.

Mais, avant le sénatus-consulte de 690, lorsque
la République était florissante, la liberté d'association
était la règle. On ne trouve, jusqu'à cette date, au-

(1) *Revue archéologique*, t. XII, 1865, p. 220.
(2) Suétone, *Julius Cæsar*, c. XLII, et *Octavianus*, c. XXXII.

cune loi restreignant la faculté appartenant à toutes
personnes de former des sociétés ; et, s'il est vrai
que l'exception confirme la règle, nous pouvons invoquer, à l'appui de notre thèse, les lois spéciales qui
intervinrent, à certaines époques, pour prohiber
des colléges devenus nuisibles à la République,
comme celui des sectateurs de Bacchus. L'inter-
diction était un fait insolite, et, normalement, les
sociétés pouvaient se former sans être autorisées (1).

Non-seulement le droit d'association était libre,
mais encore les associés jouissaient d'une pleine
liberté pour la rédaction de leur pacte social. Cette
liberté avait été solennellement reconnue par la loi
des Douze Tables : « Sodalibus potestatem facit lex
Duodecim Tabularum pactionem quam velint sibi ferre,
dum ne quid ex publica lege corrumpant (2). » — Ce
témoignage de Gaius est précieux à recueillir pour
le droit attique ; car le jurisconsulte ajoute immédiatement : « Hæc lex videtur ex lege Solonis translata
esse. » Si la loi romaine, la loi de la République,
emprunta au droit attique la liberté pour la composition des statuts, elle lui emprunta aussi certainement la liberté d'association.

Un discours d'Isocrate nous fournit un autre argument, que nous ne devons pas négliger. — Nicoclès,
roi de Chypre, dans les recommandations qu'il
adresse à ses sujets et qui doivent avoir force de loi,
décide qu'aucune société ne pourra se former sans

(1) Voir Mommsen, *De collegiis et sodaliciis Romanorum*,
Kiel, 1843, p. 33 et suiv.

(2) L. 4, Dig., *De collegiis et corporibus*, 47, 22.

son autorisation : Ἑταιρείας μὴ ποιεῖσθε μηδὲ συνόδους ἄνευ τῆς ἐμῆς γνώμης (1). Pourquoi cette exigence du monarque ? C'est, dit-il, que les sociétés, qui ont de grands avantages lorsque le gouvernement est républicain, sont pleines de dangers pour les monarchies. —N'est-il pas permis de conclure de ce texte curieux que la défense de former des associations sans l'agrément des pouvoirs établis, compatible avec la forme monarchique, était jugée par les anciens inconciliable avec les principes admis dans les républiques ?

III. — La qualité de citoyen n'était pas exigée de ceux qui voulaient faire partie d'un collége d'éranistes. Dans une inscription athénienne, que M. Wescher a publiée et à laquelle il assigne pour date le IIIᵉ siècle avant notre ère, et pour lieu d'origine le temple de Jupiter Sauveur, au Pirée, une société d'éranistes manifeste sa reconnaissance et accorde des marques de distinction à son trésorier, Alcméon, fils de Théon, isotèle (2).

Bien plus, les affranchis, et peut-être même les esclaves, pouvaient être admis dans les ἔρανοι. L'inscription du temple de Jupiter Sauveur, que nous avons déjà citée, porte qu'il y a lieu de récompenser, par la concession d'une couronne, Denys, secrétaire du collége, en mémoire du zèle bienveillant dont il n'a cessé de faire preuve dans l'exercice de ses

(1) Isocrate, *Nicocles*, § 62, Didot, p. 24.

(2) *Revue archéologique*, t. XI, 1865, p. 499.— Voir aussi les numéros de la même Revue, publiés en novembre 1864 et en mai 1866.—Cf. *Corpus inscriptionum græcarum*, n° 2525.

fonctions. Ce nom isolé, sans adjonction du nom du père et indication du dème d'origine, révèle au moins un affranchi. — Nous pourrions aisément citer d'autres exemples, étrangers à l'Attique, et prouvant que les éranistes accueillaient fraternellement parmi eux et traitaient même avec distinction les hommes appartenant à cette classe, généralement méprisée. Un seul suffira : M. Foucart a trouvé, dans l'île de Rhodes, une stèle funéraire en l'honneur de Damas le Lydien, qui, comme Denys, avait été couronné par la société dont il était membre : Δαμᾶς Λυδὸς τιμαθεὶς ὑπὸ τοῦ κοινοῦ θαλλῷ στεφάνῳ χρηστὸς χαῖρε (1). Son nom, sa patrie, la Lydie, qui fournissait des esclaves à tout le monde ancien, l'absence du nom de son père : tous ces indices réunis prouvent la condition servile, et, si Damas n'était pas esclave, il était certainement affranchi.

Les femmes elles-mêmes n'étaient pas exclues des colléges d'éranistes. Le musée britannique possède une inscription, que Bœckh regarde comme très-vraisemblablement originaire de l'Attique, et dans laquelle une société d'éranistes, ayant pour patron Sarapis, décerne des éloges à une femme qui porte le titre de présidente des femmes éranistes : Ἐπαινέσαι δὲ καὶ στεφανῶσαι καὶ τὴν προερανίστριαν, ὅτι ἁπάσας ἔθυσε τὰς θυσίας ἐν τοῖς ἀγῶσιν τοῖς ἐ.....μένοις (2).

Une autre inscription, trouvée à l'Acropole et publiée par M. Rangabé (3), peut contribuer à prouver que les femmes faisaient partie des ἔρανοι. Elle contient

(1) *Revue archéologique*, t. XIV, 1866, p. 331.
(2) *Corpus inscriptionum græcarum*, nᵒ 120, t. I, p. 162.
(3) *Antiquités helléniques*, nᵒ 881, t. II, p. 572.

une liste de dons offerts par des personnes qui ont
eu le bonheur de sortir triomphantes des procès qui
leur ont été intentés, et qui veulent témoigner leur
reconnaissance à la divinité. Parmi les donateurs,
figurent Περσηΐς, ἐν Σκαρβωνΐδων οἰκοῦσα, ἀποφυγοῦσα
Ῥαμνούσιον καὶ κοινὸν ἐρανιστῶν, et Συνέτη, ἐν Κειριαδῶν
οἰκοῦσα, ἀποφυγοῦσα Νικόδημον Λευκονοέα καὶ κοινὸν
ἐρανιστῶν. Il est permis de croire que ces deux femmes
avaient été actionnées par une société d'éranistes,
qui leur demandait la restitution d'une de ces avances
que la caisse faisait aux associés dans le besoin.
L'importance du don prouve la gravité du procès ;
chacune des donatrices avait fait présent d'une fiole
pesant cent drachmes.

L'admission d'un nouveau membre dans une société d'éranistes n'était prononcée qu'à la suite d'une
enquête sur les qualités du postulant. Un fragment
d'inscription, retrouvé au pied du mont Hymette,
et qui contient les statuts d'un collége, νόμος
ἐρανιστῶν, le dit formellement : « Nulle personne ne
pourra entrer dans le très-vénérable collége des
éranistes, s'il n'a été préalablement constaté qu'elle
est sainte, pieuse et bonne. » Μηδενὶ ἐξέστω ἰέναι εἰς
τὴν σεμνοτάτην σύνοδον τῶν ἐρανιστῶν πρὶν ἂν δοκιμασθῇ εἰ
ἔστι ἅγιος καὶ εὐσεβὴς καὶ ἀγαθός (1). — L'enquête était
faite par les dignitaires de la société. La même inscription la place dans les attributions du prostate,
de l'archiéraniste, du secrétaire, des trésoriers et des
syndics : Δοκιμαζέτω δὲ ὁ προστάτης καὶ ὁ ἀρχιερανιστὴς
καὶ ὁ γραμματεὺς καὶ οἱ ταμίαι καὶ σύνδικοι.

_____

(1) *Corpus inscriptionum græcarum*, n° 126, t. I, p. 173.

Les membres de l'association étaient ou devaient
être amis (φίλοι ἄνδρες) ; c'est pourquoi des mesures
disciplinaires étaient édictées par la νόμος ἐρανιστῶν
contre les associés qui troublaient l'harmonie et la
concorde du collége ; on leur infligeait des amendes
et on les excluait de la société : Εἰ δέ τις μάχας ἢ
θορύϐους κεινῶν φαίνοιτο , ἐκϐαλλέσθω τοῦ ἐράνου , ζημιού-
μενος ταῖς διπλαῖς.

IV. — Les dignitaires de chaque société d'éranistes
étaient assez nombreux , et , parmi eux , les uns
étaient désignés par le sort, d'autres étaient nommés
par les suffrages de leurs confrères.

A la tête de l'association , était placé le προστάτης ,
patron ou directeur du collége, que nous ne pouvons
mieux comparer qu'aux présidents honoraires de
nos sociétés de secours mutuels. Il conservait ses
fonctions pendant toute sa vie , εἰς τὸν βίον αὑτοῦ (1) ,
et représentait , par conséquent , dans le bureau ,
périodiquement renouvelé , l'élément traditionnel et
conservateur. Associé depuis longtemps à l'administration du collége , il devait , en effet , apporter aux
fonctionnaires récemment installés le secours de
son expérience et les éclairer sur l'utilité et sur
l'opportunité des mesures que , dans la ferveur
de leur zèle , ils étaient tentés de proposer (2).
L'importance, et surtout la durée des fonctions du
προστάτης , n'avaient pas permis d'abandonner à la
décision du sort le choix du membre appelé à

(1) *Corpus inscriptionum græcarum*, no 126.
(2) Voir van Holst, *De eranis*, p. 66.

remplir cette haute dignité ; il était nommé par l'élection (1).

Immédiatement après le προστάτης, dans la hiérarchie des honneurs, venait l'ἀρχιερανιστής, président effectif de la société et surveillant de l'administration financière (2). C'est lui probablement que les rhéteurs et les grammairiens appellent ἐραναρχής, au moins lorsqu'il était tout à la fois président et trésorier. La νόμος ἐρανιστῶν soumettait l'archiéraniste au droit commun, d'après lequel les dignitaires des sociétés d'éranistes étaient désignés par le sort et renouvelés chaque année : Ἔστωσαν δὲ οὗτοι κληρωτοὶ κατὰ ἔτος χωρὶς τοῦ προστάτου (3). Il n'est pas impossible cependant que, à une époque antérieure à l'inscription dans le corps de laquelle se trouve cette loi, l'élection ait ici encore trouvé sa place. Harpocration dit, en effet, que les éranarques étaient ou désignés par la voie du sort ou élus par les éranistes : Τοῖς λαχοῦσιν ἢ ἡρημένοις (4).

Les fonctions d'archiéraniste auraient été, sans doute, peu ambitionnées, s'il était vrai, comme le

---

(1) *Corpus inscriptionum græcarum*, n° 126. — A Rhodes, le directeur de l'association s'appelait ἐπιστάτης.

(2) L'inscription publiée par M. Rangabé, no 811, et relative aux Héroïstes, nomme l'archiéraniste après le trésorier et deux dignitaires, qui reçoivent le titre de premiers Héroïstes : πρωθηροϊστώντων.....

(3) *Corpus inscriptionum græcarum*, n° 126.

(4) Harpocration, vo πληρωτής. Nous admettons la correction de Saumaise : ἡρημένοις pour ἐωνημένοις.—Dans une inscription publiée par la *Revue archéologique*, t. X, 1864, p. 400, un ταμίας, qui était certainement éranarque, est dit αἱρεθείς.

pensait Héraud, que ce fonctionnaire fût obligé de suppléer sur sa fortune personnelle à toute insuffisance des ressources sociales. Mais cette opinion d'Héraud ne résiste pas à un examen attentif (1), et il nous paraît inutile de recommencer, pour la réfuter, un travail déjà fait par nos prédécesseurs.

En suivant l'ordre adopté par la loi des éranistes, nous trouvons, après l'archiéraniste, le secrétaire du collége, ὁ γραμματεύς (2) ; les trésoriers, οἱ ταμίαι, lorsque l'archiéraniste n'en remplissait pas les fonctions (3) ; les syndics, οἱ σύνδικοι (4), tous nommés, de la même manière que l'archiéraniste, par le sort et pour une année ; — puis les commissaires, οἱ ἐπιμεληταί (5) ; les sacrificateurs, οἱ ἱεροποιοί (6), et, dans les sociétés qui, comme celle des Sarapistes, admettaient les femmes, la directrice des associées, ἡ προερανίστρια (7). — Le nom de chacun de ces fonc-

(1) Ce qui est vrai seulement, c'est que souvent l'éranarque contribuait, généreusement et spontanément, sur sa fortune personnelle, aux dépenses de la société. Voir *Revue archéologique*, t. X, 1864, p. 400.—Cf. p. 403.

(2) *Corpus inscriptionum græcarum*, nᵒˢ 120 et 126. — *Revue archéologique*, t. XI, 1865, p. 498.

(3) *Corpus inscriptionum græcarum*, nᵒ 126. — Dans les inscriptions où le trésorier figure au premier rang, avant le secrétaire (*Corpus*, nᵒ 120 ; *Revue archéologique*, t. XI, 1865, p. 498), nous serions porté à voir en lui l'éranarque ou chef de la société. — Cf. *Revue archéologique*, t. X, 1864, p. 400. —Rangabé, *Antiquités helléniques*, nᵒ 811.

(4) *Corpus inscriptionum*, nᵒ 126.

(5) *Eod. loco*, nᵒ 120.—*Revue archéologique*, t. XI, 498.

(6) *Corpus*, nᵒ 120. — *Revue archéologique*, t. XI, 498. — Rangabé, *Antiquités helléniques*, nᵒ 810.

(7) *Corpus*, nᵒ 120.

tionnaires indique assez clairement quelles étaient leurs attributions respectives. Nous ferons remarquer seulement que les sacrificateurs, officiers subalternes, jouaient le rôle de hérauts dans les assemblées, et que la proclamation des distinctions honorifiques accordées par le collége leur était confiée (1).

Ces divers fonctionnaires étaient-ils soumis, lorsqu'ils entraient en charge, à l'obligation de prêter serment ? Nous ne saurions le dire, car nous n'avons de texte formel que pour les trésoriers. Un décret honorifique constate que le trésorier du collége s'est montré toujours bon et juste, comme le voulait le serment par lui prêté aux éranistes : Ἀνὴρ ἀγαθὸς ὢν καὶ δίκαιος κατὰ τὸν ὅρκον ὃν ὤμοσε τοῖς ἐρανισταῖς (2).

Lorsque ces dignitaires s'étaient bien acquittés de leurs charges et avaient déployé un grand zèle pour la prospérité de la compagnie, une décision de l'assemblée leur accordait un témoignage de satisfaction, qui était le plus habituellement un éloge public (ἔπαινος) et une modeste couronne de feuillage (θαλλοῦ στέφανος) (3). Le texte de la décision était nonseulement conservé dans les archives de la société, mais encore gravé sur pierre et exposé dans le local des séances (4). Un décret porte même que l'image du bienfaiteur, peinte sur un panneau de bois, sera exposée dans l'endroit le plus favorable

(1) *Corpus inscriptionum græcarum*, no 120.

(2) *Revue archéologique*, t. XI, 1865, p. 500.

(3) A Rhodes, les sociétés décernaient souvent des couronnes d'or. Voir les inscriptions de Ross et d'Hamilton, reproduites par la *Revue archéologique*, t. X, 1864, p. 471-472.

(4) *Corpus incriptionum græcarum*, n° 120,

du sanctuaire de la société, afin de montrer à tous les honneurs extraordinaires que le collége est disposé à décerner à ceux qui lui rendront des services (1).

V. — Chaque collége d'éranistes avait une caisse commune, « arca communis » (2), placée sous la surveillance d'un ou de plusieurs trésoriers et sous la direction de l'éranarque.

Cette caisse était alimentée d'abord par les cotisations périodiques que payaient les associés. — M. Wescher croit que la contribution était annuelle et que, dans certaines confréries athéniennes, le chiffre était de trois drachmes par an (3). — Tout nous porte à croire au contraire que, en règle générale, les versements obligatoires faits par les éranistes à la caisse sociale étaient mensuels. Harpocration, dans la définition de l'éraniste, dit : Ἐρανιστὴς μέντοι κυρίως ἐστὶν ὁ τοῦ ἐράνου μετέχων καὶ τὴν φορὰν ἣν ἑκάστου μηνὸς ἔδει καταβαλεῖν εἰσφέρων (4). Plus tard, Tertullien, faisant évidemment allusion à nos sociétés, s'exprimait de la même manière : « Modicam unusquisque stipem menstrua die... apponit » (5). La même idée se retrouve enfin dans une loi du Digeste : « Mandatis principalibus, præcipitur præsidibus provinciarum ne patiantur esse collegia soda-

---

(1) *Revue archéologique*, t. X, 1864, p. 400.

(2) L. 1, § 1, Dig., *Quod cujuscumque universitatis*, 3, 4.

(3) Wescher, *Revue archéologique*, t. XI, 1865, p. 503.

(4) Harpocration, vᵒ ἐρανίζοντες.

(5) Tertullien, *Apologétique*, c. 39.

litia...; sed permittitur tenuioribus stipem menstruam conferre » (1).

Quant au chiffre de la cotisation, il devait varier avec chaque société. Dans une inscription qu'il rapportait à Athènes, Bœckh avait cru trouver la liste des membres d'un collége d'éranistes, avec l'indication des sommes payées par chacun des associés, les uns versant soixante-quinze drachmes; les autres, moitié moins, trente-sept drachmes et demie (2). Mais l'éminent philologue est revenu sur sa première impression, en déclarant que, vérification faite, l'inscription vient de Castri et non d'Athènes et que, de plus, elle n'a pas trait aux ἔρανοι et se rattache à un autre sujet (3).

On ne peut en dire autant toutefois d'un décret rendu par la société des Héroïstes, décret dont le texte, retrouvé à Athènes, près de l'ancien Métroon, est malheureusement incomplet. Voici la partie de l'inscription qu'il est possible de déchiffrer avec certitude : « Sous Dioclès, fils de Dioclès ; Aropus, fils de Séleucus, étant trésorier, Diotime et Pammène étant présidents des Héroïstes, et .... le Macédonien étant archiéraniste : il a plu au collége des Héroïstes de prendre des mesures relativement à la cotisation, afin que les associés absents paient, d'une manière quelconque, la contribution de trois drachmes. Ceux qui reviendront, s'ils ne versent pas immédiatement après leur retour les cotisations arriérées, paieront

(1) L. 1, pr., Dig., *De collegiis et corporibus*, 47, 22.

(2) *Corpus inscriptionum græcarum*, n° 164, t. I, p. 291.

(3) Bœckh, *Staatshaushaltung der Athener*, 2ᵉ éd., t. I, p. 347, note e.

six drachmes, ἃς διδῶσιν τὰ μέρη (?). S'ils ne se con-
forment pas à cette prescription, il a paru bon de
déclarer qu'ils ne feraient plus partie du collége, à
moins que le défaut de paiement ne tienne à l'indigence ou à la maladie... » La fin de l'inscription
semble presque inintelligible. Cependant, nous ne
serions pas éloigné de croire que la société permet à
l'associé de remplacer la cotisation périodique de
trois drachmes par le paiement, une fois fait, d'une
somme décuple (1). Les statuts de quelques sociétés
modernes, notamment de l'association pour l'encouragement des études grecques, renferment une
clause entièrement semblable.

La caisse de la société s'enrichissait, en outre,
des sommes que les citoyens aisés et généreux
donnaient volontairement au collége. Les stèles honorifiques font, sans doute, allusion à ces libéralités,
lorsqu'elles mentionnent des récompenses décernées
εὐνοίας ἕνεκα τῆς εἰς τὸ κοινὸν τῶν ἐρανιστῶν (2). Parmi
les titres de Ménis, fils de Mnésithéos, d'Héraclée,
on rappelle qu'il n'a pas hésité à prendre sur sa
fortune personnelle pour contribuer aux dépenses du
sanctuaire de l'association (3). — Un autre a pris
l'engagement de payer cinq cent cinquante drachmes,

---

(1) Rangabé, *Antiquités helléniques*, no 811, t. II, p. 432. —
M. Lüders (*De collegiis artificum scenicorum*, Bonn, 1869, p. 25)
pense que ces trente drachmes étaient un droit d'entrée que chaque
nouveau membre devait payer lorsqu'il était admis dans l'association : « Sodali, simul atque ascitus est, triginta drachmæ solvendæ
erant. »

(2) *Revue archéologique*, t. XI, 1865, p. 498.

(3) *Revue archéologique*, t. X, 1864, p. 399.

pour les frais d'un procès que la communauté a
soutenu relativement à ses lieux de réunion ; pour
l'aménagement du local des séances, il a donné cinq
cent cinq drachmes ; pour l'ameublement, cent
drachmes (1), etc..... Toutes ces sommes, ainsi que
les autres ressources extraordinaires du collége ,
étaient naturellement versées entre les mains des
trésoriers (2).

Lorsque la caisse avait fait face à toutes les dépenses régulières de l'association et qu'il restait un
boni, les trésoriers, au lieu de garder improductifs
les capitaux disponibles , cherchaient à les placer.
C'était un moyen légitime d'accroître les revenus du
collége. Mais, comme il importait beaucoup de ne
pas compromettre dans des spéculations imprudentes
les finances de la société , on n'avait recours qu'à
des placements offrant toute sécurité (3). On achetait
des immeubles, des fonds de terre exempts de toutes
chances de dépérissement ; si l'on se décidait à prêter
à des tiers , on employait la forme savante que nous
avons décrite sous le nom de contrat pignoratif (4) ;

(1) *Revue archéologique*, t. X, 1864, p. 462.
(2) Une inscription de Théra (Rangabé , *Ant. hell.* , n° 764,
t. II, p. 354) constate une donation de cinq cents drachmes, faite
à un collége par Argéa , fille de Dion , sous la condition qu'une
fête périodique sera célébrée en son honneur et en celui de sa
fille Isthmo. Le collége accepte la donation et décide que les in-
tendants placeront la somme donnée sur bonne hypothèque ,
ἐγδανεῖσαι τὸς ἐπισκόπος ἐπὶ ὑποθέματι ἀξιοχρέῳ. Les intérêts recevront la destination indiquée par la bienfaitrice.
(3) Voir la note précédente.
(4) Voir notre *Étude sur le contrat de louage à Athènes*, 1869,
p. 26 et suiv.

forme qui donne au prêteur la meilleure de toutes
les garanties : un droit de propriété conditionnel sur
l'objet engagé. Les inscriptions viennent encore à
notre aide sur ce point, et nous pouvons citer deux
monuments curieux, qui portent, l'un : Ὅρος χωρίου
πεπραμένου ἐρανισταῖς (1) ; l'autre : Ὅρος χωρίου πεπραμένου ἐπὶ λύσει θιασώταις (2).

VI. L'*éranos* était aussi une société de secours
mutuels. « Le sociétaire qui subissait des revers de
fortune recevait des secours de la caisse commune,
à charge de remboursement, quand les chances lui
redeviendraient favorables (3). »—Malgré les efforts
qui ont été faits en 1832 par M. van Holst pour établir l'inexactitude de cette proposition (4), elle n'a
pas cessé d'être répétée par tous ceux qui ont étudié
attentivement les sociétés d'éranistes, par M. Wescher (5), par M. Foucart (6), et, en dernier lieu, par
M. Renan (7).

(1) Hermann, *Privatalterthümer*, § 68, 10.

(2) Rangabé, *Antiquités helléniques*, n° 885.

(3) Wescher, *Moniteur universel*, 1863, p. 1272. — Cf. *Revue
archéologique*, t. X, 1864, p. 461.

(4) Van Holst, *De Eranis veterum Græcorum*, Leyde, 1832,
p. 12 ; Cf. p. 73-126. — La thèse suivante résume nettement la
pensée de l'auteur : « Egregie falluntur ii, qui collegia eranistica
eo consilio, ut amici egeni ex arca communi sublevarentur, a
Græcis instituta contendunt » (p. 130).

(5) Wescher, *Revue archéologique*, t. XII, 1865, p. 220.

(6) Foucart, *Revue archéologique*, t. X, 1864, p. 401.

(7) *Les Apôtres*, 1866, p. 351. — Cf. Westermann, *in* Pauly,
Real-Encyclopædie, t. III, p. 224, et Bœckh, *Staatshaushaltung
der Athener*, 2ᵉ éd., 1851, p. 347. — Voir aussi une thèse sou-

Nous sommes, toutefois, dans un grand embarras lorsque nous cherchons à déterminer les cas dans lesquels l'associé malheureux avait le droit d'emprunter à la caisse de la société.

On indique généralement, sur la foi d'Antiphon, le cas où la fortune de l'éraniste était confisquée par suite d'une condamnation judiciaire ; — sur la foi de Démosthènes, le cas où, prisonnier des ennemis, l'associé ne devait être mis en liberté qu'après le versement d'une rançon qu'il était incapable de payer ; — sur la foi de Cornelius Nepos, le cas où l'éraniste, père d'une fille nubile, était trop pauvre pour lui constituer une dot et ne trouvait pas à la marier (1). — M. Renan ajoute, mais sans citer d'autorités, que les éranes grecs d'Athènes étaient de belles sociétés de crédit et d'assurance en cas d'incendie (2). — Nous n'insisterons pas sur cette dernière opinion, dont il nous a été impossible de vérifier la justesse ; mais nous allons reprendre les trois premiers cas, en nous efforçant de démontrer que, dans chacun des textes cités, il est question, non pas de secours fournis par les sociétés d'éranistes qui nous occupent, mais bien de dons ou d'avances volontaires, que des personnes riches, agissant en dehors de toute idée d'association, faisaient à leurs amis dans le besoin.

« Je vais vous montrer, dit Antiphon, que l'action

tenue, en 1866, devant la Faculté de Droit de Grenoble, par M. Félix Du Boys, p. 7-17.

(1) Janus Pan, *De grati animi officiis*, Leyde, 1809, p. 134-135.

(2) *Les Apôtres*, 1866, p. 351.

d'homicide qui m'est intentée m'expose à plus de
dangers qu'une action de sacrilége. Si je succombais
dans une action de sacrilége, je serais frappé dans
ma fortune ; mais je conserverais ma qualité de citoyen, et ma vie ne courrait aucun péril. J'en serais
quitte pour aller implorer la générosité de mes amis,
ἔρανον παρὰ τῶν φίλων σύλλεξας, et je n'aurais pas en
perspective les plus grands supplices. Si, au contraire, je succombe dans cette action d'homicide, je
vais être condamné à mort, et je ne laisserai que le
déshonneur pour héritage à mes enfants ; ou bien il
faudra fuir mon pays, malgré ma vieillesse, et aller
à l'étranger promener de ville en ville ma triste
existence (1). »

Il ne s'agit certainement pas, dans ce texte d'Antiphon, d'un emprunt forcé, fait par un éraniste à la
caisse de la société. Le condamné dont la fortune
aura été confisquée, et qui voudra se créer de nouvelles ressources, pourra, dit l'orateur, faire appel
au bon vouloir de ceux qui lui portent affection,
en s'exposant, il est vrai, à subir des refus ou à ne
rencontrer que des sympathies douteuses. Mais enfin,
au lieu de mendier près des étrangers, comme il sera
obligé de le faire si l'action d'homicide est reconnue
bien fondée et qu'il opte pour l'exil, il tendra la
main à ceux qui l'ont aimé et qui auront pour lui des
égards qu'il ne trouverait pas chez des inconnus.

C'est à ces prestations volontaires, par des amis au
profit d'un ami, que Théophraste fait allusion, dans
la peinture du dissimulé, qui, prié par un malheu-

---

(1) Antiphon, *Tetral. I*, 2, § 9, Didot, p. 8.

reux de contribuer à une somme dont ses amis veulent bien lui faire l'avance, refuse sous le prétexte que le commerce va mal et qu'il ne s'est jamais vu si à court d'argent (1). L'ami dans le besoin, qui demandait l'éranos à ses amis, implorait donc une faveur; il sollicitait un don, ou même simplement un prêt. — Lorsqu'il est prévenu qu'un de ses amis pauvres fait une collecte, « l'avare sait éviter, dans la place, la rencontre de cet ami, qui pourrait lui demander, comme aux autres, quelque secours; il se détourne de lui et reprend le chemin de sa maison en faisant un long circuit » (2). — « Un esprit chagrin, dit encore le moraliste, lorsque ses amis ont fait ensemble une certaine somme pour le secourir dans un besoin pressant, si quelqu'un le félicite et le convie à mieux espérer de la fortune, ne manque pas de répondre : Comment puis-je être accessible à la joie, quand je pense que je dois rendre cet argent à chacun de ceux qui me l'ont prêté, et n'être pas encore quitte envers eux de la reconnaissance du bienfait (3) » ?

Rien donc ne nous rappelle ici les sociétés d'éranistes, obligées par leurs statuts de venir en aide, dans certaines circonstances déterminées, à un associé malheureux, et exposées, en cas de refus, à voir l'éraniste invoquer en justice le droit qu'il puise dans le contrat d'association et qu'il a payé par des cotisations périodiques versées dans la caisse sociale.

---

(1) Théophraste, *Caractères*, I.
(2)   Id.   *Ibid.*   XXII.
(3)   Id.   *Ibid.*   XVII.

Nous en dirons autant des deux autres exemples habituellement cités.

Dans le discours de Démosthènes contre Nicostrate, il est question d'un homme qui a emprunté pour payer sa rançon. Ne sachant comment se libérer envers ses créanciers, qui, d'après la loi athénienne, à défaut de paiement, ont le droit de faire du débiteur leur esclave, il va de tous côtés à la recherche de ses amis et les prie de lui avancer l'argent dont il a besoin pour échapper au triste sort qui le menace (1). — Tous ceux qui sont pressés par leurs créanciers, et qui ne peuvent les satisfaire, agissent encore aujourd'hui de la même manière, et nous ne songeons jamais à en conclure qu'ils sont membres d'une société de secours mutuels. Argyrippe a besoin de vingt mines : « Allons sur la place, dit-il, et mettons en œuvre toutes nos ressources. Je vais prier, supplier ceux de mes amis que je verrai ; braves gens, coquins, mon parti est pris, je m'adresserai à tout le monde, et, si je ne trouve pas à emprunter, eh bien ! les usuriers sont là (2). »

Le texte de Cornelius Nepos est encore plus étranger aux sociétés d'éranistes. L'historien, faisant l'éloge d'Épaminondas, insiste sur la générosité de ce grand homme pour ses amis : « On aurait pu croire, dit-il, que tout ce qu'il avait lui appartenait en commun avec ceux qu'il aimait. Lorsqu'un de ses

---

(1) Démosthènes, *C. Nicostratum*, §§ 11-12, Reiske, 1249-1250. — Cf., pour le rachat de la servitude, Démosthènes, *C. Neœram*, § 31, R. 1355.

(3) Plaute, *Asinaria*, I, 3, v. 92-95.

concitoyens avait été fait prisonnier par les ennemis,
lorsque la fille d'un ami était en âge d'être mariée
et ne trouvait pas de mari, parce qu'elle était pauvre,
il réunissait ses amis et fixait, eu égard à leur fortune, la part pour laquelle chacun devait contribuer
à la rançon ou à la dot... » Comment admettre raisonnablement qu'Épaminondas, en agissant ainsi,
ait rempli les fonctions d'éranarque ? Usaɪt de l'influence légitime qu'il avait sur ceux qui l'entouraient,
il les associait à ses bonnes œuvres et les contrai-
gnait, par son ascendant moral, à soulager des in-
fortunes que, sans lui, ils auraient peut-être négligées.

La vérité est donc que nous ne trouvons cité aucun
cas dans lequel une société d'éranistes intervienne
pour secourir un de ses membres sur les fonds de la
société. C'est principalement en s'appuyant sur ce
silence que M. van Holst a soutenu, avec toute
l'énergie d'une conviction absolue, que les sociétés
d'éranistes n'avaient jamais été des sociétés de secours
mutuels, et qu'il n'y avait aucun rapport, « *toto cœlo
distat* », entre l'éranos, ou collége, ayant sa caisse,
son directeur, ses associés, ses actions, ses tribunaux,
et l'éranos, ou secours donné à un ami malheureux
par ses amis : « *Hoc præcipue animadverti velim,
amicos, qui aliorum erano juvantur, non esse ipsos
collegii cujusdam socios, neque eos prorsus quidquam,
sive in arcam, sive in communem utilitatem intulisse, ut
in eranistarum collegiis factum vidimus* » (1). — Nous
avons été sur le point d'adhérer à cette proposition;

(1) Van Holst, *De Eranis veterum Græcorum*, p. 73.

cependant, malgré les longs et remarquables développements dans lesquels le savant philologue est
entré pour justifier sa thèse, nous n'avons pas osé,
sans autre motif déterminant que le silence des
textes (1), nous séparer de l'opinion presque unani-
mement enseignée.

Nous dirons toutefois que Janus Pan, qui avait eu
la prudence de distinguer un « *eranos privatus sive
voluntarius* » d'un « *eranos publicus sive civilis vel ne-
cessarius* », ce dernier seul se rattachant aux sociétés
d'éranistes, s'est trompé en rapportant aux ἔρανοι
forcés les trois cas que nous avons étudiés successivement. Ils appartiennent uniquement aux ἔρανοι volontaires, dont nous n'avons pas à traiter dans un
mémoire sur les sociétés (2).

Lucien, faisant l'éloge de Démosthènes, met dans la
bouche du grand orateur, au moment où il va mourir,
ces paroles : « S'il fallait devoir la vie à la pitié, ce
serait, hélas ! pour moi une condition humiliante.
Mais, cette pitié, je l'accepterais encore, si elle me
venait des compatriotes dont j'ai brisé les fers, des
pères dont j'ai marié les filles, de tous ceux dont j'ai
payé les dettes (3). » Ce sont presque identiquement
les trois cas que nous avons étudiés. Dira-t-on que

(1) Dans une lettre de Trajan à Pline, on lit : « Amisenos, si
legibus istorum, quibus de officio fœderis utuntur, concessum est
eranos habere, possumus, quo minus habeant, non impedire, eo
facilius, si tali collatione, non ad turbas et illicitos cœtus, sed ad
sustinendam tenuiorum inopiam utuntur » (Plin. *Epist.*, X, 93).

(2) Janus Pan, *De grati animi officiis*, Leyde, 1809, p. 130 et
suiv.

(3) Lucien, *Éloge de Démosthène*, c. 45.—Cf. c. 16.

Démosthènes, dans chacun de ces cas, agissait
comme éraniste? Non, certes. Mais, citoyen riche et
libéral, il venait au secours de ses amis moins for-
tunés ; il était leur bienfaiteur, et non pas seulement
un associé exécutant loyalement les clauses du pacte
social.

VII. Dans son *Traité des lois*, Platon, après avoir
autorisé la pratique des ἔρανοι, décide que, si quelque
contestation survient entre les éranistes, il faudra la
vider à l'amiable, les lois de la République ne vou-
lant accorder, pour ce cas, aucune action civile (1).

Les Athéniens s'étaient montrés moins rigoureux
que le philosophe. — M. van Holst a soutenu, il est
vrai, que les ἐρανικαὶ δίκαι ne s'appliquaient pas aux
sociétés d'éranistes, lorsque ces sociétés restaient
étrangères aux opérations de lucre ou de finance :
« *Judicia eranistica non nisi ad corpora publicæ utili-
tatis et communis quæstus gratia instituta pertine-
bant* (2). » Mais cette opinion, reposant sur une distinction arbitraire, dont on ne trouve aucune trace
dans les textes, ne pouvait pas réussir.

Lorsque des difficultés s'élevaient entre une société
et l'un de ses membres, soit parce que l'éraniste ne
payait pas régulièrement la cotisation périodique,
soit parce que l'associé que le collège avait secouru
dans son malheur, revenu à meilleure fortune, ne
remboursait pas l'avance qui lui avait été faite, la
société pouvait intenter l'une des actions connues

(1) Platon, *De Legibus*, XI, Didot, p. 462, Steph., 915, c.
(2) Van Holst, *De eranis*, p. 130.

dans la procédure athénienne sous le nom de δίκαι ἐρανικαί.

Ces actions étaient jugées sommairement. Elles rentraient, en effet, dans la classe des ἔμμηνοι δίκαι : Ἔμμηνοι δίκαι αἵ τε ἐμπορικαὶ καὶ ἐρανικαί (1). Le propre de ces ἔμμηνοι δίκαι était, non pas, comme l'ont cru beaucoup de commentateurs, qu'elles étaient jugées une fois tous les mois, mais bien qu'elles devaient être terminées et jugées dans le délai d'un mois à partir de leur introduction.

Héraud attribuait l'hégémonie des ἐρανικαὶ δίκαι à l'éranarque, et leur jugement aux membres du collége : « *Dabatur singulis mensibus judicium, in ipso scilicet eranistarum collegio... Corpus eranistarum de querela instituta cognoscebat; causa agebatur apud* ἐράνου πληρωτάς... » (2).

On peut invoquer, en faveur de cette opinion, un argument considérable, que fournit un passage de Démosthènes. S'adressant aux juges qui sont appelés à statuer sur l'accusation dirigée contre Aristogiton, l'orateur leur dit : « De l'aveu de tout le monde, ce sont les lois qui, après les dieux, exercent le plus d'influence sur la conservation de la République. Agissez donc comme si vous siégiez dans un conseil d'éranistes, ὥσπερ ἂν εἰ καθῆσθε ἐράνου πληρωταί. Accordez des honneurs et des éloges à celui qui se soumet aux lois, et qui, si j'ose ainsi parler, apporte au salut du pays la contribution de son obéissance.

---

(1) Harpocration, vo ἔμμηνοι δίκαι.

(2) Héraud, *Observationum et emendationum liber*, c. 44. — Otto, *Thesaurus*, t. II, p. 1370-1371.

Frappez, au contraire, celui qui se révolte contre
les lois » (1). —Démosthènes reconnaissait donc aux
membres de l'éranos, non-seulement le droit de décerner des récompenses, ce qui est confirmé, d'ailleurs, par les stèles honorifiques parvenues jusqu'à
nous, mais encore le droit de punir, droit qui suppose que les sociétés qui l'exerçaient avaient une
certaine juridiction sur leurs membres.

Cependant, l'opinion générale, fondée sur l'assimilation que les textes semblent établir constamment entre les ἐμπορικαὶ δίκαι et les ἐρανικαὶ δίκαι,
donne l'hégémonie aux Thesmothètes. Εἰσαγωγεῖς,
dit Pollux, οἱ τὰς ἐμμήνους δίκας εἰσαγόντες · ἦσαν δὲ
προικός, ἐρανικαί, ἐμπορικαί (2). Or, les magistrats qui
introduisaient les ἐμπορικαὶ δίκαι étaient les Thesmothètes (3) ; à eux aussi, d'après Pollux, revenait
donc l'introduction des ἐρανικαὶ δίκαι (4).

Quant au jugement, les uns, comme Hermann,
ne sont pas éloignés de croire à des juges spéciaux :
« Die ἐρανικαὶ δίκαι vielleicht durch besondere Ge-
richte entschieden wurden » (5), juges qui devaient
nécessairement être pris parmi les éranistes. Les
autres se contentent des juges du droit commun,
c'est-à-dire des Héliastes (6).

Espérons que ces questions, encore si obscures,

(1) Démosthènes, *C. Aristogitonem*, I, § 24, Reiske, 776.

(2) Pollux, *Onomasticon*, VIII, 101.

(3) Pollux, VIII, 88.

(4) Pan, *De grati animi officiis*, p. 144. — Meier, *Attische
Process.*, p. 67.

(5) Hermann, *Staatsalterthümer*, § 146.

(6) Meier, *Attische Process*, p. 544.

3

pourront être élucidées et résolues à l'aide de nouvelles inscriptions. Les découvertes antérieures ont
fourni sur les ἔρανοι des renseignements très-précieux.
Les monuments que le sol de la Grèce n'a pas
encore livrés compléteront peut-être les notions im-
parfaites que nous possédons sur la procédure des
ἔρανοι (1).

§ 3. — Ἑταιρεῖαι.

Dans une acception générale, le nom d'*hétairies*
pouvait désigner toutes sortes de colléges. C'est en ce
sens que Gaius l'emploie, lorsqu'il dit : « Sodales sunt
qui ejusdem collegii sunt : quam Græci ἑταιρείαν
vocant (2). »

Mais il était plus ordinairement employé dans
une acception spéciale, et il désignait alors des
sociétés politiques, dont l'État ne reconnaissait pas
la légitimité, qu'il tolérait tout au plus ; car elles
poursuivaient des buts peu avouables, qui ont permis
de les comparer à nos clubs et à nos sociétés se-
crètes.

Les membres des hétairies s'engageaient par ser-

(1) M. Foucart a consacré un mémoire spécial à rechercher si
les colléges d'éranistes ont contribué à l'amélioration morale et
matérielle des hommes, et si leur influence a fait pénétrer dans
le monde païen les principes de charité et de fraternité. Nous ne
connaissons ce travail que par l'analyse publiée dans les comptes-
rendus des séances de l'Académie des Inscriptions et Belles-Lettres,
1866, p. 389-392.

(2) L. 4, Dig., *De collegiis et corporibus*, 47, 22. — Voir aussi
Platon, *Definitiones*, Didot, t. II, p. 594, 28.

ment à se prêter un appui mutuel, soit dans la
recherche des fonctions publiques données à l'élection, comme celles de stratége, soit dans les procès
auxquels ils étaient exposés, surtout dans ces procès
de responsabilité que les magistrats devaient subir
à l'expiration de leur charge : ἑταιρεῖαι ou συνωμοσίαι
ἐπὶ δίκαις καὶ ἀρχαῖς (1).

Ces associations se recrutaient naturellement dans
les classes aisées de la société athénienne. Leurs
membres se proclamaient volontiers les meilleurs
des citoyens, des hommes bons et honorables, ga-
lants, bien posés et pleins de modération : Οἱ βέλ-
τιστοι, καλοκἀγαθοί, χαριέντες, γνώριμοι, σώφρονες. Mais
aussi leurs sentiments étaient presque toujours oli-
garchiques. Les hétairies engageaient souvent les
unes contre les autres des luttes d'influence et
d'intrigues ; mais, dans les moments de crise ,
elles oubliaient leurs dissidences et se réunissaient pour attaquer et pour renverser la démocratie.
Les ennemis du gouvernement populaire ne man-
quaient jamais de se mettre en rapport avec elles,
et ils les trouvaient toujours, en dépit des lois ré-
pressives , prêtes à se concerter pour amener des
révolutions politiques : Ἑταιρεῖαι ἐπὶ καταλύσει τοῦ
δήμου, ἑταιρεῖαι ἐπὶ νεωτέροις πράγμασιν (2).

Les hétairies doivent donc avoir joué un rôle
important dans l'histoire politique d'Athènes. Mal-

---

(1) Thucydide, VIII , 54.

(2) Démosthènes, *C. Stephanum*, II, § 26, Reiske, 1137.—
Isocrate, *De bigis*, § 6, Didot, 244. — Scholia in Aristophanem,
Vespæ, v. 343, Didot, p. 143.

heureusement, les anciens ne nous donnent aucuns détails sur ces associations ; ils se bornent à quelques allusions rapides (1), insuffisantes pour nous permettre de reconstituer par la pensée leur organisation. Quelques historiens, sans se laisser décourager par la pauvreté des renseignements, ont essayé d'en retracer l'histoire ; nous citerons, notamment, outre les travaux d'Hullmann, de Krüger et de Droysen, les dissertations spéciales de M. W. Vischer (2) et de M. Hermann Büttner (3). Mais, de l'aveu d'un juge très-compétent, M. Grote, ces monographies sont plus ingénieuses que dignes de confiance.

§ 4. — LA LOI DE SOLON.

La loi attribuée à Solon par le jurisconsulte Gaius (4) cite plusieurs sociétés, dont quelques-unes sont peu connues. Nous donnerons brièvement des notions sommaires sur les plus importantes (5).

(1) Platon, *Theœtetus*, XXIV, Didot, t. I, p. 133 ; *Civitas*, II, Didot, p. 27 ; *Leges*, IX, Didot, t. II, p. 421. — Thucydide, VI, 60 ; VIII, 54 et 81. — Aristophane, *Equites*, passim, etc.

(2) *Die oligarchische partei und die hetaerien in Athen*, Bâle, 1836.

(3) *Geschichte der politischen hetaerien zu Athen*, Leipzig, 1840.

(4) L. 4, Dig., *De collegiis et corporibus*, 47, 22.

(5) M. O. Lüders, dans une dissertation académique publiée à Bonn en 1869, sous ce titre : *Quæstionum de collegiis artificum scenicorum prolusio*, a donné la liste d'un grand nombre de sociétés grecques ; mais son travail n'a guère d'autre mérite que celui d'une table des matières.

Nous n'avons rien à dire, on le comprend aisément, des sociétés de commerce (εἰς ἐμπορίαν οἰχόμενοι).
Elles étaient très-nombreuses à Athènes, et leur énumération offrirait peu d'intérêt. — On peut rattacher
à cette catégorie les sociétés formées par ceux qui se
rendaient adjudicataires des impôts (1), sociétés à
la tête desquelles était un agent principal, τελωνάρχης
ou ἀρχώνης (2).

Les sociétés de matelots (ναῦται) sont-elles les
mêmes que ces sociétés d'armateurs que l'on trouve
plusieurs fois mentionnées dans les auteurs classiques
ou dans les inscriptions (3)? Faut-il aux ναῦται substituer, avec Petersen, les γεννηταί, qu'il serait naturel
de rencontrer après les membres de la phratrie? ou,
avec Usener, les μύσται ou initiés aux mystères? Ces
questions ont pour nous peu d'importance; nous les
abandonnons donc aux philologues, et nous nous
hâtons d'arriver aux véritables difficultés de la loi.

I. — THIASOTES, ORGÉONS ET GENNÈTES.

Les θίασοι, qui, durant les derniers siècles de l'ère
ancienne, finirent par se confondre avec les ἔρανοι,
s'en différenciaient très-nettement à l'origine. C'é-
taient des associations religieuses, dans lesquelles
entraient des personnes réunies par la communauté
de goûts ou d'intérêts (4). Il ne faut pas dire, avec

(1) Lycurgue, *C. Leocratem*, §§ 19 et 58, Didot, p. 4 et 11.
(2) Andocide, *De mysteriis*, § 133, Didot, p. 70.
(3) Voir Bœckh, *Corpus inscriptionum græcarum*, no 124.
(4) Le lieu de réunion des associés est désigné, dans les inscriptions, sous le nom de τόπος.

quelques savants, que ces sociétés étaient exclusivement dionysiaques ou orgiastiques. Sans doute, plusieurs textes donnent le nom de θιασῶται aux sectateurs de Bacchus : Καλεῖται ὁ τῶν Διονύσῳ παρεπόμενος ὄχλος θίασος (1). Mais la plupart des grammairiens voient un θίασος dans toute réunion qui a pour but d'honorer les dieux, ἐπὶ τελετῇ καὶ τιμῇ θεῶν (2), et, à l'appui de leur témoignage, il nous suffira de citer le θίασος τῆς Ἀρτέμιδος (3).

A une époque difficile à bien préciser, et que M. Wescher place sous les successeurs d'Alexandre (4), les θίασοι perdirent leur caractère religieux et adoptèrent une organisation semblable à celle des colléges d'éranistes ; les titres ne sont plus les mêmes: au lieu de l'ἀρχιερανιστής, on trouve l'ἀρχιθιασίτης, ou le θιασάρχης ; mais, sauf quelques changements de ce genre, on peut appliquer aux θίασοι ce que nous avons dit des ἔρανοι (5).

Quant aux ὀργεῶνες, que nous voyons plusieurs fois mentionnés par les orateurs, les grammairiens ne paraissent pas les distinguer très-nettement des θιασῶται. Harpocration (6) et l'auteur des Δικῶν ὀνόματα (7) les définissent : « des hommes réunis pour honorer les dieux ou les héros. » — Les inscriptions ont prouvé

(1) Athénée, VIII, sect. 64, Cas. 362.

(2) Harpocration, vo θίασος.

(3) *Revue archéologique*, t. XIII, 1866, p. 437.

(4) *Id.*, t. XII, 1865, p. 220.

(5) Isée, *De Meneclis hereditate*, § 14, 16 et 17, Didot, p. 215; § 45, Didot, p. 249.—Cf. Harpocration, éd. Bekker, p. 138-139.

(6) Éd. Bekker, p. 138.

(7) Bekker, *Anecdota*, 1, p. 191.

qu'il existait au Pirée une de ces associations religieuses, qui offrait des sacrifices à la Vénus syrienne
et à quelques autres divinités (1).

Tel ne doit pas être, cependant, dans la loi de
Solon (2) et dans les plaidoyers des orateurs, notamment dans le discours d'Isée sur la succession de
Ménéclès, le sens du mot *orgéons*. Il était certainement employé alors dans une acception spéciale,
dont les définitions des grammairiens que nous venons de citer donneraient une idée très-imparfaite.

« L'adoptant, dit Isée, présente l'adopté aux
membres de sa phratrie; il le fait inscrire parmi les
membres de son dème et parmi les orgéons. »

D'érudits jurisconsultes et de savants philologues
ont soutenu que *orgéons* et *gennètes* (γεννῆται) étaient
deux expressions synonymes, qu'on pouvait employer
indistinctement pour désigner les membres de la
gens (γένος) (3). — On lit, en effet, dans un autre
discours d'Isée, que l'adopté doit être inscrit sur les
listes du dème, de la phratrie et de la *gens* (4); et, si
l'on compare les deux textes, on se persuade aisément que l'orateur a, dans les deux cas, malgré la
diversité des termes, exprimé la même idée. — De
plus, quelques grammairiens disent que les membres

(1 Rangabé, *Antiquités helléniques*, n° 809, t. II, p. 429.

(2) Solon, qui allait parler des θιασῶται, n'aurait pas mentionné
d'abord les ὀργεῶνες, si les deux expressions eussent été synonymes.

(3) Platner, *Beitræge zur kenntniss des attischen rechts*, 1820,
p. 83.

(4) *De Apollodori hereditate*, §§ 1, 15 et 27.

de la *gens* portent le titre d'orgéons : Ἐκαλοῦντο (γεννῆται) καὶ ὁμογάλακτες καὶ ὀργεῶνες (1).

Nous croyons cette opinion erronée. Il n'est pas impossible, nous le déclarons volontiers, que le mot *orgéons*, s'appliquant, dans son acception générale, à tous ceux qui sont associés pour le même culte, ait été donné quelquefois aux membres des γένη, et même aux membres des phratries; cela suffit pour expliquer immédiatement et pour écarter les passages des grammairiens.

Mais, si nous nous plaçons au point de vue juridique, il nous paraît très-difficile d'admettre qu'un orateur tel qu'Isée ait employé devant les tribunaux, pour désigner les gennètes, le mot *orgéons*, au lieu de se servir du terme γεννῆται. Ce dernier, consacré par l'usage, est employé partout ailleurs dans les discours d'Isée et dans ceux de ses confrères, et un bon plaideur ne devait pas l'ignorer. Si donc l'orateur, dans le discours sur la succession de Ménéclès, parle des orgéons, c'est qu'il a en vue un collége autre que celui des gennètes (2).

Comment définir alors ces sociétés d'orgéons? Nous ne pouvons pas incidemment exposer ici et réfuter toutes les opinions qui ont été proposées par Meier, Wachsmuth, Hermann et beaucoup d'autres. Il nous suffira d'indiquer brièvement l'explication que nous adoptons.

---

(1) Pollux, III, 52. — Bekker, *Anecdota græca*, I, p. 227 et 286.

(2) V. Schœmann, *Opuscula academica*, I, p. 185, et *Ad Isæum*, p. 209.

Tous les citoyens d'Athènes n'étaient pas répartis entre les *gentes* que comprenaient les douze phratries. Pour être membre d'un γένος, il fallait pouvoir indiquer, depuis un temps immémorial, une série non interrompue d'ascendants légitimes ou adoptifs, ayant tous eu le droit de cité. On avait craint, sans doute, de bouleverser, par l'admission de personnalités nouvelles, le droit religieux ou privé qui était en vigueur dans chacun de ces groupes. Nous savons, en effet, que chaque γένος avait un culte spécial et que ses membres jouissaient d'un droit de succession réciproque sur les biens de leurs confrères morts sans laisser de parents rapprochés.

Parmi les citoyens naturalisés, les uns, à l'aide d'une adoption autorisée par les γεννῆται de l'adoptant, entraient dans la *gens* de leur père adoptif et se trouvaient mis sur la même ligne que les citoyens d'origine ; les autres restaient en dehors des *gentes*, eux et leur postérité, tant qu'une adoption n'intervenait pas.

Il se forma donc, à la longue, à côté des familles véritables, les γένη, d'autres groupes, d'un ordre moins élevé aux yeux de la loi politique, mais, aux yeux du droit naturel, méritant la même faveur. — Ces derniers, réunis par la communauté du culte et souvent par les liens du sang, organisèrent des associations semblables à celles des gennètes et prirent le nom d'*orgéons*.

Tous, d'ailleurs, citoyens d'origine ou citoyens naturalisés, étaient admissibles dans les phratries.

Il doit être maintenant facile de comprendre les textes d'Isée. Quand l'adoptant était un gennète,

c'est-à-dire un citoyen appartenant aux anciennes
familles, il présentait l'adopté d'abord à sa *gens*,
puis à la phratrie dans laquelle la *gens* était comprise. Si l'adoptant était un orgéon, c'est-à-dire un
citoyen appartenant aux familles nouvelles, la pré-
sentation avait lieu d'abord au collége des orgéons,
puis à la phratrie à laquelle se rattachait ce collége (1).

Nous n'insisterons pas plus longtemps sur ce sujet:
l'organisation des phratries et des *gentes* athéniennes
a été très-souvent étudiée, et il est inutile de re-
faire un travail déjà accompli.

Nous pouvons en dire autant des dèmes établis
par Clisthène; nous nous croyons donc autorisé à
passer, sans plus d'explications sur ces points, aux
autres colléges cités dans la loi de Solon.

II. — Σύσσιτοι.

Il ne peut y avoir aucun doute sur le sens du mot
σύσσιτοι; il désigne des personnes qui prennent ensemble leurs repas. Les syssities ont même joué un
grand rôle dans l'histoire politique de Sparte (2).

Mais il est assez difficile de retrouver à Athènes
l'institution que le législateur a eue en vue dans le
passage de la loi qui nous occupe. Voici, toutefois,

---

(1) On peut consulter sur tous ces points une dissertation, publiée récemment par M. A. Philippi : *Beitræge zu einer Geschichte
des attischen burgerrechts* , Berlin, 1870; voir surtout p. 197 et
suiv.

(2) V. Bielschowsky , *De Spartanorum syssitiis*, 1869.

une conjecture que, après M. Schœmann (1), nous soumettons à nos lecteurs.

Des citoyens n'ayant pas de maison régulièrement tenue, des célibataires ou des veufs, même des gens mariés, préférant à la société de leurs femmes la compagnie des hommes, formaient entre eux une association, dont les membres se réunissaient chaque jour pour prendre leurs repas et supportaient en commun les dépenses de leur table. — Dans le *Lachès* de Platon, Lysimaque, fils d'Aristide, nous dit qu'il est associé de cette façon avec Mélésias, fils de Thucydide, et que leurs enfants font également partie de l'association : Συσσιτοῦμεν γὰρ δὴ ἐγώ τε καὶ Μελησίας ὅδε, καὶ ἡμῖν τὰ μειράκια παρασιτεῖ (2). C'est peut-être à une association de cette espèce que la loi rappelée par Gaius fait allusion.

III. — Ὁμόταφοι.

« *Magnum est*, disait Cicéron (3), *eadem habere monumenta majorum, iisdem uti sacris, sepulcra habere communia.* »

Plusieurs familles, entre lesquelles existaient habituellement des liens de parenté, se réunissaient pour acquérir et posséder en commun un terrain, sur lequel elles faisaient élever un tombeau, et dans lequel elles déposaient les restes de leurs mem-

---

(1) Schœmann, *Griechische Alterthümer*, 2ᵉ éd., t. I, p. 375.

(2) Platon, *Laches*, II, éd. Didot, t. I, p. 522.

(3) Cicéron, *De officiis*, I, 17, § 55.

bres (1). Ainsi, tous les descendants de Busélus avaient, à Athènes, un lieu de sépulture commun : Μνήματος ὄντος κοινοῦ ἅπασι τοῖς ἀπὸ τοῦ Βουσέλου γενο- μένοις..... ἅπαντες οὗτοι (οἱ ἀπὸ τοῦ Βουσέλου) κοινωνοῦσι τοῦ μνήματος τούτου (2). Le fait qu'une personne n'avait pas été déposée dans le tombeau commun était un argument très-grave contre ses héritiers, lorsque, plus tard, ils élevaient des prétentions à la succession d'un membre de la famille ; la communauté de sé- pulture , οἷς ἡρία ταὐτά (3), est, au contraire, une des raisons les plus convaincantes que les orateurs puis- sent invoquer dans les procès en pétition d'hérédité.

Les parents n'étaient pas seuls à former ces sociétés funéraires. Les citoyens pauvres, ceux qui n'avaient pas de famille, étaient plus intéressés encore à s'assurer, de leur vivant, une sépulture conforme aux exigences de leur foi religieuse. Trop pauvres pour acheter un tombeau spécial, ils trouvaient dans l'association un moyen de protéger leur existence future contre les malheurs réservés aux âmes er- rantes.

Il est probable que les ὁμόταφοι se réunissaient à des époques déterminées pour offrir en commun des sacrifices aux divinités infernales (4).

Une inscription de l'époque romaine, trouvée dans l'île de Thasos, nous a révélé un fait curieux se rattachant à ces communautés de sépultures. Aure-

---

(1) V. Démosthènes, *C. Eubulidem*, § 28, Reiske, 1307.

(2) Démosthènes, *C. Macartatum* , § 79, Reiske, 1077.

(3) Démosthènes, *C. Eubulidem*, § 67, Reiske, 1319.

(4) V. Th. Mommsen, *De collegiis et sodaliciis Romanorum*, Kiel, 1843, p. 26-27.

lius Philippus, d'Abdère, sachant par expérience
que les héritiers oublient vite leurs parents décédés,
et désirant avoir un tombeau de famille, a fait construire, de son vivant, un monument pour lui-même,
pour sa femme Antonine et pour ses enfants ; mais
les étrangers seront également admis à déposer dans
ce tombeau les cadavres de leurs proches, pourvu
qu'ils paient à la ville de Thasos deux mille deniers
et qu'ils versent pareille somme dans le trésor public (1). — Voilà bien, comme le dit l'inscription, un
monument de mort commune : κοινοῦ θανάτου μνημο-
σύνον ; bien que ceux qui se trouveront réunis dans
ce tombeau n'aient pas formé entre eux d'association, ils seront cependant ὁμόταφοι, en vertu de l'autorisation donnée à l'avance par le fondateur.

On sait que, d'après le droit romain, celui qui
déposait un cadavre dans la propriété d'autrui pouvait être contraint, soit à se rendre acquéreur du
terrain, « *loci pretium præstare,* soit à emporter les
restes injustement inhumés, « *tollere id quod in-
tulit* » (2). — Aurelius Philippus renonce à l'un des
droits accordés au propriétaire du sol, et même, s'il
impose le paiement d'une indemnité, il veut que la
somme payée profite à son pays et non pas à ses
héritiers.

IV. — Ἐπὶ λείαν οἰχόμενοι.

Les lois d'Athènes ont-elles, non-seulement toléré,
mais encore formellement permis le brigandage, en

(1) *Revue archéologique*, t. XIV, 1866, p. 58.
(2) L. 7 et 8, Dig., *De religiosis et sumptibus funerum,* 11, 7.

déclarant licites les associations qui avaient le pillage
pour objet ?

D'après M. Egger, « le brigandage, sur terre
comme sur mer, a été longtemps, chez les Grecs,
un moyen commun et régulier de s'enrichir.... Le
témoignage de cet état social se retrouve sur divers
points du monde grec, dans des traditions ou sur
des monuments d'une antiquité vénérable. A Athènes,
c'est une loi de Solon, conservée par le Digeste,
qui mentionne, parmi les associations légitimes, le
pacte fait en vue du brigandage ; c'est un texte de la
Politique d'Aristote, où l'auteur rapproche froide-
ment la chasse et la guerre, comme deux moyens
légitimes de s'enrichir » (1). — L'éminent hellé-
niste se fonde donc, pour soutenir que le brigandage était permis à Athènes, sur la loi qui valide
les sociétés formées par des personnes ἐπὶ λείαν
οἰχόμενοι.

Samuel Petit, reculant devant les conséquences
que lui paraissait entraîner le texte généralement
accepté, a proposé successivement deux légères corrections, consistant l'une et l'autre dans la modifi-
cation d'une seule lettre du mot λείαν. Il est impossible, d'après cet illustre érudit, de ne pas réprouver
une leçon qui autorise le pillage : « *Non coit societas
ad prædandum et nihil hic est prædæ prædatoribus.* »
Solon aurait-il été moins moral que le législateur
romain ? « *Si maleficii societas coita sit, constat nullam
esse societatem : generaliter enim traditur rerum inho-*

(1) *Etudes historiques sur les traités publics*, 2ᵉ éd., 1866, p.
34-35.

nestarum nullam esse societatem » (1). Il y a donc
lieu de rectifier le texte.

On peut d'abord, dit-il, remplacer les mots ἐπὶ
λείαν par ceux-ci, ἐπὶ λεῖον, association pour le commerce des grains, « *ad frumentum coemendum.....*
Λεῖον *frumentum significare auctor est Hesychius :* λεῖον
ὁ σῖτος. » Le législateur oppose ces sortes d'associations à celles qui sont faites εἰς ἐμπορίαν, « *ad alias
merces* » (2).

Plus tard, revenant sur la même difficulté, Samuel
Petit s'exprime ainsi : « *Legendum jam puto :* ἢ ἐπὶ ἀεὶ
ἂν οἰχόμενοι ἢ εἰς ἐμπορίαν. *Societates contrahuntur vel
ad tempus aliquod, ut* εἰς ἐμπορίαν, *negotiationis alicujus
causa, vel in tantum quantum vitæ supererit tempus;
id,* εὐφημίας *ergo, sed non sine* ἐπανορθώσει, *dixit ele-
ganter admodum et verecunde Solon,* ἐπὶ ἀεὶ ἄν, *id est in
sempiternum tempus, si quid sempiternum esse possit;
atque ita expressit quod volebat: quamdiu vita sup-
petet* » (3).

Nous ne dirons rien du texte que l'on trouve dans
les Florentines, ἐπὶ λίαν οἰχόμενοι, que la version
académique traduit ainsi : « *Qui et multum simul ha-
bitantes sunt.* » Il n'offre à l'esprit aucun sens satis-
faisant.

Forts de l'autorité des Basiliques (4) et des meilleurs
manuscrits, nous maintiendrons la leçon ἐπὶ λείαν ;
mais l'explication que nous allons en donner fera

(1) L. 57, Dig., *Pro socio*, 17, 2.
(2) Samuel Petit, *Leges atticæ*, éd. Wesseling, p. 525.
(3) Samuel Petit, *loc. cit.*, note 1.
(4) *Basiliques*, l. LX, t. 32, § 4.

disparaître le caractère odieux qui s'y attacherait, si l'on y voyait la proclamation de la légitimité du brigandage.

La loi de Solon avait en vue, non pas des sociétés de brigands ou de pirates, mais des compagnies formées pour la course sur mer ou sur terre. Il faut bien se garder de confondre ces deux sortes d'associations. Un pirate est un voleur que rien ne peut justifier ni même excuser. L'armateur en course est un brave citoyen, qui, lorsque son pays est en guerre, vient à son aide en détruisant les propriétés publiques ou privées des ennemis. Porteur de lettres de marque délivrées par l'État (σῦλα διδόναι) (1), soumis à des lois et à des règles précises, il forme des corps francs, qui ne lutteront pas sur les champs de bataille, mais qui feront la guerre en partisans. « Nous ne pouvons pas actuellement, dit Démosthènes (2), mettre sur pied une armée régulière qui tienne tête à Philippe; nous n'avons d'autre ressource que de lui faire provisoirement une guerre de pillage : ληστεύειν ἀνάγκη. » — Λεία, ληστεύειν, n'est-ce pas toujours la même chose? Nous sommes donc autorisé à dire que, dans la loi de Solon comme dans la première Philippique de Démosthènes, il s'agit seulement de sociétés de corsaires (3).

(1) Démosthènes, *C.Lacritum*, § 26, Reiske, 931.—Cf. Thucydide, V, 115.

(2) *C. Philippum*, I, § 23, Reiske, 46.

(3) Cette explication, que nous avons déjà publiée en 1866, *Revue historique de droit français et étranger*, t. XII, p. 300, se trouve brièvement formulée, dès 1838, dans les *Antiquitates juris publici Græcorum* de M. Schœmann, p. 368. Cf. Lobeck, *Aglao-*

Nous ne voulons certes pas nier que le brigandage fût autorisé, même à l'époque classique, dans beaucoup d'États grecs. Le témoignage de Thucydide sur ce point ne peut pas être révoqué en doute. « De nos jours encore, dit-il, plusieurs peuples de la Grèce continentale, tels que les Locriens-Ozoles, les Étoliens, les Acarnaniens et presque tous leurs voisins, conservent leurs anciennes habitudes de brigandage (1). » Mais ces Barbares eux-mêmes avaient déjà senti la nécessité d'introduire quelques règles dans l'exercice de la piraterie. — Nous possédons le texte curieux d'un traité conclu entre deux villes des Locriens-Ozoles, Chaléion et Œanthéa. Les contractants stipulent que les habitants de Chaléion ne pourront enlever ni les personnes ni les biens d'Œanthéa, et réciproquement. Même à l'égard des tiers, le pillage ne sera permis qu'en pleine mer; les pirates de Chaléion ne pourront pas venir faire des prises sur les étrangers dans le port d'Œanthéa. Ceux qui ne respecteront pas ces conventions seront punis d'une amende de quatre drachmes, et, s'ils retiennent leur butin illicite plus de dix jours, ils paieront, en outre, une somme égale à la moitié de sa valeur (2). — On distinguait donc, dès le V° siè-

phamus, p. 305. — M. Lüders, *De collegiis artificum scenicorum* (Bonn, 1869, p. 7), évite de se prononcer et offre au lecteur les deux interprétations : « *Solonem piratarum sodalitates curasse, aut ita explicabimus, ut latrocinandi jura ex Homericis carminibus nota vestigia quædam vel tunc temporis reliquisse sumamus, aut legislatorem de navibus bellorum tempore capiendis cogitasse putabimus, id quod certis privilegiis publice promoveri par erat.* »

(1) Thucydide, I, 5.

(2) Rangabé, *Antiquités helléniques*, t. II, p. 2, n° 356 *bis*.

cle, chez ces peuples, que Thucydide présente comme attardés dans la voie de la civilisation, un brigandage licite et un brigandage illicite (ἀδικοσῦλαν). — Les Athéniens n'avaient pas à faire de pareilles différences. Longtemps avant Solon, ils renoncèrent à la piraterie. « Ils furent, en effet, nous dit Thucydide, les premiers des Grecs à adopter des mœurs douces et polies » (1). Solon n'eut donc pas à régler la formation des sociétés de brigands ; son attention se porta exclusivement sur les expéditions en course.

Si tel est le sens des mots ἐπὶ λείαν οἰχόμενοι, les critiques adressées à l'œuvre de Solon devront être beaucoup moins vives ; car il se borna à autoriser un fait sur la légitimité duquel aucune incertitude ne s'est produite pendant longtemps, et que la déclaration du 16 avril 1856 n'a pas complètement banni de nos sociétés modernes.

Le dixième des prises faites par les corsaires était attribué à Minerve (2). Le surplus était, suivant les cas, vendu au profit de l'État ou abandonné aux capteurs.

Lorsque des contestations s'élevaient sur la légitimité des prises, elles étaient soumises au jugement du peuple, qui décidait si les objets saisis étaient réellement des biens ennemis (πολέμια χρήματα), ou s'il y avait lieu d'en ordonner la restitution à leurs propriétaires (3).

---

(1) Thucydisde, I, 6.

(2) Lysias, *Pro Polystrato*, § 24, Didot, 189.—Démosthènes, *C. Timocratem*, § 129, Reiske, 741.—Cf. Harpocration, vᵒ δεκατεύειν.

(3) Libanius, *in* Demosth., *C. Timocratem*, Reiske, 694, 19-20.

§ 5. — SOCIÉTÉS D'ARTISTES.

Nous ne terminerons pas cette étude sans mentionner, au moins très-brièvement, la corporation
des artistes dionysiaques, τὸ κοινὸν τῶν περὶ τὸν Διόνυσον
τεχνιτῶν, corporation qui, d'après Strabon, se serait
primitivement établie à Téos, et qui, plus tard, sous
la pression d'événements divers, transporta son siége
à Éphèse, puis à Myonnèse et à Lébédos (1).

Les membres de l'association, acteurs et musi-
ciens (la convention avec Iasos cite des joueurs de
flûte, un citharède, un cithariste, des tragédiens et
des comédiens), ne résidaient pas tous au chef-lieu
du collége. La société, ayant atteint rapidement un
haut degré de prospérité, se subdivisa en plusieurs
comités, dont chacun desservit une partie du monde
civilisé. Nous trouvons, notamment, le comité des
artistes exploitant l'Ionie et l'Hellespont, τῶν ἐπ'
Ἰωνίας καὶ Ἑλλησπόντου, le comité des artistes de
Bacchus commandant, τῶν περὶ τὸν καθηγεμόνα Διόνυσον,
le comité de Némée et de l'Isthme de Corinthe, et,
ce qui nous intéresse principalement, le comité
d'Athènes, qui possédait un sanctuaire et un autel à
Éleusis (2). Il y avait même des comités ambulants,
περιπολιστικαί, ne desservant pas une région déterminée, mais allant çà et là donner des représentations (3).

(1) Voir Strabon, XIV, p. 643.
(2) Rangabé, *Antiquités helléniques*, n° 813.
(3) *Corpus inscriptionum græcarum*, n° 349.

Les comités régionaux se subdivisaient eux-mêmes en sections, σύνοδοι, attachées spécialement à certaines localités. Nous en avons la preuve dans un décret honorifique, rendu par une compagnie qui prend pour titre, τὸ κοινὸν τῶν περὶ τὸν Διόνυσον τεχνιτῶν τῶν ἐξ Ἰσθμοῦ καὶ Νεμέας τῆς ἐν Ἄργει συνόδου (1); nous pourrions traduire ainsi : « Société des artistes dionysiaques, comité de l'Isthme et de Némée, section d'Argos. » M. Foucart pense qu'il y avait des sections analogues à Sicyone, à Phliunthe et à Corinthe (2). Toutes les sections rattachées au même comité se réunissaient dans les grandes circonstances : par exemple, pour concourir à la célébration des jeux isthmiques ou néméens.

Nous avons conservé un assez grand nombre de monuments se rapportant à cette communauté. M. Egger, dans un appendice à ses *Études historiques sur les traités publics*, en a donné une liste sommaire et a traduit les plus importants (3). Nous ne croyons pas devoir reproduire ici ce catalogue, et nous nous bornerons à quelques indications rapides.

Les comités ou les sections traitaient avec les villes ou les particuliers, et s'engageaient à donner les représentations scéniques qui étaient l'accompagnement obligé de certaines fêtes. Ainsi, la corporation des artistes promet à la ville d'Iasos « de célébrer, dans les temps déterminés, les fêtes dionysiaques, en se conformant pour le tout aux lois des Iasiens ;

---

(1) *Revue archéologique*, t. XXII, août 1870, p. 107 et suiv.

(2) *Eod. loc.*, p. 111.

(3) Egger, *Études sur les traités publics*, 2ᵉ éd., p. 284-296.

elle enverra à Iasos deux joueurs de flûte , deux tragédiens, deux comédiens, un citharède et un cithariste, avec les gens attachés à leur service, pour former les chœurs en l'honneur du dieu, selon les anciens règlements. Celui des artistes qui, désigné par la communauté, ne se rendra pas à Iasos ou n'y célébrera pas les fêtes, paiera à la corporation des artistes une amende sacrée, et sans excuse, de mille drachmes antiochiques, à moins d'un empêchement absolu par la maladie ou par la tempête. Il ne pourra éviter l'amende que s'il se justifie devant la communauté, et si, ayant produit ses preuves, il est régulièrement absous au scrutin... »

Quelques membres de l'association étaient de véritables personnages, et, pour ne citer qu'un exemple, il nous suffira de nommer Craton, fils de Zotichus, flûtiste des chœurs sacrés. Une inscription, qui se trouve au musée du Louvre (1), rappelle les honneurs qu'il obtint de ses confrères : non-seulement on lui décerna des couronnes, mais encore on lui éleva trois statues, εἰκόνας τρεῖς, en récompense de tout ce qu'il avait fait pour l'honneur et la gloire du collége. D'autres inscriptions, rapportées par Bœckh (2), rappellent les donations et les legs que Craton fit à la société, et les marques de reconnaissance de plusieurs comités (3).

Le comité des artistes dionysiaques d'Athènes fut,

(1) Froehner , *Inscriptions grecques*, n° 67.

(2) *Corpus inscriptionum græcarum*, nᵒˢ 3068-3071.

(3) Voir aussi, pour les récompenses accordées à Zénon d'Argos, les états de service de ce membre de l'association. *Revue archéologique*, t. XXII, août 1870, p. 107 et suiv.

dans deux circonstances notables, l'objet d'une faveur qui prouve la sympathie que la Grèce lui témoignait. Le conseil des Amphictyons rendit deux décrets par lesquels il exemptait la confrérie d'Athènes de tout service militaire sur terre et sur mer, « afin que les devoirs envers les dieux, dont la charge incombe aux artistes dionysiaques, soient accomplis en temps convenable. Les artistes d'Athènes jouiront de l'inviolabilité. Personne n'aura le droit de mettre la main sur eux, ni en temps de paix, ni en temps de guerre, qu'ils remplissent un engagement à l'égard d'une ville ou qu'ils soient engagés seulement envers un simple particulier. Si quelqu'un enfreint ces prescriptions, il sera responsable devant le conseil des Amphictyons, lui et la ville où le dommage aura eu lieu..... »

Ces corporations d'artistes se retrouveront plus tard à Rome, avec cette différence, toutefois, que, en Grèce, elles jouissaient d'une grande liberté, d'une entière indépendance, et traitaient d'égal à égal avec les cités les plus considérables, tandis que, à Rome, placées sous le patronage direct des empereurs, elles subiront leur autorité et devront souvent s'incliner devant les caprices de leur volonté toute-puissante.

Caen, imp. F. Le Blanc-Hardel.

MORALS AND LAW IN ANCIENT GREECE

An Arno Press Collection

Apffel, Helmut. **Die Verfassungsdebatte Bei Herodot (3,80-82)**, Wuest, Karl, **Politisches Denken Bei Herodot** and Bruns, Ivo, **Frauenemancipation in Athen.** Three vols. in one. 1957/1935/1900

Bevan, Edwyn. **Stoics and Sceptics.** 1913

Bolkestein, Hendrik. **Wohltaetigkeit und Armenpflege im Vorchristlichen Altertum.** 1939

Bolkestein, Johanna Christina. **Hosios En Eusebēs**, and Bolkestein, Hendrik, **Theophrastos' Charakter der Deisidaimonia als Religionsgeschichtliche Urkunde.** Two vols. in one. 1936/1929

Bonner, Robert J. **Evidence in Athenian Courts**, and Harrell, Hansen Carmine, **Public Arbitration in Athenian Law.** Two vols. in one. 1905/1936

Caillemer, Exupère. **Études Sur Les Antiquités Juridiques D'Athènes.** Ten parts in one. 1865-1872

Clerc, Michel. **Les Métèques Athéniens.** 1893

Fustel De Coulanges, [Numa Denis]. **Recherches Sur Le Droit De Propriété Chez Les Grecs** *and* **Recherches Sur Le Tirage Au Sort Appliqué À La Nomination Des Archontes Athéniens.** 1891

Croissant, Jeanne. **Aristote et Les Mystères.** 1932

Davidson, William L. **The Stoic Creed.** 1907

Demosthenes. **Demosthenes Against Midias.** With Critical and Explanatory Notes and an Appendix by William Watson Goodwin. 1906

Demosthenes. **Demosthenes on the Crown.** With Critical and Explanatory Notes; An Historical Sketch and Essays by William Watson Goodwin. 1901

Demosthenes. **Demosthenes Against Androtion and Against Timocrates.** With Introductions and English Notes by William Wayte. Second Edition. 1893

Demoulin, Hubert. **Épiménide De Crète.** 1901

Diogenes, Laertius. **La Vie De Pythagore De Diogène Laërce.** Édition Critique Avec Introduction et Commentaire par A[rmand] Delatte. 1922

Dyroff, Adolf. **Die Ethik Der Alten Stoa.** 1897

Egermann, Franz. **Vom Attischen Menschenbild** *and* **Arete und Tragisches Bewusstheit Bei Sophokles und Herodot.** Two vols. in one. [1952]/1957

Erdmann, Walter. **Die Ehe im Alten Griechenland.** 1934

Ferguson, John. **Moral Values in the Ancient World.** 1958

Forman, Ludovico Leaming. **Index Andocideus, Lycurgeus, Dinarcheus** *and* Preuss, Siegmund, **Index Aeschineus.** Two vols. in one. 1897/1896

Gernet, Louis. **Droit et Société Dans La Grèce Ancienne.** 1955

Gigante, Marcello. **Nomos Basileus.** 1956

Glotz, Gustave. **L'Ordalie Dans La Grèce Primitive.** 1904

Guiraud, Paul. **La Propriété Foncière En Grèce Jusqu'à La Conquête Romaine.** 1893

Haussoullier, B[ernard]. **La Vie Municipale En Attique.** 1883

Hemelrijk, Jacob. **Penia en Ploutos.** 1925

Hirzel, Rudolf. **Agraphos Nomos**, and Marg, Walter, **Der Charakter in Der Sprache Der Fruehgriechischen Dichtung**. Two vols. in one. 1900/1938

Hirzel, Rudolf. **Der Eid**: Ein Beitrag Zu Seiner Geschichte. 1902

Hitzig, Hermann Ferdinand. **Das Griechische Pfandrecht**. 1895

Hruza, Ernst. **Die Ehebegruendung Nach Attischem Rechte** *and* **Polygamie und Pellikat Nach Griechischem Rechte**. Two vols. in one. 1892/1894

Jost, Karl. **Das Beispiel Und Vorbild Der Vorfahren**. 1935

Kohler, Josef and Erich Ziebarth. **Das Stadtrecht Von Gortyn Und Seine Beziehungen Zum Gemeingriechischen Rechte**. 1912

Koestler, Rudolf. **Homerisches Recht** and Vos, Harm, **Themis**. Two vols. in one. 1950/1956

Kunsemueller, Otto. **Die Herkunft Der Platonischen Kardinaltugenden** and Wankel, Hermann, **Kalos Kai Agathos**. Two vols. in one. 1935/1961

Leisi, Ernst. **Der Zeuge Im Attischen Recht** and Schlesinger, Eilhard, **Die Griechische Asylie**. Two vols. in one. 1908/1933

Lotze, Detlef. **Metaxy Eleutherōn Kai Doulōn** and Hampl, Franz, **Die Lakedaemonischen Perioeken**. Two vols. in one. 1959/1937

Lofberg, John Oscar. **Sycophancy in Athens** and Barkan, Irving, **Capital Punishment in Ancient Athens** (Doctoral Dissertation, The University of Chicago, 1935). Two vols. in one. 1917/1935

Martin, Victor. **La Vie Internationale Dans La Grèce Des Cités**. 1940

Maschke, Richard. **Die Willenslehre Im Griechischen Recht**. 1926

Meier, Moritz Hermann Eduard and Georg Friedrich Schoemann. **Der Attische Process**. 1824

Menzel, Adolf. **Hellenika**: Gesammelte Kleine Schriften. 1938

Minar, Edwin L., Jr. **Early Pythagorean Politics in Practice and Theory**. 1942

Oliver, James H.. **Demokratia, The Gods, and The Free World**. 1960

Phillipson, Coleman. **The International Law and Custom of Ancient Greece and Rome**. Volume I. 1911

Pickard-Cambridge, A[rthur] W[allace]. **Demosthenes and the Last Days of Greek Freedom, 384-322 B.C.** 1914

Pringsheim, Fritz. **Der Kauf Mit Fremdem Geld**. 1916

Robinson, David M. and Edward J. Fluck. **A Study of the Greek Love-Names.** 1937

Romilly, Jacqueline De. **Thucydides and Athenian Imperialism**. Translated by Philip Thody. 1963

Schaefer, Arnold. **Demosthenes Und Seine Zeit**. Three vols. 1856/1856/1858

Schodorf, Konrad. **Beitraege Zur Genaueren Kenntnis Der Attischen Gerichtssprache Aus Den Zehn Rednern** and Demisch, Edwin, **Die Schuldenerbfolge Im Attischen Recht**. Two vols. in one. 1904/1910

Schulthess, Otto. **Vormundschaft Nach Attischem Recht**. 1886

[Shellens], Max Salomon. **Der Begriff Der Gerechtigkeit Bei Aristoteles**. 1937

Szanto, Emil. **Das Griechische Buergerrecht**. 1892

Toutain, Jules. **The Economic Life of the Ancient World**. Translated by M. R. Dobie. 1930

Voegelin, Walter. **Die Diabole Bei Lysias**. 1943

Vollgraff, [Carl] W[ilhelm]. **L'Oraison Funèbre De Gorgias**. 1952